Sublime
Vazio

OSHO

Sublime Vazio

A Sabedoria Atemporal dos Mestres Zen
Aplicada às Situações do Dia a Dia

Tradução
Denise de C. Rocha Delela

Editora
Cultrix

SÃO PAULO

Título original: *And the Flowers Showered... The Freudian Couch and Zen.*
Copyright © 1974, 2012 Osho International Foundation, Suíça. www.osho.com/copyrights
Copyright da edição brasileira © 2014 Editora Pensamento-Cultrix Ltda.
1ª edição 2014.
4ª reimpressão 2019.

OSHO é uma marca registrada da Osho International Foundation. Para maiores informações, acesse osho.com/trademark.

Este livro é uma transcrição de uma série de palestras originais proferidas por Osho ao público e publicadas originalmente sob o título *And the Flowers Showered...* Todas as palestras de Osho foram publicadas na íntegra em forma de livros, e estão disponíveis também na língua original em áudio e/ou vídeo. As gravações em áudio e os arquivos dos textos em língua original podem ser encontrados via *on-line* na Osho Library, no site www.osho.com.

Todos os direitos reservados. Nenhuma parte desta obra pode ser reproduzida ou usada de qualquer forma ou por qualquer meio, eletrônico ou mecânico, inclusive fotocópias, gravações ou sistema de armazenamento em banco de dados, sem permissão por escrito, exceto nos casos de trechos curtos citados em resenhas críticas ou artigos de revistas.

A Editora Cultrix não se responsabiliza por eventuais mudanças ocorridas nos endereços convencionais ou eletrônicos citados neste livro.

Editor: Adilson Silva Ramachandra
Editora de texto: Denise de C. Rocha Delela
Coordenação editorial: Roseli de S. Ferraz
Produção editorial: Indiara Faria Kayo
Editoração eletrônica: Fama Editora
Revisão: Liliane S. M. Cajado e Yociko Oikawa

CIP-BRASIL. CATALOGAÇÃO NA PUBLICAÇÃO
SINDICATO NACIONAL DOS EDITORES DE LIVROS, RJ

O91s
Osho
　　Sublime vazio: a sabedoria atemporal dos mestres Zen aplicada às situações do dia a dia / Osho; tradução Denise de C. Rocha Delela. – 1. ed. – São Paulo : Cultrix, 2014. 276 p. : il. ; 23 cm.
　　Tradução de: And the flowers showered... the freudian couch and Zen
　　ISBN 978-85-316-1278-7
　　1. Vida espiritual – Zen-budismo. 2. Meditação. I. Título.

14-11685　　　　　　　　　　　　　　　　　　CDD: 294.3444
　　　　　　　　　　　　　　　　　　　　　　　CDU: 244.82

Direitos de tradução para o Brasil adquiridos com exclusividade pela
EDITORA PENSAMENTO-CULTRIX LTDA., que se reserva a propriedade literária desta tradução.
Rua Dr. Mário Vicente, 368 – 04270-000 – São Paulo, SP
Fone: (11) 2066-9000
http://www.editoracultrix.com.br
E-mail: atendimento@editoracultrix.com.br
Foi feito o depósito legal.

Sumário

Prefácio 7

Capítulo 1   O poder do vazio 9
Capítulo 2   Todo conhecimento é emprestado 31
Capítulo 3   Aquilo que não muda 55
Capítulo 4   O caminho está bem na sua frente 79
Capítulo 5   A morte não é um fenômeno comum 105
Capítulo 6   O homem perfeito é centrado 131
Capítulo 7   Deixe o momento decidir 153
Capítulo 8   A filosofia não resolve nada 177
Capítulo 9   Um jeito diferente de ser 197
Capítulo 10   Está bem diante dos seus olhos 227
Capítulo 11   Nem a mente, nem Buda, nem as coisas 249

Para mais informações 270
Sobre o autor 271
Sobre o **OSHO** International Meditation Resort 272

Prefácio

O Zen insiste no vazio, é por isso que no Budismo não existe o conceito de Deus; ele não é necessário. As pessoas no Ocidente não conseguem entender como pode existir uma religião sem o conceito de Deus. O Budismo não tem nenhum conceito de Deus. Não há necessidade, porque o Budismo insiste para que fiquemos simplesmente vazios; a partir daí tudo vem naturalmente. Mas quem se importa? Depois que você está vazio, as coisas seguem seu próprio curso. A religião existe sem Deus. Isso é simplesmente um milagre. No Ocidente, as pessoas que escrevem sobre religião e filosofia da religião sempre sentem dificuldade para definir a religião. Elas conseguem definir o Hinduísmo, o Islamismo, o Cristianismo com facilidade, mas o Budismo é um problema. Elas podem definir Deus como o centro de todas as religiões, mas aí o Budismo se torna um problema. Podem definir a oração como a essência da religião, mas novamente o Budismo lhes causa um problema, porque no Budismo não existe nenhum Deus, nenhuma oração, nenhum mantra, nada. Você só tem que ficar vazio. O conceito de Deus não permitirá que você fique vazio; a oração será uma perturbação; os cânticos não vão permitir que você fique vazio. Ao ficar simplesmente vazio, tudo acontece. O vazio é a chave secreta do Budismo. Exista de um modo que você não exista.

Osho
E a Grama Cresce Sozinha...

CAPÍTULO 1

O poder do vazio

Subhuti era um dos discípulos de Buda. Ele era capaz de entender o poder do vazio — o ponto de vista de que nada existe, exceto em sua relação de subjetividade e objetividade. Um dia, quando Subhuti estava sentado debaixo de uma árvore, num espírito de sublime vazio, flores começaram a cair em torno dele.
"Estamos louvando você pelo seu discurso sobre o vazio", os deuses lhe sussurraram.
"Mas eu não falei do vazio", disse Subhuti. "Você não falou do vazio, nós não ouvimos o vazio", responderam os deuses. Esse é o verdadeiro vazio.
E flores se derramaram sobre Subhuti como chuva.

Sim, isso acontece. Não é uma metáfora, é um fato, portanto não encare essa história metaforicamente. É literalmente verdade... porque toda a existência se sente feliz, exultante, extasiada, quando ao menos uma alma individual atinge o supremo.

Nós fazemos parte do todo. E o todo não é indiferente a você, não pode ser. Como a mãe pode ficar indiferente ao filho — ao seu próprio filho? É impossível. Quando o filho cresce, a mãe também cresce com ele. Quando o filho é feliz, a mãe também fica feliz com ele. Quando o filho dança, algo dança dentro dela também. Quando o filho está doente, a mãe fica doente. Quando o filho é infeliz, a mãe é infeliz... porque eles não são dois, eles são um só. O coração deles batem no mesmo ritmo.

O todo é como sua mãe. O todo não é indiferente a você. Que esta verdade penetre o mais profundamente possível no seu coração, porque, até mesmo essa consciência, de que o todo se sente feliz com você, vai mudá-lo. Depois disso você não é mais um alienado, depois disso você não é mais um estrangeiro aqui. Depois disso você não é mais um andarilho sem-teto, depois disso isto aqui é um lar. E o todo cria você como mãe, ele cuida de você, ama você. Por isso, é natural que, quando alguém se torna um buda, quando alguém atinge o ápice, toda a existência dance, toda a existência cante, toda a existência celebre. É literalmente verdade. Não é uma metáfora; caso contrário, você não vai entender o principal.

Flores se derramam, e então continuam a se derramar – elas nunca param. As flores que se derramaram sobre Buda ainda estão se derramando. As flores que se derramaram sobre Subhuti ainda estão se derramando. Você não pode vê-las, não porque elas não estejam se derramando, mas porque você não é capaz de vê-las. A existência continua celebrando infinitamente todos os budas que aconteceram, todos os budas que estão acontecendo e todos os budas que vão acontecer – porque, para a existência, passado, presente e futuro não existem. É uma continuidade, é a eternidade. Só o agora existe, o infinito agora.

Elas ainda estão se derramando, mas você não pode vê-las. A menos que elas se derramem sobre você, você não poderá vê-las, e depois que as vir se derramando sobre você, você vai ver que elas se derramam sobre cada buda, sobre cada alma iluminada.

A primeira coisa: a existência se importa com o que acontece com você. A existência está continuamente rezando para que o ápice aconteça a você. Na verdade, você não é nada a não ser uma mão estendida pelo todo para chegar ao ápice. Você é nada mais que uma onda vinda do todo para tocar a Lua. Você é nada mais que uma flor se abrindo, de modo que o todo se encha de perfume através de você.

Se você conseguir se soltar, aquelas flores podem se derramar esta manhã, neste momento. Os deuses estão sempre prontos, as mãos deles estão sempre cheias de flores. Eles simplesmente observam e esperam. Sempre que alguém se torna um Subhuti, vazio, sempre que alguém está ausente, de repente as flores começam a se derramar.

Este é um dos fatos básicos. Sem ele, não há possibilidade de confiança; sem ele não há possibilidade de você um dia chegar à verdade. A menos que o todo ajude, não há nenhuma possibilidade de você chegar – como poderia chegar? E, normalmente, nossa mente pensa exatamente o oposto. Pensamos no todo como o inimigo, não como o amigo, nunca como a mãe. Pensamos no todo como se o todo estivesse tentando nos destruir. Nós olhamos para o todo através da porta da morte, não através da porta do nascimento. É como se o todo estivesse contra você, brigando com você, não permitindo que você alcance suas metas e objetivos, não permitindo que você se realize. Por isso você vive constantemente em guerra com ele. E quanto mais você luta, mais seu equívoco se revela verdadeiro — porque, se você lutar, sua própria luta é refletida pelo todo.

O todo apoia você, lembre-se. Mesmo quando você luta, o todo apoia você; mesmo quando você luta e está errado, o todo apoia você. Essa é uma segunda verdade que precisa ser muito bem compreendida. Se você não compreender, vai ficar difícil prosseguir. Mesmo se você lutar contra o todo, o todo o apoia — porque o todo não pode fazer nada a não ser apoiar. Se você errar, ainda assim o todo cuida de você. Mesmo se você errar, o todo segue com você. Se um filho erra, a mãe ainda assim se importa com ele. Se um filho vira ladrão e fica doente, a mãe ainda assim vai se importar com ele. Ela não pode dar veneno para o filho. Se o filho estiver completamente errado, perdido, a mãe ainda vai rezar por ele. Esse é o significado da história de Jesus sobre os dois irmãos.

Um irmão foi embora — não só foi embora, mas se desencaminhou, desperdiçou sua parte da herança e tornou-se um mendigo, um jogador, um bêbado.

O outro permaneceu ao lado do pai, ajudou nos negócios, trabalhou na fazenda e nas plantações, aumentou o patrimônio, ajudou em todos os sentidos, servindo ao pai com rendição de espírito. E, de repente, chegou a notícia de que o outro irmão tinha se tornado um mendigo, que estava pedindo esmolas nas ruas, e todo o coração do pai começou a se condoer por esse filho, e todas as suas orações eram para ele. Ele se esqueceu completamente do filho que estava perto, lembrava-se apenas do que estava distante. Em seus sonhos à noite, o outro estava presente, mas não o que estava ao lado dele e trabalhava para ele, que era bom em todos os sentidos.

E então, um dia, o filho mendigo voltou e o pai deu uma grande festa. O filho bom estava voltando para casa, da fazenda, e alguém lhe disse: "Olhe a injustiça do seu pai! Você o ama, você se importa com ele e o ajuda, e você permaneceu com ele, foi absolutamente bom, de boa índole, nunca fez nada contra a vontade dele, mas ele nunca deu uma festa para você. O cordeiro mais gordo foi abatido para o seu irmão que se desencaminhou. Ele chegou maltrapilho, e toda a casa está comemorando!". O filho, o bom filho, se sentiu muito mal, isso era um absurdo! Ele voltou para casa com raiva. E falou para o pai: "O que você está fazendo? Nunca houve uma festa para mim, e eu vivo para servi-lo! O que seu outro filho fez por você? Apenas desperdiçou sua herança, apostou tudo no jogo, e agora voltou para casa como um mendigo".

O pai disse: "Sim, como você já está tão perto e é tão bom e tão feliz, eu não preciso me preocupar com você. Mas aquele que se perdeu, minhas orações o acompanham e meu amor o acompanha".

Jesus costumava contar essa história para os discípulos, porque, como ele disse, Deus pode esquecer os santos, não há necessidade de se lembrar deles, mas não pode se esquecer dos pecadores. Se ele é pai... e eu disse que ele não é um pai, ele é uma mãe... O pai não é um fenômeno tão profundo quanto a mãe. É por isso que os hindus o chamam de mãe – Deus é mãe, é maternidade. Jesus disse que, sempre que acontece de um pastor estar voltando para casa e uma ovelha se perder, ele deixa todas as outras ovelhas na floresta, na noite escura, e vai procurar a perdida. E, quando a ovelha perdida é encontrada, ele a carrega nos ombros e se alegra, e volta para casa muito feliz, porque aquela que estava perdida foi encontrada.

Sempre que isso acontece – todos nós somos ovelhas perdidas –, sempre que uma ovelha é reencontrada, o pastor se alegra. Flores começam a se derramar.

Divindades, deuses, não são pessoas no Oriente; são forças naturais. Tudo foi personificado apenas para dar um coração àquela força, a batida de um coração – apenas para torná-la mais afetiva. Por isso, hindus, budistas, eles converteram todas as forças naturais em deuses, e estão certos! Quando Subhuti atingiu o vazio, os deuses começaram a derramar flores. E o significado é muito bonito: o Sol é um deus para os hindus e os budistas, o céu é um deus; cada árvore tem seu próprio deus, a sua própria divindade. O ar é um deus, a terra é um deus. Tudo tem coração – esse é o sentido. Tudo sente – esse é o sentido. Nada é indiferente a você – esse é o sentido. Quando você atinge a iluminação, tudo celebra. Então, o Sol brilha de uma maneira diferente; a qualidade é outra.

Para aqueles que são ignorantes, tudo permanece a mesma coisa. O Sol brilha da mesma maneira, porque a mudança de qualidade é muito sutil, e só aquele que está vazio pode sentir. Não é algo grosseiro, o ego não pode sentir. O grosseiro é o campo do ego. O sutil só pode ser sentido quando não existe ego, porque é tão sutil que, se você estiver presente, vai deixar escapar. Mesmo a sua presença será perturbação suficiente.

Quando se está totalmente vazio, a qualidade do Sol muda instantaneamente. Ele tem uma poesia de boas-vindas com relação a isso. Seu calor não é só calor, torna-se um amor — um calor amoroso. O ar é diferente, ele fica um pouco mais perto de você, toca você com mais sentimento, como se tivesse mãos. O toque é totalmente diferente; o toque passa a ter uma sensibilidade ao redor de você. A árvore vai florir, mas não da mesma maneira. Agora, as flores brotam da árvore como se estivessem saltando.

Dizem que, sempre que Buda passa por uma floresta, as árvores começam a florescer, mesmo quando não é a estação delas. Tem que ser assim! O homem pode se enganar no reconhecimento de um Buda, mas como as árvores podem se enganar? O homem tem mente e a mente pode errar, mas como as árvores podem errar? Elas não têm mente, e quando um buda caminha por uma floresta elas começam a desabrochar. É natural, tem que ser assim! Não é um milagre. Mas você pode não conseguir ver as flores, porque essas flores não são físicas. Essas flores são os sentimentos das árvores. Quando Buda passa, a árvore estremece de uma forma diferente, pulsa de uma forma diferente, não da mesma forma. Esse é o significado. O todo se preocupa com você, o todo é sua mãe.

Agora tente entender esta parábola — uma das melhores.

Subhuti era um dos discípulos de Buda.

Buda tinha milhares de discípulos. Subhuti era apenas um deles, não havia nada de especial nele. Na verdade, ninguém sabe muito sobre Subhuti, essa é a única história sobre ele. Havia grandes discípulos, bem conhecidos, famosos — grandes eruditos, príncipes. Eles tinham grandes reinos e, quando os deixaram e renunciaram e se tornaram discípulos de Buda, eles já tinham fama. Mas as flores não se derramaram sobre eles. As flores escolheram esse Subhuti, que era apenas mais um discípulo, não havia nada de especial nele.

Só então as flores se derramam; caso contrário, você também pode se sentir especial perto de um buda — e você pode se enganar! Você pode se sentir egoísta por estar perto de um buda, pode criar uma hierarquia; você pode dizer: "Eu não sou um discípulo comum, sou alguém especial. Estou ao lado do Buda. Os outros são apenas gente comum, uma multidão, mas eu não faço parte da multidão, eu tenho um nome, uma identidade própria. Mesmo antes de me aproximar do Buda eu era alguém" — e você continua sendo alguém.

Sariputta procurou o Buda. Quando chegou, ele estava com seus próprios quinhentos discípulos. Ele era um mestre — claro que um mestre ignorante, sem saber nada, e ainda sentindo que sabia porque era um grande estudioso. Ele sabia todas as escrituras. Nasceu brâmane e era muito talentoso, um gênio. Desde a mais tenra infância era conhecido por sua excelente memória — conseguia memorizar qualquer coisa. Só precisava ler uma escritura uma vez, depois disso já a memorizava. Era conhecido em todo o país; quando procurou o Buda, ele já era alguém. Esse fato de ser alguém se tornou uma barreira.

Esses deuses parecem muito irracionais — eles escolheram um discípulo, Subhuti, que era apenas um na multidão, não tinha nada de especial. Esses deuses parecem loucos! Eles deveriam ter escolhido Sariputta, ele era o homem mais indicado para ser escolhido. Mas eles não o escolheram. Eles não escolheram Ananda, primo-irmão de Buda, que foi como a sombra de Buda durante quarenta anos — nesses quarenta anos, nem por um só instante ele ficou longe do Buda. Ele dormia no mesmo quarto, sempre acompanhava o Buda, estava continuamente ao lado dele. Era a pessoa mais bem conhecida. Todas as histórias que Buda contava ele primeiro contava a Ananda. Ele dizia: "Ananda, aconteceu desta maneira... Ananda, uma vez aconteceu...". Ananda, Ananda e Ananda — ele continuava repetindo o nome dele. Mas esses deuses são loucos, eles escolheram Subhuti — um joão-ninguém!

Lembre-se, apenas os joões-ninguém são escolhidos — porque, se você é alguém neste mundo, você não é ninguém no outro. Se aqui você é um joão-ninguém, você se torna alguém no outro mundo. Os valores são diferentes. Aqui, as coisas grosseiras são valorizadas; lá, as coisas sutis são valorizadas. E o mais sutil, o mais sutil de tudo, é *não ser*. Subhuti viveu no meio da multidão — ninguém sequer sabia seu nome — e, quando chegou a notícia de que as flores estavam se derramando sobre Subhuti, todo mundo se perguntou: "Quem é esse Subhuti? Nós nunca ouvimos falar dele. Será que aconteceu por acidente? Porventura os deuses escolheram mal?"". Porque havia muitos que eram superiores na hierarquia. Subhuti devia ser o último. Essa é a única história sobre Subhuti.

Entenda bem. Quando você estiver perto de um grande mestre, seja um joão-ninguém.

Os deuses são loucos, eles só vão escolher você quando você não for ninguém. E se você tentar ser alguém, quanto mais você conseguir, mais vai se perder. Isso é o que estamos fazendo no mundo e isso também é o que começamos a fazer quando estamos perto de um buda. Você almeja riquezas. Por quê? Porque com riquezas você se torna alguém. Você almeja prestígio e poder. Por quê? Porque com poder e prestígio você não é uma pessoa comum. Você almeja aprender, estudar, ter conhecimento. Por quê? Porque com o conhecimento você tem algo do que se orgulhar.

Mas os deuses não vão escolher você desse jeito. Eles têm sua própria maneira de escolher. Se você está se vangloriando demais, não há necessidade de os deuses derramarem flores sobre você — você está derramando flores sobre si mesmo! Não há necessidade. Quando você parar de se sentir orgulhoso por alguma coisa, de repente toda a existência começa a se sentir orgulhosa de você. Jesus diz: "Aqueles que são os primeiros neste mundo serão os últimos no reino do meu Deus, e os últimos serão os primeiros".

Aconteceu de um homem muito rico morrer e no mesmo dia um mendigo da cidade também morrer. O nome do mendigo era Lázaro. O homem rico foi diretamente para o inferno e Lázaro, diretamente para o céu. O homem rico olhou para cima e viu Lázaro sentado perto de Deus; então gritou para o céu: "Parece que houve um engano. Eu deveria estar aí e esse mendigo Lázaro deveria estar aqui!".

Deus sorriu e disse: "Aqueles que são os últimos serão os primeiros, e aqueles que estão em primeiro deverão ser os últimos. Você já usufruiu o primeiro lugar por tempo suficiente, agora vamos deixar Lázaro se divertir um pouco".

E o homem rico estava se sentindo muito quente — é claro que no inferno ninguém tem ar-condicionado, o calor é abrasante. Ele estava sentindo muita sede e não havia água. Assim, gritou novamente e disse: "Deus, por favor, pelo menos mande Lázaro com um pouco d'água, estou com muita sede".

E Deus disse: "Lázaro ficou com sede muitas vezes, moribundo na sua porta, e você nunca lhe deu nada. Ele estava morrendo de fome à sua porta e havia banquetes todos os dias, e muitos eram convidados, mas ele sempre era escorraçado por seus servos, porque os convidados estavam chegando, convidados poderosos, políticos, diplomatas, homens ricos, e um mendigo ali ia parecer estranho. Seus servos o afugentavam e ele tinha fome, e as pessoas que eram convidadas não estavam com fome. Você nunca olhou para Lázaro. Agora é impossível".

E dizem que Lázaro riu.

Essa se tornou uma história profunda para muitos e muitos místicos cristãos meditarem sobre ela. Ela se tornou assim como um koan zen, e nos mosteiros os místicos cristãos sempre perguntam por que Lázaro riu.

Ele riu do absurdo das coisas. Ele nunca soube que alguém como Lázaro, um leproso, um mendigo, um dia poderia entrar no céu. Ele não podia acreditar que isso iria acontecer um dia. E não podia acreditar na outra coisa também — que um homem rico, o mais rico da cidade, pudesse ir para o inferno. Ele riu.

E Lázaro ainda ri. Ele vai rir quando você morrer também: se você for alguém ele vai rir, porque você vai ser mandado embora. Se você não é ninguém, apenas alguém comum, ele vai rir, porque você vai ser recebido.

Neste mundo, como existem egos, todas as avaliações pertencem ao ego. No outro mundo, na outra dimensão, a avaliação pertence aos destituídos de ego. Por isso a ênfase de Buda no não eu, *anatta*. Ele disse: "Não acredite nem mesmo em 'Eu sou uma alma', porque isso também pode se tornar um ego sutil. Não diga '*aham brahmasmi* — Eu sou *brahman*, eu sou o eu supremo'. Não diga nem isso, porque o 'eu' é muito traiçoeiro. Ele pode enganá-lo. Ele o enganou por muitas e muitas vidas. Pode enganar você. Basta dizer: 'Eu não sou' e permanecer nesse estado de não ser; permaneça nesse nada — torne-se vazio de si mesmo".

A pessoa tem que se desvencilhar do eu. Depois que o eu é deixado para trás, nada fica faltando. Você começa a transbordar e as flores começam a se derramar sobre você.

Subhuti era um dos discípulos de Buda.

Lembre-se... *um dos.*

Ele era capaz de entender o poder do vazio.

Ele era apenas um entre muitos, é por isso que era capaz de compreender o poder do vazio. Ninguém falava sobre esse discípulo, ninguém sabia a respeito dele. Ele caminhava com o Buda, ele seguia o Buda em muitos e muitos caminhos em suas viagens. Ninguém nem sabia que ele estava lá, se ele tivesse morrido ninguém teria se dado conta. Se ele tivesse ido embora ninguém saberia, porque ninguém se deu conta de que Subhuti estava lá. Ele sabia – pouco a pouco, sendo um joão-ninguém, ele conheceu o poder do vazio.

Qual é o significado disso? ...Porque quanto mais ele se tornava uma pessoa sem importância, mais ele sentia que Buda estava se aproximando dele. Ninguém mais estava consciente disso, mas o Buda estava. Todo mundo se perguntava por que as flores se derramaram sobre ele, mas não foi uma surpresa para o Buda. Quando lhe relataram que algo havia acontecido a Subhuti, o Buda disse: "Eu esperava. A qualquer momento ia acontecer, porque ele se apagou muito, qualquer dia ia acontecer. Isso não me surpreende".

Ele era capaz de entender o poder do vazio.

...ficando vazio! Você não conhece o poder do vazio. Você não sabe o poder que tem estar totalmente ausente de si. Você só conhece a pobreza do ego.

Mas tente entender. Com o ego você já se sentiu realmente poderoso? Com o ego você sempre se sente impotente. É por isso que o ego diz: "Torne o seu império um pouco maior para que você possa se sentir poderoso. Não, esta casa não vai ser suficiente, é preciso uma casa maior; não, este saldo bancário não vai ser suficiente, é preciso um saldo maior; não, esse tanto de fama não vai ser suficiente, um pouco mais".

O ego sempre pede mais. Por quê? Se ele é poderoso, por que continua pedindo mais? O próprio anseio por mais revela, mostra, que o ego se sente impotente. Você tem um milhão de rupias e você é impotente. O ego diz: "Não, um milhão não vai ser suficiente, tenha dez milhões de rupias". E eu digo a você — com dez milhões de rupias você será dez vezes mais impotente, isso é tudo. E então, o ego vai dizer: "Não, isso não vai ser suficiente...".

Nada vai ser suficiente para o ego. Tudo só prova que você é impotente, não tem poder nenhum. Quanto mais poder você adquire, mais impotente você se sente, em contraste. Quanto mais rico você se torna, mais pobre se sente. Quanto mais saúde tiver, mais medo da morte; quanto mais jovem, mais vai sentir que a velhice está chegando mais perto. O oposto está virando a esquina e, se você tiver um pouco de compreensão, o contrário vai alcançá-lo — vai estar diante do seu nariz. Quanto mais belo você for, mais vai sentir a sua feiura interior.

O ego nunca se sente poderoso. Ele só sonha com poder, pensa em poder, contempla o poder — mas esses são simplesmente sonhos e nada mais. E sonhos existem apenas para esconder a impotência que está dentro de você. Mas os sonhos não podem esconder a realidade. Faça o que fizer, aqui ou ali, para se evadir, a realidade sempre vai vir e destruir todos os sonhos.

O ego é a coisa mais impotente do mundo. Mas ninguém percebe isso, porque ele continua pedindo mais, ele nunca dá a você espaço para olhar a situação. Antes que você tome consciência, ele empurra você cada vez mais em direção a algum lugar. O objetivo está sempre em algum lugar perto do horizonte. E é tão perto, que você pensa, "À noite eu vou chegar".

A noite nunca chega; o horizonte permanece sempre à mesma distância. O horizonte é uma ilusão, todos os objetivos do ego são apenas ilusões. Mas eles dão esperança, e você continua sentindo, "Um dia desses eu vou me tornar poderoso". Neste momento você continua impotente, sem poder, inferior, mas, no futuro, em suas esperanças, nos sonhos, você se torna poderoso. Você já deve ter percebido que, muitas vezes, basta se sentar na sua cadeira e você já começa a sonhar acordado: você se torna o imperador do mundo todo ou o presidente dos Estados Unidos, e imediatamente começa a apreciar isso. Todo mundo olha para você, você se sente o centro das atenções de todos. Mesmo esse sonho lhe traz alegria, o inebria. Se sonhar desse jeito, você vai avançar num caminho diferente.

É isso o que está acontecendo com todo mundo: seu poder permanece nos sonhos, você permanece impotente. A verdade é exatamente o oposto: quando você não busca, a coisa vem; quando você não pede, lhe é dado; quando você não almeja, acontece; quando você não busca o horizonte, de repente, percebe que ele sempre foi seu — só que você nunca o viveu. Ele está lá dentro, e você procura fora. Está dentro de você e você vive sem. Você o carrega: o poder mais supremo, o próprio divino, está em você. E você fica procurando daqui e dali, como um mendigo.

Ele era capaz de entender o poder do vazio.

Basta ficar vazio e você vai entender — não há outra forma de entendimento. Seja o que for que você queira entender, faça isso, porque essa é a única maneira. Tente ser um homem comum, um joão-ninguém, sem nome, sem identidade, sem nada a reclamar, sem poder para impor sobre os outros, sem nenhum esforço para dominar, sem nenhum desejo de possuir, sendo apenas uma "não entidade". Experimente — e veja como você se torna poderoso, cheio de energia e transbordante, tão poderoso que você pode compartilhar seu poder, tão feliz que você pode dá-lo para muitos, para milhões. E quanto mais você dá, mais rico você fica. Quanto mais você compartilha, mais ele cresce. Você se torna uma inundação.

Ele era capaz de compreender o poder do vazio —

Apenas sendo um joão-ninguém —

— *O ponto de vista de que nada existe, exceto na sua relação de subjetividade e objetividade.*

Esta é uma das meditações mais profundas que Buda descobriu. Ele diz que tudo existe numa relação, é uma relatividade; não é uma coisa substancial, absoluta.

Por exemplo: você é pobre, eu sou rico. É uma coisa substancial ou somente algo relativo? Eu posso ser pobre em relação a outra pessoa, e você pode ser rico em relação a outra pessoa. Até mesmo um mendigo pode ser rico em relação a outro mendigo, há mendigos ricos e mendigos pobres. Um homem rico, em comparação com um homem ainda mais rico é um homem pobre. Você é pobre — a sua miséria é existencial ou apenas um relacionamento? É um fenômeno relativo. Se não há ninguém com que se relacionar, quem você vai ser? Um homem pobre ou um homem rico?

Pense... de repente toda a humanidade desaparece e você é deixado sozinho sobre a Terra: o que você vai ser? Pobre ou rico? Você vai ser simplesmente você – nem rico, nem pobre –, porque com quem se comparar? Não há um Rockefeller com quem se comparar, não há nenhum mendigo com quem se comparar. Você será bonito ou feio se estiver sozinho? Você não será nenhum dos dois, vai ser simplesmente você. Com nada com que se comparar, como você pode ser feio ou bonito? É assim com a beleza e a feiura, a riqueza e a pobreza, e com todas as coisas. Você será sábio ou um tolo? Louco ou sábio? Nenhum dos dois!

Então Buda disse que todas essas coisas existem numa relação. Elas não são existenciais, são apenas conceitos. E vivemos muito preocupados com essas coisas que *não* existem. Você vive muito preocupado em saber se é feio. Você vive muito preocupado em saber se é bonito. A preocupação é criada por algo que não existe.

A coisa relativa não existe. É apenas uma relação, como se tivesse feito um desenho no céu, uma flor de vento. Até mesmo uma bolha na água é mais substancial do que as relatividades. Quem é você quando está sozinho? Ninguém. A condição de ser alguém vem da relação com outra pessoa.

Isso significa que ser simplesmente ninguém é estar na natureza, ser simplesmente ninguém é estar na existência.

E você está sozinho, lembre-se. A sociedade só existe fora de você. Lá no fundo você está sozinho. Feche os olhos e veja se você é bonito ou feio; ambos os conceitos vão desaparecer, por dentro não há beleza, não há feiura. Feche os olhos e contemple quem você é. Alguém respeitado ou não respeitado? Moral ou imoral? Jovem ou velho? Negro ou branco? Um mestre ou um escravo? Quem você é? Feche os olhos e na sua solidão todo conceito vai abaixo. Você não pode ser coisa nenhuma. Então surge o vazio. Todos os conceitos são anulados, apenas a sua existência permanece.

Essa é uma das meditações mais profundas que Buda descobriu: Ser ninguém. E isso não tem que ser forçado. Você não deve pensar que não é ninguém, você tem que perceber, caso contrário a sua condição de ser ninguém ficará muito pesada. Você não tem que pensar que você não é ninguém, você tem que simplesmente perceber que todas as coisas que você pensa que é são relativas.

E a verdade é absoluta, não é relativa. A verdade não é relativa: ela não depende de nada, ela simplesmente é. Assim, encontre a verdade dentro de você e não se preocupe com relacionamentos. Eles diferem, interpretações diferem. E, se as interpretações mudam, você muda. Algo está na moda — se você usa, você é moderno, admirado. Uma coisa saiu de moda — se você usa, está ultrapassado, não é respeitado. Cinquenta anos antes, aquilo estava na moda e você teria sido moderno. Cinquenta anos depois, pode voltar a ficar na moda e, então, mais uma vez, você vai ser moderno. Agora você está ultrapassado. Mas quem é você — modas passageiras, conceitos passageiros, relatividades?

Um dos meus amigos era comunista, mas um homem muito rico — e ele nunca percebeu a contradição. Ele era um burguês, bem alimentado, nunca trabalhou com as próprias mãos. Ele tinha muitos servos, pertencia a uma antiga família real. E então ele foi para a Rússia em 1940. Quando voltou, ele me disse: "Onde quer que eu fosse, começava a me sentir culpado — porque sempre que apertava a mão de alguém, eu podia sentir imediatamente que o outro sentia que as minhas mãos não tinham os calos de um trabalhador. Elas não eram mãos de um proletário, eram mãos de um burguês: macias, femininas. E imediatamente o rosto da outra pessoa mudava, e ela soltava a minha mão como se eu fosse um intocável". Ele me disse: "Na Índia, sempre que eu aperto as mãos de alguém, minhas mãos são admiradas. Elas são bonitas, femininas, artísticas. Na Rússia, eu me senti tão culpado por minhas mãos que até comecei a pensar numa maneira de acabar com a suavidade delas, para que ninguém olhasse para mim como se eu abusasse das pessoas — um burguês, um homem rico".... Porque lá, o trabalho tornou-se um valor. Se você fosse um proletário na Rússia soviética, você seria alguém; se fosse um homem rico, você era um pecador. Tudo é apenas um conceito relativo.

Na Índia, temos *bhiksus*, *swamis*, *sannyasins* respeitados. E o mesmo ocorria na China também — antes de Mao. O homem que renunciava ao mundo era o mais respeitado e a sociedade o valorizava. Ele era o apogeu da humanidade. E então o comunismo se instaurou na China e milhares de mosteiros foram completamente destruídos, e todos os monges, homens respeitados no passado, tornaram-se pecadores. Eles tinham que trabalhar. Só podia comer quem trabalhasse, e mendicância era exploração. Ela foi proibida por lei; agora ninguém pode mais esmolar.

Se o Buda nascer na China, será muito difícil para ele agora. Não vão permitir que ele peça esmolas, ele será considerado um explorador. Mesmo se Marx nascer na China ou na Rússia, ele enfrentará dificuldade, porque em toda a sua vida ele nunca fez outra coisa senão ler na biblioteca do Museu Britânico. Ele não era um proletário, não era um trabalhador — e seu amigo e colaborador, Friedrich Engels, era um homem muito rico. Eles são reverenciados como deuses lá. Mas, se Friedrich Engels fosse visitar a Rússia soviética, estaria em dificuldade. Ele nunca trabalhou, viveu do trabalho dos outros, e ajudou Marx; sem a ajuda dele Marx não poderia ter escrito O *Capital* ou o *Manifesto Comunista*. Mas, na Rússia soviética, ele estaria encrencado, a moda é outra. Os conceitos mudaram. Lembre-se disto: o que muda é relativo, e o que permanece imutável é absoluto — e seu ser é absoluto; não é parte da relatividade.

> *...o ponto de vista de que nada existe, exceto na sua relação de subjetividade e objetividade.*

Se você entender bem esse ponto de vista, contemplá-lo, meditar sobre ele, de repente ficará iluminado por dentro e verá que tudo é vazio.

> *Um dia, quando Subhuti estava sentado debaixo de uma árvore, num espírito de sublime vazio...*

Lembre-se das palavras "sublime vazio", porque às vezes você também se sente vazio; mas esse vazio não é sublime. Às vezes, você também se sente vazio, mas não um vazio extasiante — uma depressão, um vazio negativo, não um vazio positivo. Essa distinção tem que ser lembrada.

Um vazio negativo significa que você está se sentindo um fracasso, não significa que está compreendendo. Você tentou conquistar algo no mundo e não conseguiu. Você se sente vazio, porque a coisa que desejava você não conseguiu; a mulher que você queria você não conseguiu ter — você se sente vazio. O homem de quem você estava atrás escapou; você se sente vazia. O sucesso dos seus sonhos não aconteceu, você se sente vazio. Esse vazio é negativo. É uma tristeza, uma depressão, um estado de espírito de frustração. Se você está se sentindo vazio dessa forma, lembre-se, as flores não vão se derramar sobre você. Seu vazio não é real, não é positivo. Você ainda está buscando coisas, é por isso que está se sentindo vazio. Você ainda está buscando o ego, você queria ser alguém e não conseguiu. É um fracasso, não um entendimento.

Então, lembre-se, se você renunciar ao mundo por meio de um fracasso, isso não é renúncia, não é *sannyas*, não é verdade. Se você renunciar ao mundo por meio de um entendimento, isso é totalmente diferente. Você não renuncia a ele como se fosse um esforço triste, com frustração por dentro, se sentindo um completo fracasso. Você não faz isso como um suicídio, lembre-se. Se seus *sannyas* for um suicídio, então as flores não vão se derramar sobre você. Então você está partindo porque...

Você deve ter ouvido a fábula de Esopo. Uma raposa estava passando e viu uvas, mas a videira era no alto de uma árvore. Ela tentou e tentou e pulou, mas estavam fora do seu alcance. Então ela foi embora, dizendo: "Essas uvas não valem a pena, ainda não estão doces e maduras. Estão azedas". Ela não conseguiu alcançá-las.

Mas é difícil para o ego perceber: "Eu sou um fracasso". Em vez de reconhecer, "Eu falhei, elas estavam fora do meu alcance", o ego vai dizer: "Elas não valiam a pena..."

Seus muitos *sannyasins*, chamados santos, são como essa raposa de Esopo. Eles renunciaram ao mundo não porque entenderam a futilidade dele, mas porque eram fracassados e o mundo estava além do seu alcance — e eles ainda estão cheio de rancor e de reclamações. Você vai até esses santos e eles ainda são contra o mundo, dizendo: "O dinheiro é sujo! E o que é uma mulher bonita? Nada além de ossos e sangue!". A quem eles estão tentando convencer? Estão tentando se convencer de que as uvas estão azedas e amargas.

Por que falar sobre as mulheres, se você deixou este mundo? Por que falar sobre dinheiro se você não se preocupa com ele? Mas no fundo ainda existe uma preocupação. Você ainda não consegue aceitar o fracasso, e o entendimento não aconteceu.

Sempre que você é contra alguma coisa, lembre-se, é porque o entendimento não aconteceu — porque no entendimento, a favor e contra, ambos desaparecem. No entendimento, você não é hostil ao mundo. No entendimento, você não condena o mundo e as pessoas que vivem nele. Se você continua condenando, a sua condenação mostra que, em algum lugar, há uma ferida, e você ainda está com inveja — porque sem inveja não pode haver condenação. Você condena as pessoas porque, de alguma forma, em algum lugar, inconscientemente você sente que elas estão se divertindo e você não.

Você continua dizendo que este mundo é apenas um sonho, mas, se ele é realmente um sonho, então por que insistir em dizer que é um sonho? Ninguém insiste quando se trata de sonhos. Pela manhã você acorda e sabe que foi um sonho — ponto final. Você não vai ficar dizendo às pessoas que era tudo um sonho.

Lembre-se de um truque da mente: tentar convencer as pessoas sobre algo apenas para convencer a si mesmo, porque, quando o outro se sente convencido, você se sente bem. Se você sair por aí dizendo às pessoas que sexo é pecado e elas se convencerem disso, ou se elas não puderem refutar o que você está dizendo, você fica feliz. Você convenceu a si mesmo. Olhando nos olhos dos outros, você está tentando encobrir o próprio fracasso.

O vazio negativo é inútil. Ele é simplesmente a ausência de alguma coisa. O vazio positivo é a presença de alguma coisa, não a falta; é por isso que o vazio positivo torna-se um poder. O vazio negativo torna-se um estado de espírito triste, deprimido — você simplesmente desaba, só isso. Sentindo-se um fracasso, sentindo-se deprimido, sentindo-se em todos os lugares a muralha que você não consegue cruzar, sentindo-se impotente, você denuncia, você condena.

Mas isso não é um crescimento, isso é uma regressão. E lá no fundo você não pode florescer, porque só a compreensão floresce, nunca a depressão. E, se você não puder florescer, a existência não vai derramar flores sobre você. A existência simplesmente responde ao que você é: seja o que você for, a existência lhe dará mais disso. Se muitas flores desabrocham no seu ser, um milhão de vezes mais vão se derramar sobre você. Se você tiver uma depressão profunda, a existência também ajuda nisso — um milhão de vezes mais depressão você terá.

Tudo o que você é vai bater à sua porta. Tudo o que você é vai ser dado a você numa quantidade cada vez maior.

Portanto, tenha cuidado e fique alerta. E, lembre-se, o vazio sublime é um fenômeno positivo. A pessoa não é um fracasso, simplesmente olha para a coisa e entende que os sonhos não podem ser realizados. Então, nunca se sente triste, ela se sente feliz, pois "Eu cheguei a esse entendimento de que os sonhos não podem ser realizados". Nunca se sente deprimida, sem esperança, sente-se simplesmente feliz e exultante, porque, "Eu cheguei a um entendimento. Agora eu não vou tentar o impossível, agora não vou tentar algo inútil". E ela nunca diz que o objeto do desejo é errado; quando você está no vazio sublime, positivo, você diz que o desejo é errado, não o objeto do desejo — essa é a diferença. No vazio negativo, você diz que o objeto do desejo é errado, então altera o objeto. Se é a riqueza, o dinheiro, o poder — deixe isso de lado. Torne Deus, a libertação, o céu o objeto — mude o objeto.

Se o vazio é perfeito e sublime e positivo, você não vê o objeto como algo errado. Você simplesmente vê que o desejo é fútil; os objetos são ok, mas o desejo é fútil. Então você não muda o seu desejo de um objeto para outro, você simplesmente abandona o próprio desejo.

Não desejando, você floresce. Desejando, você se torna cada vez mais paralisado e morto.

Um dia, quando Subhuti estava sentado debaixo de uma árvore num espírito de sublime vazio...

...Vazio mas feliz; vazio, mas preenchido; vazio, mas sem faltas; vazio, mas transbordante; vazio, mas à vontade, em casa.

...flores começaram a cair em torno dele.

Ele ficou surpreso, porque era um joão-ninguém. Ele nunca esperava. Se você esperar, as flores nunca vão se derramar; se você não esperar, elas se derramam — mas, aí você é surpreendido. Por quê? Subhuti deve ter pensado que tinha ocorrido algum erro. Derramarem-se sobre Subhuti, um joão-ninguém, um zero à esquerda, e justo quando ele estava vazio? Nem pensando em Deus, nem sequer pensando em libertação, nem mesmo meditando — porque, quando você está meditando, você não está vazio, você está fazendo algo e está se esforçando para isso. Não fazendo nada? Subhuti deve ter ficado alerta e pensado que algo estava errado: Os deuses enlouqueceram! Por que essas flores? E não é a estação delas — ele deve ter olhado para a árvore e depois olhado para si mesmo novamente: "Em *mim*, as flores estão se derramando?". Ele não podia acreditar.

Lembre-se, sempre que o supremo acontecer a você, você vai se surpreender, porque nunca esperava. Você não estava esperando, não estava na expectativa. E aqueles que estão esperando, nutrindo esperanças e rezando e desejando — isso nunca acontece a eles, porque estão tensos demais. Eles nunca estão vazios, nunca relaxam.

O universo vem até você quando você está relaxado, porque nesse estado você está vulnerável, aberto — todas as portas se abrem. De qualquer lugar, Deus é bem-vindo. Mas você não está orando, não está pedindo a Deus para vir; você não está fazendo nada. Quando você não está fazendo nada, está apenas num espírito de sublime vazio, você se torna o templo e ele vem.

Num estado de sublime vazio, flores começaram a cair em torno dele...

Ele olhou ao redor — o que está acontecendo?

"Estamos louvando você pelo seu discurso sobre o vazio", os deuses lhe sussurraram.

Ele não podia acreditar. Ele nunca esperava. Não podia acreditar que fosse digno, ou que fosse capaz, ou que tivesse se desenvolvido.

"Estamos louvando você pelo seu discurso sobre o vazio", os deuses lhe sussurraram.

Eles têm que sussurrar. Devem ter visto os olhos espantados desse Subhuti, tão surpreso! Eles disseram: "Nós estamos louvando você. Não fique tão surpreso nem tão assombrado. Fique tranquilo! Estamos apenas louvando você pelo seu discurso sobre o vazio".

"Mas eu não falei do vazio", disse Subhuti —

"Eu não falei nada!"

"Você não falou do vazio, nós não ouvimos o vazio", responderam os deuses.
"Esse é o verdadeiro vazio."
E flores se derramaram sobre Subhuti como chuva.

Tente compreender. Eles disseram: "Nós estamos louvando você pelo seu discurso sobre o vazio", e ele não estava falando com ninguém, não havia ninguém. Ele não estava falando consigo mesmo, porque ele estava vazio, não dividido. Ele não estava falando, absolutamente, ele estava simplesmente ali. Nada estava sendo feito por ele — nenhuma nuvem de pensamento estava passando pela mente dele, nenhum sentimento brotando em seu coração; ele estava simplesmente como se não existisse. Estava simplesmente vazio.

E os deuses disseram: *"Estamos louvando o seu discurso sobre o vazio"*.

Então ele ficou mais surpreso ainda e disse: *"O quê? Eu não falei do vazio, eu não disse nada!"*.

Eles disseram: *"Você não falou e nós não ouvimos. Esse é o verdadeiro vazio"*. Você não pode discursar sobre o vazio, você só pode ficar vazio — esse é o único discurso. Todo o resto pode ser falado, tudo pode se tornar um sermão, objeto de um sermão, todo o resto pode ser discutido, argumentado — mas não o vazio, porque o próprio esforço para dizer alguma coisa sobre ele o destrói. No momento em que você diz, ele não está mais lá. Basta uma única palavra e o vazio se perdeu. Mesmo uma única palavra pode preencher você, e o vazio desaparece.

Não, nada pode ser dito sobre ele. Ninguém nunca disse nada sobre ele. Você só pode ficar vazio e esse é o discurso. *Ser* é o discurso.

O vazio nunca pode se tornar um objeto do pensamento, o não pensamento é a sua natureza. Então, os deuses disseram: "Você não disse nada e nós não ouvimos. Essa é a beleza disso! É por isso que estamos louvando você. Raramente acontece de alguém ficar simplesmente vazio. *Esse é o verdadeiro vazio*". E Subhuti não estava nem mesmo consciente de que estava vazio, porque, se você está consciente, algo estranho o invade: você fica dividido, você sofre uma cisão. Quando a pessoa está realmente vazia, não há nada mais do que vazio, nem mesmo a consciência do vazio. Nem mesmo a testemunha está lá. A pessoa está perfeitamente alerta, não está adormecida –, mas a testemunha não está lá. O vazio vai além do testemunho, porque, sempre que você testemunha algo, existe uma ligeira tensão interior, um esforço sutil, e nesse caso o vazio é uma coisa e você é outra coisa. Você o testemunha, você não está vazio; então o vazio é novamente apenas um pensamento na mente.

As pessoas vêm a mim e dizem: "Eu experimentei um momento de vazio". E eu digo a elas: "Se você o experimentou então esqueça, porque quem experimenta o vazio? A pessoa que o experimenta já é uma barreira. Quem vai experimentá-lo?". O vazio não pode ser experimentado. Não é uma experiência, porque o experimentador não está presente: o experimentador e a experiência se tornaram uma coisa só. O vazio é um *experimentar*.

Permita-me cunhar esta palavra: o vazio é um *experimentar*, é um processo, indivisível. Ambos os polos desapareceram, ambas as margens desapareceram, e só existe o rio. Você não pode dizer: "Eu experimentei", porque você não estava lá – como pode experimentar? E depois que você entra em cena, não pode torná-lo uma experiência do passado, você não pode dizer: "Eu experimentei". Senão torna-se uma lembrança do passado.

Não, o vazio nunca pode se tornar uma lembrança, porque o vazio não pode nunca deixar um rastro. Ele não pode deixar pegadas. Como o vazio pode se tornar uma lembrança do passado? Como você pode dizer: "Eu experimentei?". É sempre no agora, é experiment*ando*. Não é nem passado nem futuro, é sempre um processo contínuo. Quando você entra em cena você interfere. Você não pode sequer dizer "Eu experimentei" – é por isso que Subhuti nem estava consciente do que estava acontecendo. Ele não estava lá. Qualquer distinção entre ele e o universo não estava lá. Não há distinção, todos os limites tinham se dissolvido. O universo começou a se desvanecer nele, ele se desvaneceu no universo, imergindo, fundindo-se, unindo-se. E os deuses disseram: "Esse é o verdadeiro vazio".

E as flores se derramaram sobre Subhuti como chuva.

Esta última linha tem que ser entendida com muito, muito cuidado, porque, quando alguém diz que você está vazio, o ego pode imediatamente voltar — porque você se tornará consciente, e você vai sentir que algo foi alcançado. De repente, os deuses vão torná-lo consciente de que você está vazio.

Mas Subhuti é raro, extraordinariamente raro. Mesmo que os deuses gritassem em torno dele, sussurrassem em seus ouvidos, e as flores se derramassem sobre ele como chuva, ele não se incomodou. Ele simplesmente ficou em silêncio. Eles disseram: "Você falou, você deu um discurso!". Ele escutou sem se voltar. Eles disseram: "Você não falou, nós não ouvimos. *Esse é o verdadeiro vazio!*". Não havia nenhum ego dizendo: "A verdadeira felicidade me aconteceu. Agora eu me tornei iluminado" — caso contrário, ele teria perdido a chance no último instante. Imediatamente as flores teriam parado de se derramar sobre ele, se ele tivesse se voltado. Não, ele deve ter fechado os olhos e deve ter pensado: "Esses deuses estão loucos e estas flores são sonhos — não se incomode com isso".

O vazio era tão belo que agora nada poderia ser mais bonito do que isso. Ele simplesmente permaneceu no seu vazio sublime — é por isso que as flores se derramaram sobre Subhuti como chuva. Agora, elas não estavam caindo um pouco aqui e um pouco lá, agora elas estavam se derramando como chuva.

Essa é a única história sobre Subhuti, nada mais foi dito sobre ele. Em nenhum outro lugar ele é mencionado. Mas digo a você que as flores ainda estão se derramando. Subhuti não está mais sob nenhuma árvore — porque, quando uma pessoa se torna, de fato, totalmente vazia, ela se desvanece no universo. Mas o universo ainda celebra. As flores continuam se derramando.

Mas você só vai ser capaz de conhecê-las quando elas se derramarem sobre você. Quando Deus bate à sua porta, só então você sabe que é Deus, nunca antes. Todos os argumentos são fúteis, todos os discursos são em vão, a menos que Deus bata à sua porta. A menos que isso aconteça a você, nada pode se tornar uma convicção.

Eu falo sobre Subhuti porque isso aconteceu comigo, e não é uma metáfora; é literal. Eu já tinha lido sobre Subhuti antes, mas pensava que era uma metáfora — bonita, poética. Eu nunca tive sequer uma ligeira noção de que isso realmente acontece. Eu nunca pensei que esse era um fenômeno real, uma coisa real que acontece. Mas agora eu digo que isso acontece. Aconteceu comigo, pode acontecer com você... mas um sublime vazio é necessário.

E nunca se confunda. Nunca pense que o seu vazio negativo jamais poderá se tornar sublime. Seu vazio negativo é como a escuridão; o sublime vazio é como a luz, é como um Sol nascente. O vazio negativo é como a morte. O sublime vazio é como a vida, a vida eterna. É feliz.

Deixe que esse estado de espírito penetre em você cada vez mais fundo. Vá e sente-se sob as árvores. Basta se sentar e não fazer nada. Tudo para — quando você para, tudo para. O tempo não vai passar, como se de repente o mundo chegasse a um apogeu e não houvesse mais movimento. Mas não pense: "Agora eu estou vazio", caso contrário você vai se perder. E mesmo se os deuses começarem a derramar flores em você, não preste muita atenção.

E agora que você conhece a história, nem sequer pergunte por quê. Subhuti tinha que perguntar, você não precisa. Mesmo que eles sussurrem, "Ouvimos o verdadeiro vazio e o discurso sobre ele", não se preocupe, e as flores vão se derramar como chuva sobre você também.

Basta por hoje.

CAPÍTULO 2

Todo conhecimento é emprestado

Quando Yamaoka era um estudante impetuoso, ele visitou o mestre Dokuon. Querendo impressionar o mestre, ele disse: "Não existe mente, não existe corpo, não existe buda. Não existe nem melhor nem pior. Não existe nenhum mestre, não existe nenhum aluno. Não existe dar, não existe receber. O que nós pensamos que vemos e sentimos não é real. Nenhuma dessas coisas aparentes realmente existe".

Dokuon estava sentado calmamente fumando seu cachimbo, sem dizer nada. De repente, ele pegou seu cajado e deu em Yamaoka um terrível golpe.

Yamaoka saltou de raiva.

Dokuon disse: "Se nenhuma dessas coisas realmente existe e tudo é vazio, de onde vem a sua raiva? Pense nisso".

O conhecimento não ajuda muito. Só o ser pode se tornar o veículo para a outra margem. Você pode continuar pensando, acumulando informações — mas esses são barcos de papel, eles não vão ajudar numa viagem oceânica. Se você permanecer em terra e continuar só falando sobre eles, tudo bem — barcos de papel são tão bons quanto os barcos de verdade, se você nunca sair em viagem. Mas, se você sair em viagem com barcos de papel, então se afogará. E as palavras não são nada a não ser barcos de papel — não são nem mesmo tão substanciais.

Quando acumulamos conhecimento, o que fazemos? Nada muda interiormente; o ser permanece absolutamente inalterado. Assim como poeira, informações se acumulam em torno de você — assim como a poeira se acumula sobre um espelho. O espelho continua a ser o mesmo, só que ele perde a sua qualidade de refletir as coisas. Sua consciência permanece a mesma; o que você sabe através da mente, não faz diferença; na verdade, atrapalha. Conhecimento acumulado é como poeira sobre a sua consciência reflexiva; a consciência reflete cada vez menos.

Quanto mais você sabe, menos consciente se torna. Se você está completamente preenchido com erudição, com conhecimento emprestado, você já está morto. Então, nada vem até você como algo seu. Tudo é emprestado, é repetição, assim como um papagaio repete o que escuta.

A mente é um papagaio. Eu ouvi – isso aconteceu na época de Joseph Stalin: um homem, um comunista muito importante, foi à delegacia de polícia de Moscou informar que seu papagaio tinha desaparecido. Como esse homem era um comunista preeminente, o chefe da delegacia de polícia fez um interrogatório sobre o papagaio, pois o pássaro era importante e tinha que ser procurado. Em suas investigações, perguntou: "O papagaio fala?".

O comunista, o camarada, sentiu um ligeiro temor, e então disse: "Sim, ele fala. Mas veja bem: quaisquer opiniões políticas que ele tenha são opiniões próprias".

Mas como um papagaio pode ter opiniões próprias? Um papagaio não pode ter opiniões próprias – e nem a mente pode, porque a mente é um mecanismo. Um papagaio está mais vivo do que a mente. Até mesmo um papagaio pode ter algumas opiniões próprias, mas a mente não pode. A mente é um computador, um biocomputador. Ela acumula. Ela nunca é original, não pode ser. Tudo o que ela tem emprestou, tomou dos outros.

Você só se torna original quando transcende a mente. Quando a mente é deixada de lado, e a consciência enfrenta a existência diretamente, imediatamente, de momento a momento em contato com a existência, você se torna original. Então, pela primeira vez, você é verdadeiramente você mesmo. Caso contrário, todas as ideias são emprestadas. Você pode citar escrituras, pode saber de cor todos os Vedas, o Alcorão, o Gita, a Bíblia, mas isso não faz diferença – eles não são autenticamente seus. E o conhecimento que não é seu é perigoso, mais perigoso do que a ignorância, porque é uma ignorância oculta e você não é capaz de ver que está enganando a si mesmo. Você está carregando moedas falsas e pensando que é um homem rico, transportando pedras falsas e pensando que elas são diamantes. Mais cedo ou mais tarde a sua pobreza será revelada. Então, você vai ficar chocado.

Isso acontece sempre que se morre, sempre que a morte se aproxima. No choque que a morte provoca, de repente você fica consciente de que não adquiriu nada — porque só se adquire o que é adquirido no ser.

Você acumulou fragmentos de conhecimento aqui e ali, você pode ter se tornado uma grande enciclopédia, mas a questão não é essa. E, particularmente para aqueles que estão em busca da verdade, ele é uma barreira, não uma ajuda. O conhecimento tem que ser transcendido.

Quando não há conhecimento, o saber acontece, porque o saber é uma qualidade sua — a qualidade da consciência. É como um espelho: o espelho reflete tudo o que está diante dele; a consciência reflete a verdade que está sempre na sua frente, diante do seu nariz.

Mas a mente está no meio — e a mente continua matraqueando, e a verdade continua bem na sua frente e a mente, matraqueando. E você segue a mente. Você não percebe. A mente é um grande não perceber.

Antes de iniciar esta bela historieta, mais algumas coisas. Primeiro: o conhecimento é emprestado, perceba isso. A própria percepção torna-se um "desprender-se desse conhecimento".

Você não tem que fazer nada. Basta perceber que tudo o que você sabe você ouviu, você não sabia. Você leu, você ainda não percebeu; não é uma revelação para você, é um condicionamento da mente. Ensinaram a você — você não aprendeu. A verdade só pode ser aprendida, não pode ser ensinada.

Aprender significa ser sensível a tudo o que está ao seu redor — seja o que for que exista, ser responsivo a isso. Esse é um grande aprendizado, mas não é conhecimento.

Não existe nenhuma maneira de encontrar a verdade — exceto encontrando-a. Não existe um atalho que leve até ela. Você não pode pedir, você não pode roubar, você não pode ludibriar para chegar até ela. Não existe nenhuma maneira, a menos que você não tenha nenhuma mente dentro de você — porque a mente é um bruxulear, a mente é um tremular contínuo; a mente nunca está imóvel, ela é um movimento. A mente é como uma brisa, soprando continuamente, e a chama continua tremulando. Quando a mente não está, a brisa para, e a chama fica imóvel. Quando a sua consciência é uma chama imóvel, você sabe a verdade. Você tem que aprender a não seguir a mente.

Ninguém pode dar a você a verdade, ninguém. Nem mesmo alguém como Buda, Jesus, Krishna — ninguém pode dá-la a você. E é bonito que ninguém possa dá-la a você, caso contrário ela iria se tornar uma mercadoria no mercado. Se ela pudesse ser dada, então também poderia ser vendida. Se puder ser dada, então ela também pode ser roubada. Se puder ser dada, então você poderia pegá-la do seu amigo, emprestá-la. É bonito que a verdade não seja transferível de forma alguma. A menos que você a alcance, não pode alcançá-la. A menos que você se torne a verdade, você nunca a tem. De fato, não é algo que você possa ter. Ela não é uma mercadoria, uma coisa, um pensamento. Você pode sê-la, mas não pode tê-la.

No mundo, *neste* mundo, podemos ter tudo — tudo pode se tornar parte das nossas posses. A verdade nunca pode ser possuída, porque há duas coisas que podem ser possuídas: pensamentos e coisas. As coisas podem ser possuídas, os pensamentos podem ser possuídos — a verdade não pode. A verdade é "ser". Você pode se tornar a verdade, mas não pode possuí-la. Você não pode tê-la no seu cofre, você não pode tê-la no seu livro, você não pode tê-la na sua mão. Quando você a tem, você a é. Você se torna a verdade. Não é um conceito, é "ser" a própria verdade.

A segunda coisa a lembrar: esta é uma tendência humana, tentar mostrar que você tem o que não tem. Se você tem, você não tenta mostrar, não há por quê. Se você não tem, você tenta mostrar, como se você tivesse. Assim, lembre-se, o que quer que você queira mostrar às pessoas, isso é algo que você não tem.

Se você vai à casa de um homem rico e torna-se seu hóspede — isso não muda nada; se ele é realmente rico, não muda nada, ele simplesmente aceita você. Vá à casa de um homem pobre — ele muda tudo. Ele pode emprestar móveis do vizinho, um tapete de alguém, cortinas de outra pessoa. Ele gostaria de impressioná-lo para que você pense que ele é rico. Se você não é rico você gostaria de impressionar as pessoas fazendo-as pensar que você é rico. E se você não sabe, você gostaria que as pessoas pensassem que você sabe. Sempre que você quer impressionar alguém, lembre-se: é uma tendência humana querer impressionar, porque ninguém quer parecer pobre — e isso é mais verdade ainda quando se trata das coisas do outro mundo.

Você pode ser um homem pobre quando se trata das coisas deste mundo, isso não é tanta pobreza assim; mas, quando se trata de Deus, da alma, da libertação, da verdade — é pobreza demais para suportar, é ser pobre demais. Você gostaria de impressionar as pessoas fazendo-as pensar que você tem alguma coisa, e é difícil impressioná-las quando se trata das coisas deste mundo, porque essas coisas são visíveis. Mas é fácil impressionar as pessoas quando se trata das coisas do outro mundo, porque elas não são visíveis. Você pode impressionar as pessoas fazendo-as pensar que você sabe, sem saber de fato.

O problema surge porque, quando você impressiona as pessoas, existe a possibilidade de você mesmo ser impressionado pelos olhos delas e pelas convicções que elas têm de que você tem alguma coisa. Pouco a pouco, se muitas pessoas estiverem convencidas de que você sabe, você vai se convencer de que sabe — é esse o problema, porque enganar os outros não é um problema tão grande assim. Mas, se você está sendo enganado por si mesmo, então será quase impossível tirá-lo do seu sono, porque você acha que não está dormindo coisa nenhuma! Você acha que está totalmente acordado. Vai ser difícil levá-lo para fora da sua ignorância, porque você acha que já é iluminado. Vai ser difícil tirá-lo da sua doença, porque você acredita que é saudável e já está inteiro!

O maior obstáculo que se interpõe entre você e a verdade é que você já se convenceu, por meio dos outros, de que você já a tem. Portanto, é um círculo vicioso. Primeiro: você tenta convencer os outros — e você pode convencer os outros, porque a coisa é invisível. Segundo: os outros não a têm também, então eles não sabem. Se você sai por aí e começa a falar de Deus sem parar, mais cedo ou mais tarde as pessoas vão começar a pensar que você sabe algo sobre Deus — porque elas também não sabem. Exceto pela palavra *deus*, elas não sabem nada sobre isso, e você pode ser muito esperto e astuto, um grande conhecedor de teorias e filosofias, argumentativo. E, se você falar por muito tempo, por puro tédio elas vão dizer: "Sim, acreditamos que você sabe, mas pare de falar!".

Eu ouvi, uma vez aconteceu:

Havia um grande místico, Baal Shem, um judeu hassídico. Um estudioso foi vê-lo, um impostor — e todos os estudiosos são impostores, porque quando digo "estudioso" me refiro a alguém que sabe alguma coisa por meio das escrituras, das palavras, da língua, que não encontrou, ele mesmo, a realidade — e ele começou a falar sobre os profetas antigos, e o Antigo Testamento, e comentar sobre eles... tudo emprestado, é claro, sem originalidade; tolice da parte dele, porque ele estava conversando com um homem que sabe.

Baal Shem ouviu por compaixão, e depois, no final, disse, "Muito ruim, muito ruim; se o grande Maimônides tivesse conhecido você..."

Maimônides é um filósofo judeu, um grande filósofo, de modo que o impostor ficou muito feliz, muito feliz com esse elogio, que se o grande Maimônides o tivesse conhecido... Então ele perguntou: "Estou muito feliz que o senhor me reconheça e tenha me concedido o seu reconhecimento. Só mais uma coisa: por que você diz, 'Muito ruim, muito ruim. Se o grande Maimônides tivesse conhecido você...'? O que quer dizer com isso? Por favor, me diga, o que quer dizer com isso?".

Baal Shem disse: "Então você teria entediado a ele, não a mim".

Só por puro tédio as pessoas começam a acreditar: "Sim, você sabe — mas agora cale a boca". E, além disso, elas não sabem, são tão ignorantes quanto você. Há apenas uma diferença: você é mais articulado, você leu mais, você acumulou um pouco mais de pó, e elas não sabem argumentar, e você pode colocá-las no lugar delas e fazê-las se calar. Elas têm que acreditar que você sabe, e não faz nenhuma diferença para elas se você souber ou não.

Fique feliz se você pensa que sabe, mas você está criando tamanha parede de pedra que será difícil colocá-la abaixo — porque, se você convencer os outros, você se convencerá também de que, "Sim, eu sei!" É por isso que existem tantos supostos mestres. Eles não sabem nada, mas têm seguidores, e por causa dos seguidores estão convencidos de que sabem. Tire os seguidores e você vai ver a confiança deles ruir.

No fundo, a psicologia profunda diz que as pessoas acumulam seguidores apenas para convencer a si mesmas de que sabem. Sem seguidores, como você vai convencer a si mesmo? Não há como — você está sozinho! E é difícil se enganar diretamente, é fácil enganar a si mesmo através das outras pessoas. Quando você conversa com uma pessoa e vê a luz nos olhos dela, você se convence de que você deve ter alguma coisa especial, caso contrário, "Por que essa luz surgiria nos olhos dela, no rosto dela? Ela ficou impressionada!" É por isso que ansiamos tanto em impressionar as pessoas. A mente quer impressionar as pessoas para que possa ser impressionada por elas, e possa então acreditar em seu conhecimento emprestado como se ele fosse uma revelação. Cuidado com isso! Essa é uma das armadilhas mais perigosas. Depois que você cair nela, vai ser difícil sair.

Um pecador pode chegar mais facilmente à verdade do que um erudito, porque um pecador sente, lá no fundo, que ele é culpado; ele pode se arrepender, e ele sente que fez algo errado. Você não consegue encontrar um pecador que seja basicamente feliz. Ele sente a culpa; ele fez algo errado e se arrepende no seu inconsciente; ele quer desfazer tudo o que fez para trazer equilíbrio à sua vida, e um dia vai trazer esse equilíbrio. Mas, se você é um erudito, um homem de palavras, teorias e filosofias, um grande comentarista, então vai ser difícil, porque você nunca sente culpa sobre a sua erudição, você se sente feliz e egoísta com relação a isso.

Lembre-se de uma coisa: qualquer coisa que lhe dê uma sensação de ego é uma barreira; qualquer coisa que lhe dê um sentimento de ausência de ego é um caminho.

Se você é um pecador e se sente culpado, isso significa que seu ego está abalado. Através do pecado você não pode acumular ego. Já aconteceu muitas vezes de um pecador dar o salto num determinado instante e tornar-se um santo. Aconteceu a Valmiki, um santo indiano, o primeiro a contar a história de Rama. Ele era ladrão e assassino, e num único instante a transformação aconteceu. Isso nunca aconteceu assim com nenhum erudito – e a Índia é um grande país de eruditos: os brâmanes, os estudiosos. Você não pode competir com os eruditos da Índia – eles têm extenso legado de milhares de anos, e vivem de palavras e palavras e palavras. Mas nunca aconteceu de um erudito num único instante ter dado um salto, extrapolado, rompido com o passado e se tornado totalmente novo. Nunca aconteceu dessa maneira. Mas isso já aconteceu muitas vezes com os pecadores, num único instante, porque, com tudo o que estavam fazendo, no fundo eles nunca conseguiram montar esquemas para o seu ego.

Tudo o que eles estavam fazendo despedaçava o ego, e o ego é a parede, a parede de pedra.

Se você sentir que é moralista, um puritano, você criará um ego sutil. Se você achar que é um conhecedor, você criará um ego sutil. Lembre-se, não existe pecado senão o ego, portanto, não o acumule, e ele sempre é acumulado através de coisas falsas, porque as coisas reais sempre o despedaçam. Se você realmente sabe, o ego desaparece; se você não sabe, ele se acumula e se torna cada vez maior e mais forte. Se você for realmente um homem puro, um homem religioso, o ego desaparece; mas, se você é um puritano, um moralista, então o ego é fortalecido. Esse deve ser sempre o critério para julgar se o que você está fazendo é bom ou errado: julgue isso pelo ego. Se o ego se fortalece, então é errado: solte isso assim que você puder, solte-o imediatamente! Se o ego não é reforçado, é bom.

Se você vai para o templo todos os dias, ou à igreja todos os domingos, e sente o ego fortalecido, não vá à igreja — pare, não vá ao templo. Isso não vai ajudá-lo, vai ser um veneno. Se você sente que, por ir à igreja, você é religioso, você é algo de extraordinário, maior, mais puro do que os outros, melhor do que os outros; se essa atitude vem a você, melhor do que os outros, então desista disso, porque essa atitude é o único pecado que existe no mundo. Todo o resto é brincadeira de criança. Esse é o único pecado — essa atitude de "ser melhor do que os outros".

Faça apenas o que não fortalecer o seu ego, e mais cedo ou mais tarde você vai se tornar iluminado, porque, quando o ego não existe, se mesmo que por um único instante ele deixar você — de repente os olhos se abrem e você o vê. Depois que é visto, ele nunca é esquecido. Depois de visto, ele se torna um poderoso ímã, na sua vida, que passa a levar você cada vez mais para perto do centro do mundo. Mais cedo ou mais tarde você vai se fundir com ele.

Mas o ego resiste, o ego resiste à rendição. Ele resiste ao amor, resiste à devoção, resiste à meditação, resiste ao divino. O ego é uma resistência, uma luta contra o todo; é por isso que ele é um pecado. E o ego está sempre interessado em impressionar as pessoas. Quanto mais você consegue impressionar as pessoas, mais o ego é alimentado. É fato. Se você não consegue impressionar ninguém, o apoio é retirado e o ego começa a estremecer. Ele não tem base na realidade, ele depende das opiniões dos outros.

Agora tente compreender esta historieta:

"O estudante impetuoso" — é uma contradição, porque o aluno não pode ser impetuoso e, se ele é, não pode ser um aluno. Um estudante não pode ser insolente, ele não pode ser rude, ele não pode ser egoísta. Se ele é, ele não pode ser um estudante, porque ser um estudante significa ser receptivo, estar pronto para aprender. E o que é vontade de aprender? Prontidão para aprender significa: Eu sei que eu sou ignorante. Se eu já sei que sei, como posso aprender? As portas estão fechadas, eu não estou pronto para aprender; na realidade, eu estou pronto para ensinar.

Aconteceu uma vez num mosteiro zen: um homem veio e ele queria ser iniciado. O mestre disse: "Nós temos duas categorias de iniciados aqui. Eu tenho quinhentos internos no ashram, no mosteiro, e nós temos duas categorias: uma é de discípulos, e a outra é de mestres. Então, a qual categoria você gostaria de pertencer?".

O homem era absolutamente novo, e até mesmo ele sentiu um pouco de hesitação. Ele disse: "Se é possível, então eu gostaria de ser iniciado como mestre".

O mestre estava apenas brincando. Ele estava apenas brincando — e queria investigar o inconsciente mais profundo desse homem.

Todo mundo gostaria de ser mestre e, mesmo que você se torne um discípulo, você só vai se tornar um discípulo como um meio, apenas como um meio de se tornar um mestre: você tem que passar por isso, é obrigatório; caso contrário, como você pode se tornar um mestre? Então você tem que ser discípulo, mas a busca do ego é ser o mestre. O ego gostaria de ensinar, não de aprender; e mesmo que você aprenda está aprendendo com a ideia de se preparar para ensinar.

Você me ouve. Com relação ao ouvir, eu tenho duas categorias também: você pode ouvir como um discípulo ou você pode ouvir como um aspirante a mestre. Se ouvir como um aspirante a mestre, você vai se perder, porque você não pode ouvir com essa atitude. Se você só espera se preparar para saltar para a condição de mestre e ensinar outras pessoas, você não consegue ser receptivo.

Você só consegue aprender se você for um discípulo sem pensar em se tornar um mestre. Essa era uma das mais antigas tradições do Oriente — que uma pessoa não começaria a ensinar sem que seu mestre lhe dissesse que ela estava pronta.

Houve um discípulo do Buda que permaneceu por muitos anos com ele; o nome dele era Purna. Ele se tornou iluminado, e ainda assim permaneceu com Buda. Depois da iluminação, continuou ouvindo as palavras do Buda todos os dias pela manhã. Ele próprio era agora um buda, não faltava nada, ele tinha autonomia, mas continuou a ir.

Um dia, o Buda perguntou a Purna: "Por que você continua vindo? Agora você pode parar".

Purna disse: "A menos que me diga, como eu posso parar? Se você disser que posso, então tudo bem". Então ele parou de ir às aulas do Buda, mas permaneceu assim como uma sombra, acompanhando a *sangha*, a ordem. Então, depois de alguns anos, de novo o Buda disse: "Purna, por que você continua me seguindo? Vá e ensine as pessoas! Você não precisa ficar aqui comigo".

E Purna disse: "Eu estava à espera. Se você disse isso, eu irei. Sou um discípulo, então qualquer coisa que você disser eu farei. Se você disser que sim, então tudo bem. Então, onde eu devo ir? Que direção devo tomar? A quem devo ensinar? Você simplesmente me orienta e eu sigo! Sou um seguidor".

Esse homem deve ter escutado Buda totalmente, porque, até mesmo quando se tornou um iluminado, continuou a ser um discípulo. E há pessoas que são absolutamente ignorantes e já são "mestres". Mesmo que elas estejam ouvindo, estão ouvindo com a atitude de que, mais cedo ou mais tarde, vão ter que ensinar. Você ouve apenas para contar aos outros o que você aprendeu! Tire essa ideia completamente da cabeça, porque, se essa ideia estiver presente, se o aspirante a mestre estiver presente, o discípulo não pode existir com essa ideia; eles nunca coexistem.

Um discípulo é simplesmente um discípulo. Um dia, acontece de ele se tornar mestre — mas esse não é o fim, é apenas uma consequência. Só por ser um aluno ele se torna um sábio. Essa é uma consequência, não o objetivo. Se você aprender simplesmente para se tornar sábio, você nunca vai aprender, porque ser sábio é um objetivo do ego, um devaneio do ego. E se você está apenas esperando para amadurecer, para ficar pronto e se tornar um mestre, e esse disciplulado é apenas uma passagem que deve atravessar — quanto mais cedo melhor, ele tem que ser concluído, você não está feliz com ele, você gostaria de terminá-lo —, então você não é um discípulo, e nunca vai ser um mestre.... Porque, quando um discípulo amadurece, ele se torna um mestre espontaneamente. Essa não é uma meta a ser alcançada, é uma consequência.

O estudante impetuoso — impudente, rude, que acha que já sabe... e essa é a única impertinência que a mente pode cometer, achar que você já sabe.

Quando Yamaoka era um estudante impetuoso, ele visitou o mestre Dokuon. Querendo impressionar o mestre, ele disse...

Gente como Yamaoka me procura quase todos os dias. Eu conheci muitos; esse Yamaoka é um tipo de pessoa. As pessoas me procuram e às vezes eu gosto muito.

Uma vez aconteceu: um homem veio; ele falou durante uma hora — repetiu todo o Vedanta, e ele vinha requisitando uma entrevista havia muitos dias, escrevia cartas, e tinha vindo de longe, falado que gostaria de fazer algumas perguntas. Quando ele chegou, se esqueceu completamente das perguntas, começou a me dar respostas — e eu nem tinha perguntado nada! Durante uma hora ele falou, falou e falou, não deixava nem uma brecha para que eu pudesse interrompê-lo. Não, ele nem ouviria, então eu tinha que ficar dizendo sim, sim, sim. E eu o ouvi e gostei, e depois de uma hora ele disse, "Agora, tenho que ir, meu tempo acabou, mas aprendi muitas coisas com você. Vou me lembrar deste encontro para sempre. Vou levar esta lembrança no coração — e você solucionou todos os meus problemas".

Na realidade, este era o problema dele: ele queria falar, dizer coisas e me transmitir conhecimento. E ele ficou muito feliz, porque eu ouvi. Ele continuou o mesmo, mas foi embora feliz.

As pessoas me procuram e dizem que é claro que sabem que "Tudo é brahman". A Índia carrega um fardo muito pesado de conhecimento, e os tolos se tornam mais tolos ainda por causa desse fardo, pois eles todos sabem, e falam como se fossem conhecedores. Eles dizem que tudo é brahman, que a realidade é não dual e então, no fim, perguntam "Minha mente está muito agitada. Você pode sugerir algo?".

Se você sabe que a existência é não dual, se você sabe que o dois não existe, como pode viver tenso e agitado? Se você sabe disso, todos os problemas acabam, todas as preocupações se dissipam, toda angústia desaparece! Mas se você diz a essas pessoas, "Você não sabe", elas não ouvem. E se você simplesmente continua a ouvi-las, por fim a realidade se impõe naturalmente.

Num tribunal, aconteceu: um homem foi acusado de roubar um relógio de bolso. O dono do relógio era um pouco míope, sua vista era fraca, e ele só conseguia enxergar de óculos. Ele tinha esquecido seus óculos em algum lugar, por isso na rua esse outro homem cortou o bolso dele e levou o relógio. Quando o juiz perguntou: "O senhor consegue reconhecer este homem como o ladrão do seu relógio?", o homem roubado disse, "É difícil, porque minha vista é fraca e, sem os óculos, eu não consigo enxergar direito, tudo fica embaçado. Por isso não posso dizer com certeza se é este homem ou não, mas o meu relógio foi roubado e eu sinto que foi ele".

Mas como não havia nenhuma outra testemunha nem nada, e não havia provas do roubo, o magistrado teve que absolver o suspeito. Ele disse, "Agora você pode ir, você está livre".

Mas o homem pareceu ligeiramente intrigado. O juiz disse, "Agora você pode ir, você está livre!". O homem ainda parecia intrigado, então o juiz perguntou, "O senhor quer perguntar alguma coisa?".

Ele disse, "Sim, posso ficar com o relógio? Agora ele é meu?".

Isso é o que está acontecendo... as pessoas continuam falando e, se você continuar escutando o que dizem, no final vai descobrir que todo o Vedanta foi inútil para elas. No final elas vão perguntar algo que mostra a realidade delas. Era tudo tagarelice, verborragia.

Esse Yamaoka visitou o mestre Dokuon — Dokuon era um homem iluminado, um dos mais amados do Japão, um dos mais respeitados.

Querendo impressionar o mestre, ele disse...

Quando quer impressionar um mestre, você faz papel de bobo, você vira um perfeito idiota. Você pode querer impressionar o mundo inteiro, mas não tente impressionar um mestre; pelo menos diante dele, abra o coração. Não fale bobagem. Pelo menos diante dele, seja verdadeiro.

Se procura um médico, você expõe todas as suas doenças para ele, você deixa que ele faça um diagnóstico, que examine você, você conta tudo, seja o que for, não esconde nada. Se você esconde alguma coisa do médico, então para que vai procurá-lo? Continue escondendo! Mas como espera que ele o ajude, se você esconde?

Para um médico, você conta tudo sobre o seu corpo, para um mestre você tem que contar tudo sobre a sua alma; do contrário, nenhuma ajuda é possível. Se você vai procurar um mestre, entregue-se a ele! Não crie uma barreira de palavras entre você e ele. Diga só aquilo que você sabe. Se não souber nada, diga "Eu não sei".

Quando P. D. Ouspensky procurou Gurdjieff, ele era um grande estudioso, já mundialmente famoso — mais conhecido no mundo todo que o próprio Gurdjieff. Gurdjieff era um faquir desconhecido naquela época; ele se tornou conhecido graças a Ouspensky. Ouspensky tinha escrito um grande livro antes de conhecer Gurdjieff. O livro é realmente singular, porque Ouspensky fala como se soubesse alguma coisa, e ele é um homem tão articulado que consegue enganar. O livro é *Tertium Organum*, o terceiro cânone do pensamento, e de fato um dos livros mais raros do mundo. Até a ignorância pode produzir alguma coisa às vezes. Se você for habilidoso, pode fazer coisas até na sua ignorância.

Ouspensky afirma nesse livro — e sua afirmação está correta — que só existem três livros de verdade neste mundo: um é *Organum*, de Aristóteles, o primeiro cânone do pensamento; o segundo é *Novum Organum*, de Bacon, o novo cânone do pensamento, o segundo deles; e o terceiro é seu *Tertium Organum*, o terceiro cânone do pensamento. E de fato esses três livros são uma coisa rara. Todos os três autores são ignorantes, nenhum deles sabe coisa alguma sobre a verdade, mas são homens muito articulados. Eles realmente fizeram milagres: sem saber nada sobre a verdade, escreveram livros belíssimos. Eles quase chegaram lá, chegaram perto.

Ouspensky tinha fama; quando procurou Gurdjieff, Gurdjieff não era ninguém. Claro que ele já sabia que Gurdjieff era um homem especial — na verdade, não um homem de conhecimento, mas um ser de muito conteúdo. O que Gurdjieff fez? Ele fez algo muito bonito: permaneceu em silêncio. Ouspensky esperou, esperou e esperou, ficou irrequieto, começou a transpirar na frente daquele homem, porque ele simplesmente ficou em silêncio, olhando para ele, e foi muito esquisito, porque seus olhos eram muito, mas muito penetrantes. Se quisesse, ele podia queimar você com aqueles olhos. O rosto dele era tão expressivo que ele poderia simplesmente abalar todo o seu ser com aquele rosto. Se ele olhasse nos seus olhos, você se sentiria muito desconfortável. Ele ficou ali como uma estátua, e Ouspensky começou a tremer, uma febre se abateu sobre ele. Então ele perguntou, "Mas por que você está em silêncio? Por que não diz alguma coisa?".

Gurdjieff disse, "Primeiro é preciso deixar uma coisa bem clara, de uma vez por todas; só então eu poderei dizer alguma coisa. Vá até o outro cômodo, você vai encontrar uma folha de papel ali; escreva no papel tudo o que você sabe, e também o que você não sabe. Faça duas colunas: uma do seu conhecimento e a outra da sua ignorância, porque, seja o que for que você saiba, eu não preciso falar sobre isso. Seja o que for que você não saiba, eu falarei a respeito".

Ouspensky conta que ele foi até a outra sala, sentou-se numa cadeira, pegou papel e lápis — e pela primeira vez na vida percebeu que não sabia nada. Esse homem, Gurdjieff, tinha destruído todo o seu conhecimento porque, pela primeira vez com consciência, ele ia escrever: "Eu conheço Deus." Como ele iria escrever aquilo? Porque ele não conhecia. Como escrever: "Eu conheço a verdade?". Ouspensky era autêntico; ele voltou meia hora depois, estendeu a folha em branco para Gurdjieff e disse, "Agora você começa a trabalhar. Eu não sei nada".

Gurdjieff disse, "Como você pode ter escrito o *Tertium Organum*? Você não sabe nada, e escreveu o terceiro cânone do pensamento!".

É como se as pessoas continuassem a escrever durante o sono, continuassem a escrever em seus sonhos. Como se não soubessem o que estão fazendo, não soubessem o que está acontecendo com elas.

> *Querendo impressionar o mestre, ele disse: "Não existe mente, não existe corpo, não existe buda. Não existe nem melhor nem pior. Não existe nenhum mestre, não existe nenhum aluno. Não existe dar, não existe receber. O que nós pensamos que vemos e sentimos não é real. Nenhuma dessas coisas aparentes realmente existe".*

Esse é o mais elevado de todos os ensinamentos, a verdade suprema. É a essência de toda a tradição do Buda, que Buda disse que tudo é vazio. É disso que estamos falando quando eu converso sobre Sosan com você: tudo é vazio, tudo é simplesmente relativo, nada existe de modo absoluto. Essa é a mais elevada constatação. Mas você pode ler isso num livro e, se você a ler num livro e a repetir, é simplesmente uma idiotice.

> *"Não existe nenhuma mente, não existe nenhum corpo, não existe nenhum Buda."*

O Buda disse "Eu não existo". Mas, quando o Buda diz isso, significa alguma coisa. Quando Yamaoka diz, não significa nada. Quando o Buda diz isso, é muito significativo: "Eu não existo". Ele diz, "Mesmo não existindo, por isso estou mais alerta — você não pode estar. Essa é a minha constatação", ele diz. "A personalidade é como uma onda, ou como uma linha desenhada na água. É uma forma, e a forma muda continuamente. A forma não é a verdade. Só o que não tem forma pode ser verdadeiro. Só o imutável pode ser verdadeiro."

E o Buda diz, "Pode levar setenta anos para a sua forma desaparecer, mas ela desaparece — e aquilo que não existiu um dia, e mais uma vez um dia não existirá, não pode existir nesse entremeio. Um dia eu não existi; um dia não existirei. Nos dois lados, nada — e no entremeio, eu existo? Isso não é possível. Como, entre duas inexistências, a existência pode existir? Como, entre dois vazios, pode existir algo com substância? Deve ser um sonho falso, não era de verdade".

Por que, pela manhã, você diz que o sonho não era de verdade? Não era, mas por que você diz que não era de verdade? Qual o critério para dizer que era ou não de verdade? Como você faz esse julgamento? Pela manhã, todo mundo diz, "Eu tive um sonho, não era de verdade". Se era sonho não era de verdade, mas por quê? Este é o critério: à noite ele não existia, quando eu fui dormir ele não existia, quando acordei ele não existia, então como pode ter existido nesse

45

entremeio? O quarto é real e, quando você acordou, ele ainda existia. O quarto é de verdade, o sonho não é de verdade, porque o sonho tem dois nadas em torno dele, e entre esses dois nadas, nada pode existir. Mas o quarto continua existindo, por isso você diz que o quarto é de verdade, o mundo é de verdade, e o sonho não é de verdade.

Um buda despertou deste mundo e vê que, assim como o sonho, o seu mundo também é falso, não é de verdade. Ele despertou desse grande sonho que chamamos mundo e então disse, "Ele não existia, agora também não existe, então como pôde existir nesse entremeio?". Por isso os budas, os *shankaras*, vivem dizendo, "O mundo é uma ilusão, é um sonho". Mas você não pode dizer isso; você não pode simplesmente pegar essas palavras e repeti-las.

Esse Yamaoka deve ter escutado, deve ter aprendido, lido, estudado. Ele estava repetindo como um papagaio: "*Não existe mente, não existe corpo, não existe buda. Não existe nem melhor nem pior*" – porque eles são todos relativos. Lembre-se, Buda chama de falso qualquer coisa relativa, e de verdadeira qualquer coisa absoluta. A absolutividade é o critério da verdade, a relatividade é o critério de um sonho.

Tente entender isso, porque isso é básico. Você diz que seu amigo é alto. O que quer dizer? Ele só pode ser considerado mais alto, não alto – mais alto do que alguém. Ele pode ser um pigmeu ao lado de outra pessoa, por isso a altura não está nele. A altura é apenas um relacionamento, um fenômeno relativo. Em comparação com alguém, ele é mais alto; em comparação com outra pessoa, ele pode ser um pigmeu. Então, quem é ele – ele é um pigmeu ou um homem alto? Não, essas duas coisas são relatividades. Em si mesmo, quem é ele – um homem alto ou um pigmeu? Em si mesmo, ele não é nem alto nem pigmeu. É por isso que Buda diz: "O melhor não existe, o pior não existe".

Quem é pecador e quem é santo? Veja! Se existirem apenas santos no mundo, haverá algum santo? Se houver apenas pecadores neste mundo, haverá algum pecador? O pecador existe por causa do santo, o santo existe por causa do pecador – são relatividades. Então, se quer ser um santo, você criará um pecador; você não pode ser um santo sem que haja pecadores. Portanto, fique atento para não se tornar um santo, porque, se você se tornar um santo, isso significa que em algum lugar a outra polaridade terá de existir.

Santos são falsos, os pecadores são falsos. Quem é você em si mesmo? Se está sozinho, você é um pecador ou um santo? Então, você não é nem um nem outro. Olhe para essa realidade que você é, sem relação com nenhuma outra coisa; olhe para si mesmo, sem relação – então você vai chegar à verdade absoluta; caso contrário, tudo é apenas um termo relativo. Relatividades são sonhos.

A realidade não é uma relatividade, é algo absoluto. Quem é você?

Se você entrar e disser: "Eu sou a luz", você está sonhando de novo, porque o que pode significar a luz sem a escuridão? A luz precisa da escuridão para existir! Se você diz: "Dentro de mim eu sou feliz", mais uma vez você está sonhando, porque a felicidade precisa da infelicidade para existir. Você não pode usar nenhum termo porque todos os termos são relatividades. É por isso que Buda diz que não podemos usar nenhum termo – porque dentro existe o vazio. Além disso, esse "vazio" não é contra a "plenitude"; isso é o mesmo que dizer que todos os termos são vazios. Em verdade absoluta, nenhum termo se aplica, você não pode dizer nada.

Buda não está de acordo com os hindus e diz que a realidade é *sat-chitanand*, porque ele diz que *sat* existe por causa de *asat*, *chit* existe por causa de *achit*, *anand* existe por causa de *dukkha*. *Sat* é a existência; a realidade não pode ser considerada existencial porque do contrário a inexistência seria necessária, e onde existe inexistência? A realidade não pode ser considerada consciência, porque do contrário a inconsciência seria necessária, e onde existe inconsciência? A realidade não pode ser considerada felicidade, porque então a infelicidade seria necessária. Buda diz que qualquer palavra que usemos é inútil, porque o oposto seria necessário.

Olhe para si mesmo – então você não pode usar a linguagem, apenas o silêncio. Apenas através do silêncio a realidade pode ser indicada. E quando ele diz: "Todos os termos são vazios, todas as palavras são vazias, todas as coisas são vazias, todos os pensamentos são vazios", ele diz isso porque eles são relativos – a relatividade é um sonho.

Não existe mente, não existe corpo, não existe buda. Não existe nem melhor nem pior. Não existe nenhum mestre, não existe nenhum aluno. Não existe dar, não existe receber. O que nós pensamos que vemos e sentimos não é real. Nenhuma dessas coisas aparentes realmente existe.

Esse é o mais profundo ensinamento do Buda, portanto uma coisa tem que ser lembrada: você pode repetir as palavras mais profundas já proferidas, e ainda assim pode ser um idiota. Esse Yamaoka é um idiota. Ele está repetindo exatamente as mesmas palavras do Buda.

As palavras carregam o seu ser. Quando Buda diz as mesmas palavras, elas têm um significado diferente, um perfume diferente. As palavras carregam algo do Buda, algo do seu ser: o aroma, o sabor, o seu ser interior. A música da sua harmonia interior é carregada por essas palavras. Quando Yamaoka repete aquelas palavras, elas estão mortas, gastas, não carregam nenhuma fragrância. Elas vão carregar alguma coisa: vão carregar Yamaoka e seu fedor.

Lembre-se, só por repetir o Gita, não pense que algo vai acontecer, ainda que as palavras sejam as mesmas e Krishna tenha dito as mesmas palavras que você está repetindo. Em todo o mundo, milhares de missionários cristãos continuam repetindo as mesmas palavras que Jesus falou. Essas palavras estão mortas. É melhor não repeti-las, porque, quanto mais você repeti-las, mais velhas elas se tornam. É melhor não tocá-las, porque o toque é muito venenoso. É melhor esperar. Quando você atingir uma consciência crística, ou uma consciência krishna ou uma consciência búdica, então você vai começar a florescer, então as coisas vão começar a emanar de você – nunca antes. Não seja como um gramofone... porque você só vai poder repetir, mas isso não quer dizer nada.

Dokuon estava sentado calmamente fumando seu cachimbo...

Um homem muito belo – ele nem se incomodou. Ele não interrompeu, ele simplesmente continuou fumando seu cachimbo.

Lembre-se, somente os mestres zen podem fumar um cachimbo, porque eles não são fingidores. Eles não se importam com o que você pensa deles – eles não se importam!

Eles são pessoas à vontade com elas mesmas. Você não pode conceber um *muni* jainista fumando cachimbo ou um *sannyasin* hindu fumando cachimbo, impossível. Esses são homens de regras, regulamentos, eles se obrigam a seguir disciplinas. Você não precisa fumar cachimbo se não quiser, mas se você quiser então não force algo morto sobre você, porque esse desejo permanecerá escondido em algum lugar e vai perturbá-lo. E por quê? Se você quiser fumar cachimbo, por que não fuma? O que há de errado nisso? Você é tão falso quanto o cachimbo e a fumaça, e a fumaça e o cachimbo são tão verdadeiros quanto você.

Mas por que não? No fundo você quer ser extraordinário, não alguém comum. Fumar um cachimbo vai fazer de você alguém muito comum. Isso é o que as pessoas comuns estão fazendo: fumando cachimbo, bebendo chá e café, rindo e brincando, isso é o que as pessoas comuns estão fazendo. Você é um grande santo — como você pode fazer coisas comuns de forma normal? Você é muito extraordinário.

Para posar de extraordinário, você deixa de lado muitas coisas. Não há nada de mal em deixá-las de lado — se você não gosta delas, tudo bem. Não há necessidade de se forçar a fumar cachimbo só para dizer que você é uma pessoa comum, não há necessidade... porque é assim que a mente pensa! Não há necessidade de fazer coisa alguma, se você não quer, mas, se você quer, então não faça pose, não tente usar uma máscara de seriedade. Então, seja simples. Nada é errado se você for simples; tudo está errado, se você não é simples.

Esse monge Dokuon deve ter sido um homem simples:

Dokuon estava sentado calmamente fumando seu cachimbo...

muito meditativo, só relaxando, ouvindo esse fingidor —

e sem dizer nada. De repente, ele pegou seu cajado e deu em Yamaoka um terrível golpe.

Mestres zen carregam um cajado só para esse tipo de gente. Eles são pessoas muito gentis, mas muito autênticas, e há pessoas que não ouvem palavras, que só conseguem ouvir uma pancada. Se você falar com elas, não vão ouvir, vão falar ainda mais. Elas precisam de um tratamento de choque.

De repente, ele pegou seu cajado e deu em Yamaoka um terrível golpe.
Yamaoka saltou de raiva.
Dokuon disse: "Se nenhuma dessas coisas realmente existe, e tudo é vazio, de onde vem a sua raiva? Pense nisso".

Dokuon criou uma situação, e apenas as situações são reveladoras. Ele poderia ter dito: "Seja lá o que for que você está dizendo, isso não passa de informações emprestadas". Isso não teria feito muita diferença, porque o homem sentado à sua frente estava dormindo. Só falar não o teria tirado disso; talvez até mesmo o ajudasse a ir adiante com isso, ele podia ter começado a discutir. Em vez de fazer isso, Dokuon fez a coisa certa, ele bateu com força o cajado. De repente, porque Yamaoka não estava pronto para isso, a batida veio de forma inesperada. Foi tão repentino que ele não conseguiu organizar o seu personagem nesse sentido, ele não conseguiu produzir uma postura falsa, estudada. Por um instante — a pancada foi tão repentina —, a máscara caiu e a face verdadeira apareceu. Só falando, isso não teria sido possível. Dokuon deveria ser muito compassivo.

Apenas por um único instante um único momento de raiva espreitou para fora, o real veio à tona — porque, se tudo é vazio, como você pode ficar com raiva? De onde é que a raiva vem? Quem vai ficar com raiva se nem Buda existe, você não existe, nada existe, só o vazio existe? Como, no vazio, a raiva é possível?

O que Dokuon está fazendo é conduzir esse Yamaoka do conhecimento para o ser; isso é o que ele está fazendo ao bater nele. Foi necessário criar um momento de tensão porque, seja você quem for, nesse momento de tensão de repente você se torna real. Se as palavras fossem permitidas, se Dokuon falasse: "Isso está errado e isso está certo", ele reforçaria a continuidade da mente. Então, um diálogo ia acontecer, mas isso de nada adiantaria. Ele dá um choque, traz você de volta à sua realidade. De repente, todo o pensamento desaparece, Yamaoka é Yamaoka, não é um buda. Ele estava falando como um buda e, apenas com uma pancada, o Buda desaparece e volta Yamaoka — com raiva. Dokuon disse: "Se nenhuma dessas coisas realmente existe, e tudo é vazio, de onde vem a sua raiva? Pense nisso".

"Não fale sobre Buda e não fale sobre a realidade, e não fale sobre a verdade — pense sobre essa raiva e de onde ela vem. Se você realmente pensar sobre a raiva, de onde ela vem, você vai chegar ao vazio."

Da próxima vez, quando você sentir raiva... ou, se você não conseguir, então me procure que eu vou lhe dar uma pancada. Eu vivo lhe dando pancadas, mas meus golpes são mais sutis do que os de Dokuon. Eu não preciso de um cajado de verdade – não é necessário; você é tão irreal que um cajado de verdade não é necessário. Eu não preciso lhe dar uma pancada fisicamente, mas espiritualmente eu vivo lhe dando. Eu vou continuar criando situações em que eu tento trazer você de volta para a sua condição de Yamaoka a partir da sua condição de Buda, porque aquele Yamaoka é real dentro de você, o buda é apenas uma máscara. E lembre-se, Yamaoka tem de viver, não a máscara; Yamaoka tem de respirar, não a máscara; Yamaoka tem de digerir os alimentos, não a máscara. Yamaoka vai se apaixonar, Yamaoka vai ficar com raiva, Yamaoka terá que morrer, e não a máscara – por isso é melhor que você se liberte da máscara e traga de volta a sua condição de Yamaoka.

Lembre-se, o Buda não pode ser uma máscara. Se Yamaoka continuar indo cada vez mais fundo dentro de si mesmo, ele vai encontrar um buda ali. E como ir mais fundo em si mesmo? Siga qualquer coisa que vier de dentro; volte até o lugar de onde veio, regresse até lá. A raiva aflorou? Feche os olhos, é um momento bonito, porque a raiva vem de dentro... do centro do seu ser, portanto, apenas olhe para trás, mova-se, basta ver de onde ela está vindo. De onde?

O que você faria normalmente, e que este Yamaoka poderia ter feito, é pensar que a raiva foi criada por causa desse Dokuon. "Porque ele me bateu, por isso a raiva apareceu." Você veria Dokuon como a fonte. Dokuon não é a fonte; ele pode ter batido em você, mas ele não é a fonte – se ele golpeasse Buda, a raiva não surgiria – é Yamaoka.

Procure de onde veio, não procure fora pela fonte, caso contrário esse belo momento de raiva estará perdido. Sua vida tornou-se tão falsa que, num segundo, você vai colocar a sua máscara novamente, você vai sorrir e vai dizer: "Sim, senhor, você fez uma coisa muito boa".

O falso virá em pouco tempo, por isso não perca a oportunidade. Quando a raiva irromper, será preciso apenas uma fração de segundo para que o falso venha à tona. E a raiva é verdadeira; é mais verdadeira do que o que você está dizendo – as palavras de Buda são falsas na sua boca. Sua raiva é de verdade, porque ela pertence a você. Tudo o que pertence a você é verdadeiro. Assim, encontre a fonte dessa raiva, de onde ela está vindo. Feche os olhos e volte-se para dentro. Antes que esse momento se perca, vá atrás da fonte – e você vai atingir o vazio. Vá mais para trás, mais para dentro, vá mais profundo, e haverá um momento em que não haverá raiva. Lá dentro, no centro, não existe raiva. Agora, o Buda não vai ser apenas um rosto, uma máscara. Agora algo real foi alcançado.

De onde vem a raiva? Ela nunca vem do seu centro, ela vem do ego — e o ego é uma entidade falsa. Se você for mais fundo vai descobrir que ela vem da periferia, não do centro. Ela não pode vir do centro; o centro é vazio, um vazio absoluto. Ela só pode vir do ego, e o ego é uma entidade falsa criada pela sociedade; é a relatividade, uma identidade. De repente, você é atacado e o ego se sente ferido, surge a raiva.

Se você ajudar alguém, sorrir para alguém, curvar-se para alguém e essa pessoa sorrir, esse sorriso provém do ego. Se você admira, elogia alguém, se você diz a uma mulher: "Como você é linda!" e ela der um sorriso, esse sorriso é proveniente do ego, porque no centro não há nem beleza nem feiura. No centro existe o vazio absoluto, *anatta*, o não eu — e esse centro tem de ser atingido.

Depois que perceber isso, você vai viver como um não ser. Ninguém pode fazer você ficar zangado, ninguém pode fazê-lo feliz, infeliz, triste. Não. Nesse vazio todas as dualidades se dissipam: feliz, infeliz, triste, alegre, tudo se dissipa. Essa é a condição de Buda. Isso é o que aconteceu a Sidarta Gautama, sob a árvore bodhi. Ele atingiu o vazio. Ali, tudo está em silêncio. Transcenderam-se os opostos.

Um mestre ajuda você a ir para o seu vazio interior, o silêncio interior, o templo interior, e o mestre tem que inventar métodos. Apenas os mestres zen batem em você; às vezes eles jogam a pessoa pela janela ou pulam sobre ela. Porque você se tornou tão falso, que são necessários métodos drásticos assim — e no Japão, especialmente, porque o Japão é falso demais. É por isso que são necessários métodos tão drásticos.

No Japão o sorriso é um sorriso falso. Todo mundo sorri — é apenas um hábito, um belo hábito, no que diz respeito à sociedade, porque no Japão, se você estiver dirigindo e atropelar uma pessoa numa estrada de Tóquio, vai acontecer uma coisa que nunca poderia acontecer em qualquer outro lugar: a pessoa vai sorrir, fazer uma reverência e agradecer. Só no Japão isso pode acontecer, em nenhum outro lugar. Ela vai dizer: "Isso é culpa minha", e você vai dizer "É culpa minha", se vocês forem japoneses. Ambos irão dizer: "A culpa é minha", e ambos vão fazer uma reverência e sorrir e seguir cada um o seu caminho. Num certo sentido isso é bom, porque o que adianta ficarem com raiva e gritarem um com o outro e atraírem uma multidão, o que adianta?

Desde sua mais tenra infância, os japoneses estão condicionados a sempre sorrir; é por isso que no Ocidente eles são vistos como pessoas muito dissimuladas: você não pode confiar neles, porque não sabe o que estão sentindo. Você não pode saber o que um japonês sente, ele nunca permite que alguma coisa transpareça.

Este é um extremo: tudo falso, dissimulado. Então os mestres zen tiveram que criar esses métodos drásticos, pois só através deles a máscara do japonês cai, caso contrário ela se torna fixa, quase uma segunda pele, como se fosse enxertada sobre a pele. Mas isso está acontecendo com o mundo inteiro agora, não só no Japão. Pode ser em graus diferentes, mas agora é no mundo todo. Todo mundo ri, sorri — nem o riso é verdadeiro, nem o sorriso. Todo mundo diz coisas boas uns sobre os outros, mas ninguém acredita nelas, ninguém se sente assim; isso se tornou uma etiqueta social.

Sua personalidade é um fenômeno social. Seu ser está enterrado lá no fundo, sob essa personalidade. Você precisa de um choque, de modo que a personalidade seja arrancada, ou por alguns momentos você não fique mais identificado com ela e atinja o centro. Ali, tudo é vazio.

Toda a arte da meditação consiste em abandonar a personalidade sem esforço, mover-se para o centro, e não ser uma pessoa. Apenas ser, e não ser uma pessoa, é no que consiste toda a arte da meditação, toda a arte do êxtase interior.

Basta por hoje.

CAPÍTULO 3

Aquilo que não muda

Um estudante do Zen procurou Bankei e disse: "Mestre, eu tenho um temperamento indomável — como posso curá-lo?". "Mostre-me esse temperamento", disse Bankei, "parece fascinante!". "Eu não o tenho agora", disse o estudante, "por isso não posso mostrá-lo." "Bem, então", disse Bankei, "traga-o a mim quando o tiver." "Mas eu não posso trazê-lo apenas quando acontecer de tê-lo", protestou o estudante. "Ele surge inesperadamente, e eu certamente o perderia antes de trazê-lo ao senhor." "Nesse caso", disse Bankei, "ele não pode fazer parte da sua verdadeira natureza. Se fizesse, você poderia mostrá-lo a mim em qualquer momento. Quando você nasceu, você não o tinha, e seus pais não o deram a você — por isso deve ter vindo de fora. Sugiro que, sempre que ele entrar em você, bata nele com um pedaço de pau até que o temperamento não aguente mais e fuja."

A verdadeira natureza é a sua natureza eterna. Você não pode tê-la e não tê-la, isso não é algo que vem e vai – é você. Como é que pode vir e ir? É o seu ser. É a sua própria base. Não pode *existir* às vezes, e *não* existir outras vezes; ele está sempre presente.

Este deve ser o critério para um buscador da verdade, da natureza, do tao: aquilo que temos chega a um ponto, em nosso ser, em que permanece para sempre; mesmo antes de você nascer já estava lá e, mesmo quando estiver morto, estará lá. Trata-se do centro. A circunferência muda, o centro continua absolutamente eterno; ele está além do tempo. Nada pode afetá-lo, nada pode modificá-lo; nada realmente o toca; ele permanece além do alcance do mundo exterior.

Vá e contemple o mar. Milhões de ondas se formam, mas no fundo, em suas profundezas, o mar permanece calmo e sereno, em meditação profunda; apenas na superfície existe tumulto, apenas na superfície, onde o mar se encontra com o mundo exterior, com os ventos. Caso contrário, em si mesmo, ele permanece sempre o mesmo, nem mesmo uma ondulação; nada muda.

Acontece a mesma coisa com você. Apenas na superfície, onde você encontra outras pessoas, existe tumulto, ansiedade, raiva, apego, ganância, luxúria — apenas na superfície, onde os ventos vêm e tocam você. E, se permanecer na superfície, você não pode mudar este fenômeno mutante; ele continuará existindo.

Muitas pessoas tentam mudá-lo aí, na circunferência. Elas lutam com ele, tentam não deixar uma onda surgir. E, por meio dessa luta, mais ondas se avolumam, porque quando o mar briga com o vento há mais turbulência; agora, não só o vento vai contribuir, o mar também vai — haverá um tremendo caos na superfície.

Todos os moralistas tentam mudar o homem na periferia; o caráter é a sua periferia. Você não traz nenhum caráter para o mundo, você vem absolutamente *sem* caráter, uma folha em branco, e tudo o que vocês chamam de caráter é escrito pelos outros. Seus pais, a sociedade, professores, ensinamentos — todos são condicionamentos. Você vem como uma folha em branco, e tudo o que está escrito em você vem dos outros; portanto, a não ser que você se torne novamente uma folha em branco, você não vai saber o que é natureza, você não vai saber o que é brahman, você não vai saber o que é tao.

Então o problema não é como ter um caráter forte, o problema não é como alcançar a não raiva, como não ser perturbado — não, esse não é o problema. O problema é como mudar a sua consciência da periferia para o centro. De repente, você vê que sempre foi calmo e então pode olhar para a periferia de uma certa distância, e a distância é tão grande, infinita, que você pode só observar como se isso não estivesse acontecendo a você. Na verdade, isso nunca acontece com você. Mesmo quando você está completamente perdido nele, ele nunca acontece com você: algo em você permanece intacto, algo em você permanece de fora, algo em você continua a ser uma testemunha.

Todo o problema do buscador é saber como desviar a atenção da periferia para o centro; como se fundir com o que é imutável e não se identificar com o que é apenas uma fronteira. Na fronteira os outros são muito influentes, porque na fronteira a mudança é natural. A periferia vai continuar mudando — até mesmo a periferia de um buda muda.

A diferença entre um buda e você não é uma diferença de caráter — lembre-se disso. Não é uma diferença de moralidade, não é uma diferença entre virtude ou não virtude. É uma diferença de onde está a sua base.

Você faz da periferia a sua base, um Buda faz do centro a sua base. Ele pode olhar para a sua própria periferia de longe; quando você bater nele, ele pode ver isso como se você tivesse batido em outra pessoa, porque o centro está muito distante... como se ele fosse um observador nas colinas e algo estivesse acontecendo nos vales e ele pudesse ver isso de longe. Esta é a primeira coisa a ser compreendida.

Segunda coisa: é muito fácil controlar, é muito difícil transformar. É muito fácil controlar. Você pode controlar sua raiva, mas o que você vai fazer? Vai reprimi-la. E o que acontece quando você reprime uma determinada coisa? A direção do movimento dela muda; ele estava saindo, mas, se você reprime, ela começa a se voltar para dentro — só uma mudança de direção. E, era bom que a raiva saísse, porque o veneno precisa ser expelido. É ruim quando a raiva se move para dentro, porque isso significa que toda a sua estrutura mente-corpo vai ser envenenada por ela.

E, então, se você continuar fazendo isso por muito tempo... assim como todo mundo está fazendo, porque a sociedade ensina controle, não transformação. A sociedade diz: "Controle-se" e, através do controle, todas as coisas negativas têm sido jogadas cada vez mais profundamente no inconsciente. Então, elas se tornam uma coisa constante dentro de você. Não é uma questão de que às vezes você fica com raiva e às vezes não — você simplesmente vive com raiva. Às vezes você explode e às vezes você não explode porque não tem uma desculpa, ou você tem que encontrar uma desculpa. E, lembre-se, você pode encontrar uma desculpa em qualquer lugar!

Um homem, um dos meus amigos, queria se divorciar da esposa, então ele foi procurar um advogado, especialista em assuntos de casamento, e perguntou ao advogado, "Por quais motivos posso me divorciar da minha esposa?"

O advogado olhou para ele e perguntou: "Você é casado?". O homem respondeu: "Sou, claro". O advogado então disse, "O casamento é motivo suficiente. Não há necessidade de procurar outros motivos. Se você quer o divórcio, então o casamento é a única coisa necessária, pois será quase impossível se divorciar de uma mulher se você não for casado. Se você for casado isso já é suficiente!"

E a situação é essa. Você está com raiva. Como você reprimiu demais essa raiva, agora não há momentos em que você não esteja com raiva; no máximo, às vezes você fica com menos raiva e às vezes, mais. Todo o seu ser está envenenado pela repressão. Você come com raiva — e tem uma qualidade diferente quando uma pessoa come sem raiva: é bonito de ver, porque ela come sem violência. Ela pode estar comendo carne, mas come sem violência; você pode estar comendo apenas vegetais e frutas, mas, se a raiva é reprimida, você come de modo violento.

No ato de comer, seus dentes e sua boca já liberam raiva. Você esmaga a comida como se ela fosse o inimigo. E, lembre-se, sempre que os animais estão com raiva, o que eles vão fazer? Somente duas coisas são possíveis — eles não têm armas e não têm bombas atômicas, então o que eles podem fazer? Seja com as unhas ou com os dentes, eles vão exercer violência sobre você.

Estas são as armas naturais do corpo: as unhas e os dentes. É muito difícil fazer qualquer coisa com as unhas, porque as pessoas vão dizer: "Você é um animal?". Assim, a única coisa que resta pela qual você pode expressar sua raiva ou violência facilmente é a boca; e ela você também não pode usar para morder ninguém.

É por isso que dizemos, "uma mordida no pão", "uma mordida na maçã", "algumas mordidas disso ou daquilo". Você come a comida com violência, como se a comida fosse o inimigo. E lembre-se, quando a comida é o inimigo, ela na verdade não nutre você, ela alimenta tudo o que é ruim em você. Pessoas com uma raiva reprimida profunda comem mais, elas vão acumular uma gordura desnecessária no corpo. E você já observou que as pessoas gordas estão quase sempre sorrindo? Desnecessariamente, mesmo que não haja nenhum motivo, as pessoas gordas sempre vivem sorrindo. Por quê? Essa é a cara delas, é a máscara delas; elas têm tanto medo da raiva e da violência dentro delas que têm que manter continuamente um sorriso no rosto — e vão comer mais.

Comer mais é violência, raiva. E então isso vai se espalhar em todos os sentidos, em todas as áreas da sua vida. Você vai fazer amor, mas o ato vai ser mais parecido com violência do que com amor; ele terá uma grande dose de agressão.

Porque vocês nunca observam um ao outro ao fazer amor; você não sabe o que está acontecendo, e não pode saber o que está acontecendo com você, porque você está quase sempre cheio de agressividade.

É por isso que o orgasmo profundo através do fazer amor torna-se impossível — porque você tem medo de que, no fundo, se ficar totalmente sem controle, você pode matar sua esposa ou matar a sua amada, ou a mulher pode matar o marido ou o amante. Você passa a morrer de medo da sua própria raiva! Da próxima vez que fizer amor, observe: você faz os mesmos movimentos que faz quando é agressivo. Olhe o seu rosto, deixe um espelho por perto de modo que você possa ver o que está acontecendo no seu rosto — todas as distorções da raiva e da agressão estarão lá.

Ao ingerir os alimentos, você fica com raiva: olhe uma pessoa comendo. Olhe uma pessoa fazendo amor — a raiva é tão profunda que até mesmo o ato de amor, uma atividade totalmente oposta à raiva, até mesmo ele é envenenado. Comer, uma atividade absolutamente neutra, até mesmo isso é envenenado. Então você acaba de abrir a porta e lá está a raiva, você coloca um livro sobre a mesa e lá está a raiva, você tira os sapatos e lá está a raiva, você aperta a mão de alguém e lá está a raiva — porque agora você é a raiva personificada.

Por meio da repressão, a mente fica dividida. A parte que você aceita torna-se consciente, e a parte que você nega se torna inconsciente. Essa divisão não é natural, a divisão acontece por causa da repressão. E no inconsciente você continua jogando todo o lixo que a sociedade rejeita — mas, lembre-se, tudo o que você jogar lá se torna cada vez mais parte de você. Isso entra em suas mãos, em seus ossos, em seu sangue, em seu batimento cardíaco. Agora os psicólogos dizem que quase oitenta por cento das doenças são causadas por emoções reprimidas: tantos infartos significam que tanta **raiva foi reprimida** no coração, tanto ódio, que o coração está envenenado.

Por quê? Por que o homem reprime tanto e fica doente? A sociedade ensina você a se controlar, não a se transformar, e o caminho da transformação é totalmente diferente. Por um motivo: ele não é o caminho do controle, absolutamente; é exatamente o oposto.

Primeiro, no controle você reprime, na transformação você expressa. Mas não há necessidade de expressar em outra pessoa, porque essa "outra pessoa" é simplesmente irrelevante.

Da próxima vez que você sentir raiva, vá correr ao redor da sua casa sete vezes, e depois sente-se debaixo de uma árvore e veja para onde a raiva foi. Você não a reprimiu, você não a controlou, você não a jogou em outra pessoa — porque, se você jogá-la em outra pessoa cria-se uma cadeia, porque o outro é tão tolo quanto você, tão inconsciente quanto você. Se você jogá-lo no outro e o outro for uma pessoa iluminada, não haverá nenhum problema; ele vai ajudar você a extravasá-la, liberá-la e passar por uma catarse. Mas o outro é tão ignorante quanto você — se você jogar a raiva nele, ele vai reagir. Ele vai jogar mais raiva em você, ele é reprimido, tanto quanto você é. Então vai se criar uma reação em cadeia: você joga em cima dele, ele joga em você, e vocês se tornam inimigos.

Não despeje a sua raiva em ninguém. É como quando você sente vontade de vomitar: você não vai vomitar em ninguém. A raiva precisa de um vômito, você vai ao banheiro e vomita — o vômito limpa todo o seu corpo. Se você reprimir o vômito, vai ser perigoso e, quando vomita você se sente renovado, você se sente descarregado, sem peso, bem, saudável. Algo estava errado na comida que você comeu e o corpo rejeita. Não o force para dentro.

A raiva é apenas um vômito mental. Tinha alguma coisa errada com algo que você absorveu. Todo o seu ser psíquico quer jogá-lo fora, mas não há necessidade de jogar em alguém. Porque as pessoas jogam em outra pessoa, a sociedade diz para você se controlar.

Não há necessidade de jogá-la em ninguém. Você pode ir ao banheiro, pode fazer uma longa caminhada — isso significa que algo que está dentro precisa de uma atividade rápida para que seja liberado. Basta fazer uma pequena corrida e você vai sentir que isso é liberado, ou pegue um travesseiro e bata nele; soque e morda o travesseiro até que suas mãos e dentes estejam relaxados. Numa catarse de cinco minutos, você vai se sentir aliviado, e depois que descobrir isso você nunca mais vai jogá-la em ninguém, porque isso é pura tolice.

A primeira coisa na transformação, portanto, é expressar a raiva, mas não em cima de alguém, porque, se expressá-la em cima de alguém, você não poderá expressá-la totalmente. Você pode querer matar a pessoa, mas isso não é possível; você pode querer morder, mas não é possível. Isso pode ser feito num travesseiro. O travesseiro significa "já iluminado"; o travesseiro é iluminado, um buda. O travesseiro não vai reagir, não vai processá-lo; o travesseiro não vai cultivar nenhuma inimizade contra você, não vai fazer nada. O travesseiro vai ficar feliz e rir de você.

A segunda coisa a lembrar: ficar consciente. Quando se trata de se controlar, nenhuma consciência é necessária; você simplesmente faz a coisa mecanicamente, como um robô. A raiva irrompe e existe um mecanismo — de repente, todo o seu ser se torna estreito e fechado. Se você estiver atento, o controle pode não ser tão fácil.

A sociedade nunca ensina você a ficar atento, pois, quando uma pessoa está atenta, ela se abre totalmente. Isso faz parte da consciência — a pessoa fica aberta e, se você quer reprimir alguma coisa e está aberto, é contraditório, aquilo pode vir para fora. A sociedade ensina você a se fechar em si mesmo, a mergulhar dentro de você, sem deixar nem uma janelinha para fora.

Mas, lembre-se; quando nada sai, nada entra também. Se a raiva não pode ir para fora, você fica fechado. Se você toca uma bela pedra, nada entra em você; você olha para uma flor, nada entra, seus olhos estão mortos e fechados. Você beija uma pessoa, nada entra, porque você está fechado. Você vive uma vida insensível.

A sensibilidade cresce com a consciência. Por meio do controle você se torna morto e entorpecido; isso faz parte do mecanismo de controle. Se você está morto e entorpecido, nada vai afetá-lo, como se o corpo se tornasse uma fortaleza, uma defesa. Nada irá afetá-lo, nem insultos nem o amor.

Mas esse controle custa muito caro, tem um custo desnecessário. Ele passa a ser todo o esforço da sua vida: como controlar a si mesmo — e depois morrer! Todo esse esforço para se controlar despende toda a sua energia, e então você simplesmente morre. E a vida torna-se uma coisa maçante e morta; você simplesmente vai levando a vida.

A sociedade ensina o controle e a condenação, porque a criança só começa a se controlar quando sente que algo é condenado. A raiva é ruim, o sexo é ruim; tudo o que tem que ser controlado tem de parecer pecado para a criança, tem que parecer malévolo.

O filho do Mulá Nasrudin estava crescendo. Ele tinha 10 anos de idade, e então o Mulá pensou: Agora, está na hora. Ele já tem idade e os segredos da vida devem ser revelados a ele. Então ele o chamou em seu escritório e disse tudo sobre o sexo entre os pássaros e as abelhas. E então, no final, o Mulá disse: "Quando você sentir que seu irmão mais novo já tem idade, conte a coisa toda para ele também".

Passados apenas alguns minutos, quando o Mulá estava passando pelos quartos das crianças, ele ouviu o mais velho, de 10 anos de idade, já em ação. Ele estava dizendo ao irmão mais novo: "Sabe o que as pessoas fazem, aquelas coisas que elas fazem quando querem ter um filho, um bebê? Bem, papai diz que os pássaros e as abelhas fazem exatamente a mesma coisa".

A condenação profunda invade tudo o que é vivo. E o sexo é a coisa mais viva que existe – tem de ser! É a fonte. A raiva também é a coisa mais viva que existe, porque é uma força protetora. Se uma criança não puder ficar com raiva de tudo, ela não será capaz de sobreviver. Você tem que ficar com raiva em determinados momentos. A criança tem que mostrar o seu próprio ser, em certos momentos ela tem que resistir, sem ceder aos adultos; caso contrário, ela não terá força, determinação.

A raiva é bela, o sexo é belo. Mas as coisas belas podem ficar feias. Isso depende de você. Se você condená-las, tornam-se feias; se você transformá-las, elas se tornam divinas. A raiva transformada torna-se compaixão – porque a energia é a mesma. Um buda é compassivo; de onde vem essa compaixão? É a mesma energia que estava se convertendo em raiva; agora ela não está se convertendo em raiva, a mesma energia é transformada em compaixão. De onde vem o amor? Um Buda é amoroso; um Jesus é amor. A mesma energia que se converte em sexo se torna amor.

Então lembre-se, se você condena um fenômeno natural, ele se torna venenoso, destrói você, torna-se destrutivo e suicida. Se você transformá-lo, ele se torna divino, torna-se uma força de Deus, torna-se um elixir. Você atinge através dele a imortalidade, passa a ser um ser imortal. Mas é necessária a transformação.

Na transformação você nunca controla, basta se tornar mais consciente. A raiva está acontecendo – você tem que estar consciente de que a raiva está acontecendo – cuidado! É um belo fenômeno, a energia se movendo dentro de você, tornando-se ardente!

É como a eletricidade nas nuvens. As pessoas estavam sempre com medo da eletricidade. Elas pensavam, antigamente, quando eram ignorantes, que essa eletricidade era o deus com raiva, sendo ameaçador, tentando punir – criando o medo para que as pessoas o reverenciassem. Assim essas pessoas sentiam que o deus estava ali e as puniria.

Mas agora domesticamos esse deus. Agora esse deus passa pelo seu ventilador, pelo seu ar-condicionado, pela sua geladeira: tudo o que você precisa, esse deus serve. Esse deus tornou-se uma força interna, não está mais com raiva nem é mais ameaçador. Graças à ciência, uma força externa foi transformada numa aliada.

O mesmo acontece, através da religião, com as forças internas.

A raiva é como a eletricidade em seu corpo: você não sabe o que fazer com ela. Ou você mata alguém ou se mata. A sociedade diz que, se você se matar, tudo bem, é problema seu, mas não mate ninguém – no que diz respeito à sociedade, é assim que funciona. Então, ou você se torna agressivo ou se torna repressivo.

A religião diz que ambas as coisas estão erradas. O básico necessário é tornar-se consciente e saber o segredo dessa energia, a raiva, essa eletricidade interior. É eletricidade porque você ferve; quando você está com raiva sua temperatura aumenta, e você não consegue entender a frieza de um Buda, porque, quando a raiva se transforma em compaixão tudo esfria, se acalma. Acontece uma calma profunda. Buda nunca ferve, ele é sempre frio, no sentido de calmo, centrado, porque ele agora sabe como usar a eletricidade interior. A eletricidade é quente – ela se torna a fonte do ar condicionado. A raiva é quente – torna-se a fonte da compaixão.

A compaixão é um ar condicionado interno. De repente, tudo fica fresco e bonito, e nada pode perturbá-lo; toda a existência se transforma numa aliada. Agora não há mais o inimigo... porque, quando você olha através dos olhos da raiva, a outra pessoa se torna seu inimigo; quando você olha através dos olhos da compaixão, todo mundo é amigo, seu semelhante. Quando você ama, em todos os lugares está Deus; quando você odeia, em todos os lugares está o Diabo. É o seu ponto de vista que você projeta sobre a realidade.

A consciência é necessária, não a condenação – e, através da conscientização, a transformação acontece espontaneamente. Se você se tornar ciente da raiva sem fazer nenhum julgamento, sem dizer que ela é boa, sem dizer que ela é ruim, apenas observando – no seu céu interior há um raio, a raiva, você se sente ferver. O sistema nervoso inteiro se agita e estremece, e você sente um tremor por todo o corpo – um momento bonito, porque, quando a energia se ativa você pode vê-la facilmente; e quando ela não está ativa você não pode ver.

Feche os olhos e medite sobre ela. Não lute, só contemple o que está acontecendo – o céu inteiro está cheio de energia elétrica, tantos raios, tanta beleza – apenas deite-se no chão e olhe para o céu e assista. Faça o mesmo interiormente.

As nuvens estão lá, porque sem nuvens não pode haver relâmpagos – nuvens escuras estão lá, pensamentos. Alguém o insultou, alguém riu de você, alguém disse isso ou aquilo... muitas nuvens, nuvens escuras no seu céu interior e muitos raios. Assista! É uma cena bonita – terrível também, porque você não entende. É misteriosa, e se o mistério não é entendido ele se torna terrível, você tem medo dele. E, sempre que um mistério é compreendido, torna-se uma graça, uma dádiva, porque agora você tem as chaves – e com as chaves você é o mestre.

Você não controla, você simplesmente se torna um mestre quando está consciente. E, quanto mais você se torna consciente, mais mergulha dentro de si, porque a consciência é um "ir para dentro", ela sempre vai para dentro. Mais consciência, mais para dentro. Totalmente consciente, perfeitamente interiorizado. Menos consciente, mais para fora. Inconsciente – você está completamente fora, fora de sua casa, vagando sem rumo. Inconsciência é vagar sem rumo fora de si; consciência é mergulhar dentro de si.

Então olhe! E quando a raiva não estiver presente, vai ser difícil de ver: para que você está olhando? O céu é tão vago, e você ainda não é capaz de olhar para o vazio.

A raiva está lá, olhe, observe, e em breve você vai ver uma mudança. No momento em que o observador chega, a raiva já começa a arrefecer, o ardor diminui. Então você pode entender que o ardor é provocado por você; sua identificação com a raiva provoca o ardor, e no momento em que você sente que não está mais fervendo, o medo se vai, e você se sente não identificado, diferente, distante.

Estão ali, os raios em torno de você, mas você não é esses raios.

A colina começa a se elevar. Você se torna um observador: lá embaixo no vale, há muitos relâmpagos — a distância cresce cada vez mais — e chega um momento em que de repente você não está mais se juntando a eles. A identidade é rompida e, no momento em que a identidade se rompe, imediatamente todo o processo de fervura se torna um processo frio, tranquilo — a raiva se torna compaixão.

O sexo é um processo de fervura, o amor não. Mas em todo o mundo as pessoas sempre falam que o amor é ardente. O amor não é ardente, o amor é absolutamente refrescante, mas não frio, porque não está morto. Ele é fresco, assim como uma aragem fresca. Mas não é quente, não esquenta. Por causa da identificação com o sexo, a concepção fez a mente nutrir a ideia de que o amor deve ser quente.

O sexo é quente. Trata-se de eletricidade, e você está identificado com ele. Quanto mais amor, mais refrescância, mais tranquilidade — você pode até sentir o quanto o amor refresca, acalma; esse é o seu mal-entendido, porque você sente que o amor tem que ser quente. Ele não pode ser. A mesma energia, quando não nos identificamos com ela, torna-se fria. A compaixão é fria e, se a sua compaixão ainda é quente, entenda que não é compaixão.

Há pessoas que são muito ardentes, e acham que elas têm muita compaixão. Elas querem transformar a sociedade, querem mudar a estrutura, querem fazer isso e aquilo, querem trazer uma utopia para o mundo: os revolucionários, os comunistas, os utopistas — e são muito ardentes.

E elas pensam que têm compaixão — não, elas só têm raiva. O objeto mudou. Agora a raiva delas tem um objeto, um objeto muito impessoal — a sociedade, a estrutura da sociedade, o Estado, a situação. Elas são pessoas muito ardentes. Lenin ou Stalin ou Trotsky — são pessoas ardentes, mas não são contra ninguém em particular, elas são contra a estrutura.

Gandhi é uma pessoa ardente — contra o Império Britânico. O objeto é impessoal, é por isso que você não consegue sentir que ele está com raiva — mas ele está com raiva. Ele quer mudar alguma coisa no mundo exterior, e quer mudar isso tão imediatamente que está impaciente, lutando. A luta pode escolher a não violência como o seu veículo, mas luta é violência. Lutar assim é violência. Você pode escolher combater por meio da não violência — as mulheres sempre a escolheram. Gandhi não fez nada mais do que usar um truque feminino.

Se o marido quer lutar, ele vai bater na esposa; e se a mulher quiser lutar, ela vai bater em si mesma. Isso é tão antigo quanto a mulher — e a mulher é mais antiga do que o homem! Ela vai começar a se bater, que é o seu modo de lutar. Ela é violenta, violenta contra si mesma. E, lembre-se, bater numa mulher vai fazer você se sentir culpado, e mais cedo ou mais tarde você vai ter que ceder e entrar num acordo. Mas, batendo em si mesma, ela nunca vai se sentir culpada. Então, ou você bate numa mulher e se sente culpado, ou ela bate em si mesma e, então, você também se sente culpado — pois você criou a situação que a levou a bater em si mesma. Em ambos os casos, ela ganha.

O Império Britânico foi derrotado porque era uma força masculina agressiva, e o Império Britânico não conseguia entender essa luta feminina de Gandhi: ele se precipitou para a morte — e, então, toda a mente britânica se sentiu culpada. Agora você não pode mais matar esse homem, porque ele não está, de modo algum, lutando contra você, ele está simplesmente purificando a sua alma — o velho truque feminino, mas funcionou. Havia apenas uma maneira de derrotar Gandhi, e isso foi impossível. Era para Churchill se precipitar para a morte, e isso era impossível.

Ou você é ardente contra alguém em particular ou apenas ardente contra alguma estrutura em geral, mas o ardor permanece.

Lenin não é compaixão, não pode ser. Buda é compaixão — não lute contra nada, simplesmente fique e permita que as coisas sejam como são; elas avançam por conta própria. As sociedades mudam por conta própria, não há necessidade de mudá-las, pois elas mudam como as árvores mudam com as estações. As sociedades mudam por conta própria — sociedades ultrapassadas morrem por si só, não há necessidade de destruí-las! E sociedades novas nascem como novos filhos, novos bebês, por conta própria. Não há necessidade de forçar um aborto, ele vai acontecer por si só.

As coisas avançam e mudam. E este é o paradoxo: elas continuam avançando e mudando e, num certo sentido, continuam as mesmas — porque haverá pessoas que serão pobres, e haverá pessoas que serão ricas; haverá pessoas desamparadas, abandonadas, haverá pessoas que terão poder sobre elas. As classes não podem desaparecer — não é essa a natureza das coisas. A sociedade humana nunca pode se tornar uma sociedade sem classes.

As classes podem mudar. Agora, na Rússia, não há pobres e ricos, mas governados e governantes — eles estão assim agora. Agora uma nova divisão de classes surgiu: os burocratas e as pessoas comuns, os administradores e os administrados — dá na mesma, não faz diferença. Agora, se Tamerlão tivesse nascido na Rússia, ele se tornaria o primeiro-ministro. Se Ford nascesse na Rússia, ele se tornaria o secretário-geral do Partido Comunista, ele iria gerir a partir de lá.

As situações vão mudando, mas, num sentido sutil, permanecem as mesmas. Os administradores, os administrados; os governantes, os governados; os ricos, os pobres — elas permanecem. Você não pode mudar isso, porque a sociedade existe através da contradição. Um verdadeiro homem de compaixão vai ser frio, ele não pode ser um revolucionário de fato, porque a revolução precisa de uma mente, um coração e um corpo muito ardorosos.

Nada de controle, nada de expressar em cima dos outros, mais consciência — e, então, a consciência muda da periferia para o centro.

Agora tente entender esta bela história.

Um estudante do Zen procurou Bankei e disse: "Mestre, eu tenho um temperamento indomável — como posso curá-lo?".

Ele aceitou uma coisa, que ele tem um temperamento indomável, agora ele quer curá-lo. Sempre que existe uma doença, primeiro tente descobrir se ela é realmente uma doença ou um mal-entendido, porque, se existir uma doença real, então ela pode ser curada, mas, se ela não for uma doença real, apenas um mal-entendido, então nenhum remédio vai ajudar. Muito pelo contrário, todos os medicamentos dados a você serão prejudiciais. Então, primeiro tenha uma ideia perfeitamente clara sobre uma doença; saiba se ela existe ou não, ou se você está simplesmente imaginando, simplesmente pensando que ela existe. Pode ser que ela simplesmente não exista; ela pode ser simplesmente um mal-entendido. E da maneira como o ser humano está confuso, muitas de suas doenças não existem, absolutamente – ele simplesmente acredita que elas existem.

Você também está no mesmo barco, então tente entender essa história muito bem; ela pode ser útil para você.

O estudante disse:

"Mestre, eu tenho um temperamento indomável – como posso curá-lo?"

A doença é aceita, ele não duvida dela; ele está pedindo uma cura. Nunca peça pela cura. Primeiro tente descobrir se a doença existe ou não. Primeiro volte-se para a doença e diagnostique-a, decifre-a, analise-a; volte-se para a doença antes de pedir uma cura. Não aceite qualquer doença apenas na superfície, porque a superfície é onde os outros conhecem você, e a superfície é onde os outros refletem você, e a superfície é onde os outros influenciam você. Ela pode não ser uma doença coisa nenhuma, pode ser apenas o reflexo dos outros.

É como um lago tranquilo, e você está na margem do lago com a sua túnica laranja e a água perto de você parece laranja, ela reflete você. O lago pode achar que ele ficou laranja. Como se livrar dessa cor? Onde encontrar a cura? A quem recorrer?

Não procure os especialistas imediatamente. Primeiro tente descobrir se é realmente uma doença ou apenas um reflexo. Só ficar alerta já vai ajudar muito: muitas de suas doenças irão simplesmente desaparecer sem qualquer cura; não será necessário nenhum medicamento.

"Mostre-me esse temperamento", disse Bankei, *"parece fascinante!"*

Um homem como Bankei imediatamente começa a examinar a doença, não a cura. Ele não é um psicanalista; um psicanalista começa a buscar a cura – essa é a diferença. Agora, estão surgindo novas tendências na psiquiatria que começam a examinar a doença, não a cura. Novas tendências estão se desenvolvendo; elas estão mais próximas da realidade e mais próximas do Zen, e mais próximas da religião. Neste século a psiquiatria vai adquirir um caráter mais religioso, e não será mais uma simples terapia; ela se tornará *de fato* uma força de cura, porque a terapia está voltada para a cura, e uma força de cura leva a sua consciência à doença.

De centenas de doenças, noventa e nove por cento desaparecem quando se leva simplesmente a consciência até elas. Elas são falsas doenças; existem porque você voltou as costas para elas. Olhe-as de frente e elas vão embora, desaparecem. Esse é o significado da confrontação — e confrontações em grupo podem ser úteis, porque toda a mensagem consiste em saber como confrontar as coisas como elas são. Não pense na cura, não pense no remédio, não pense no que fazer; o principal é saber, primeiro, o que existe de fato.

A mente enganou você de tantas maneiras que a doença aparece na superfície e não existe doença lá no fundo; ou a doença aparece na superfície, mas você se volta para dentro e descobre que existem outras doenças, e esse é só um truque para enganar você, não é uma doença de verdade.

Um homem me procurou e disse, "Minha mente é muito agitada. Eu vivo tenso, ansioso, não consigo dormir. Então me ensine uma técnica de meditação, como ficar silencioso e em paz".

Eu perguntei a ele, "Qual é o verdadeiro problema? Você quer ficar em paz consigo mesmo?" Ele disse, "Sim, eu sou um buscador, e estive no ashram de Sri Aurobindo e no ashram de Shree Ramana e em todos os lugares, e nada adiantou".

Então eu perguntei a ele, "Você já pensou que, quando nada adianta, talvez a doença seja falsa? Ou talvez você tenha rotulado a doença de maneira errada? Ou talvez o seu conteúdo não corresponda ao seu rótulo? Você aceitou com facilidade que Sri Aurobindo fracassou, que Sri Ramana fracassou, e andou por todo lado..." E ele estava se sentindo muito vitorioso com o fato de todo mundo ter fracassado e ninguém ter conseguido ajudá-lo, de todo mundo ser uma tapeação. E então eu disse a ele, "Mais cedo ou mais tarde, você vai sair por aí dizendo a mesma coisa sobre mim também, porque eu não acho que você seja um buscador espiritual. Não acho que você esteja interessado em ficar em paz consigo mesmo. Só me diga, qual é a sua preocupação? Por que vive tenso?

Só me diga que pensamentos o atormentam e por que você continua a pensar neles".

Ele disse, "Não são muitos, somente um: eu tinha um filho, ele ainda está vivo, mas eu não o considero mais meu filho. Eu o mandei embora. Sou um homem rico e ele se apaixonou por uma garota que não é da minha casta, e que financeiramente também é inferior à minha condição. E eu disse ao garoto, 'Se você quer se casar com essa garota então nunca mais volte a esta casa'. E ele nunca mais voltou. E agora eu estou ficando velho. O meu filho vive na pobreza com a garota, e eu penso nele o tempo todo, e esse é o meu problema. Me ensine alguma técnica de meditação".

Eu disse, "Como uma técnica de meditação pode ajudar? Porque a técnica de meditação não vai trazer o seu filho de volta. E essa é uma coisa tão simples, não precisa procurar Aurobindo, não precisa procurar Sri Ramana nem mesmo a mim. Você não precisa de uma espada para resolver esse problema. Só precisa de uma agulha. Você está procurando espadas, e as espadas não ajudaram porque você só precisa de uma agulha. Esse não é um problema espiritual, é um problema de ego. Por que um rapaz não pode se apaixonar por uma garota financeiramente inferior a ele? O amor por acaso é uma questão financeira? É algo para se pensar em termos de finanças, dinheiro, bens, condição social?"

Eu contei a ele uma história:

Um agente matrimonial procurou um jovem e disse a ele, "Eu encontrei uma jovem linda que é exatamente o que você está procurando".

O rapaz disse, "Não me amole. Não estou interessado".

O agente disse, "Eu sei, mas não se preocupe, eu tenho outra garota com um dote de cinco mil rupias".

O jovem disse, "Pare de falar besteira. Eu não estou interessado em dinheiro também. Me deixe em paz".

O homem disse, "Eu sei. Não se preocupe. Se cinco mil não forem suficientes, eu tenho outra garota com um dote de 25 mil rupias".

O rapaz disse, "Saia daqui, porque, se eu um dia me casar, vai ser porque me decidi, não porque um agente matrimonial arranjou tudo para mim. Saia daqui! Você está me deixando nervoso!"

O agente disse, "Tudo bem, agora eu estou entendendo. Você não está interessado em beleza, não está interessado em dinheiro. Eu tenho uma garota que vem de uma família tradicional, uma família muito conhecida — todo mundo os conhece, quatro primeiros-ministros vieram dessa família no passado. Então você está interessado na família, não é?"

A essa altura o rapaz já estava muito, mas muito zangado e queria atacar esse homem fisicamente. E quando ele estava prestes a empurrá-lo porta afora, ele disse: "Se eu me casar, será por amor e nada mais".

O agente disse: "Então por que você não me disse antes? Eu tenho esse tipo de garota também".

Eu contei a esse homem esta história.

O amor não é algo que se possa controlar, é simplesmente algo que acontece, e no momento em que você tenta controlá-lo, nada dá certo. Então eu disse a esse homem, "Basta que você procure seu filho e peça perdão a ele — é isso que é necessário. Nem técnica de meditação, nem Aurobindo, nem Ramana, nem Osho, ninguém pode ajudá-lo. Simplesmente procure o seu garoto e peça perdão a ele! — é isso que é necessário. Aceite-o e o receba de volta. É apenas o ego que está atrapalhando. E se o ego está atrapalhando, a doença é diferente. Você procura meditação, e acha que através da meditação esse silêncio será possível? Não!".

A meditação só pode ajudar a pessoa que chegou a um certo entendimento das suas doenças interiores, quando ela passou a compreender que a doença é falsa, que a doença está sendo identificada de maneira equivocada, e que a doença não é doença coisa nenhuma — o recipiente está vazio.

Quando a pessoa chegou a um entendimento, a uma compreensão profunda de todas as suas doenças, então noventa e nove por cento das doenças desaparecem — porque você pode fazer algo para que elas desapareçam. Então, só uma coisa permanece, e essa coisa é a busca espiritual... A angústia profunda, sem relação com este mundo, não relacionada com nada deste mundo: filho, pai, dinheiro, prestígio, poder — nada disso. Não é nada relacionado a isso, é simplesmente existencial. No fundo, se você conseguir localizá-la, é como conhecer a si mesmo. Quem sou eu? Então essa angústia torna-se a busca. Então a meditação pode ajudar, nunca antes disso. Antes disso, outras coisas são necessárias — agulhas vão ajudar, por que carregar uma espada desnecessariamente? E quando agulhas são necessárias, espadas não vão adiantar. Isso é o que está acontecendo com milhões de pessoas em todo o mundo.

Esse Bankei é um mestre. Ele imediatamente chegou ao xis da questão.

Mostre-me esse temperamento, disse Bankei, *parece fascinante!*

Parece fascinante, de fato. Por que Bankei disse que parece fascinante? Porque a coisa toda é falsa. Esse garoto, esse aluno, nunca olhou dentro de si. Ele está à procura de um método e não diagnosticou o que a sua doença de fato é.

> *"Eu não o tenho agora", disse o estudante, "por isso não posso mostrá-lo".*

Você não consegue trazer à tona a raiva, não é? Se eu disser: "Fique com raiva agora", o que você vai fazer? Mesmo que você faça uma encenação, mesmo que você consiga de alguma forma fingir, não vai ser raiva, porque, no fundo, você vai manter a calma e fazer uma encenação. Ela acontece! O que significa, "ela acontece"? Significa que ela só acontece quando você está inconsciente. Se tenta trazê-la à tona, você está consciente. Não pode acontecer quando você está consciente, ela só pode acontecer quando você está inconsciente. A inconsciência é obrigatória — sem ela a raiva não pode acontecer. Mas, ainda assim, o garoto disse:

> *"Eu não o tenho agora", disse o estudante, "por isso não posso mostrá-lo". "Bem, então", disse Bankei, "traga-o a mim quando o tiver". "Mas eu não posso trazê-lo apenas quando acontecer de tê-lo", protestou o estudante. "Ele surge inesperadamente, e eu certamente o perderia antes de trazê-lo ao senhor."*

Agora Bankei o colocou no caminho correto. Ele já avançou, já está chegando ao seu objetivo, porque está agora tomando consciência de coisas de que nunca esteve consciente. A primeira coisa de que ele ficou consciente é que não pode produzir sua raiva quando quer. Ela não pode ser produzida, ela acontece espontaneamente, é uma força inconsciente, você não pode evocá-la de forma consciente. Isso significa que, se ele for adiante, o próximo passo será perceber que, se ele permanecer consciente, a raiva não poderá acontecer.

Mesmo quando a raiva está acontecendo, se de repente você tomar consciência, ela se dissipa. Experimente. Bem no meio do processo, quando você estiver fervendo de raiva e gostaria de cometer um assassinato, de repente, torne-se consciente, e você vai sentir que algo mudou: uma engrenagem interior — você pode sentir o clique. Alguma coisa mudou, agora não é mais a mesma coisa. Seu ser interior relaxou. Pode levar tempo para a sua camada exterior conseguir relaxar, mas o ser interior já relaxou. A cooperação se rompeu, agora você não está mais identificado.

Gurdjieff costumava pregar uma bela peça em seus discípulos. Você está sentado ali e ele vai criar uma situação, irá dizer: "Alguém, Fulano, está chegando, e quando ele chegar eu vou ser mal-educado com ele, muito grosseiro, e todos vocês tem que me ajudar".

Em seguida, Fulano chega e Gurdjieff ri e diz: "Você está parecendo um perfeito idiota!", e todo mundo olha para o homem e mostra que concorda. E então ele diz coisas desagradáveis sobre esse homem, e todo mundo concorda. O homem fica cada vez mais furioso, e Gurdjieff continua a brincadeira, e todo mundo concorda como se estivessem plenamente de acordo, e o homem fica cada vez mais esquentado — até que explode. E quando ele explode, de repente Gurdjieff diz: "Pare e olhe!".

Algo interior relaxa. Imediatamente o homem entende que ele foi levado até aquela situação, ele se irritou — e no momento em que ele percebe que foi uma situação proposital, que Gurdjieff lhe pregou uma peça, o mecanismo muda: ele fica alerta, consciente. O corpo demora um pouco para esfriar, mas lá no fundo, bem no centro, tudo está calmo e ele consegue olhar para si mesmo agora.

O aluno já está no caminho, Bankei o colocou imediatamente no caminho. A primeira coisa de que ele toma consciência é: "Eu não posso mostrá-lo agora, porque eu não o tenho".

"Bem, então, traga-o a mim quando o tiver."

Um segundo passo foi dado.

"Mas eu não posso trazê-lo apenas quando acontecer de tê-lo", protestou o estudante. "Ele surge inesperadamente."

"Eu não sei quando vai ocorrer. Eu posso estar muito longe, o senhor pode não estar disponível e, além disso, mesmo que eu o traga ao senhor, na hora em que eu chegar ele pode não estar mais comigo." Ele já chegou a um entendimento profundo.

Você não pode trazer raiva até mim, não é?... Porque, no próprio esforço para trazê-la, você vai ficar consciente. Se você estiver consciente, perde o controle da raiva, ela começa a ceder. No momento em que você me encontra ela não está mais lá.

E era mais fácil encontrar Bankei; é difícil me encontrar, você vai ter que passar por Mukta. No momento em que o encontro é marcado e no momento em que você me encontrar, a raiva não vai mais estar lá. Por isso é preciso marcar hora — porque, caso contrário, você vai trazer problemas desnecessariamente. Eles se dissipam automaticamente por si mesmos — e se persistirem, então vale a pena trazê-los a mim.

No momento em que me encontrar, você já os terá superado; e, se você entendeu, isso significa que não vale a pena prestar atenção nas coisas que vêm e vão — elas vêm e vão. Você sempre permanece, elas vêm e vão. Você é a coisa em que deve prestar atenção, e não nas coisas que vêm e vão. Elas são como as estações, as mudanças climáticas: na parte da manhã é diferente, à noite é novamente diferente. O clima muda. Descubra o que não muda.

O aluno já atingiu um belo entendimento. Ele diz: *"Ele surge inesperadamente, e eu certamente o perderia antes de trazê-lo ao senhor".*

"Nesse caso", disse Bankei, "ele não pode fazer parte da sua verdadeira natureza."

...Porque a verdadeira natureza está sempre presente. Nunca nasce e nunca se põe, está sempre lá. A raiva surge, e depois vai embora; o ódio surge, e depois vai embora, o seu assim-chamado amor surge, e depois vai embora. Sua natureza está sempre presente.

Portanto, não se incomode nem se preocupe muito com tudo o que vem e vai; caso contrário você pode ficar preocupado com isso por anos a fio, vidas e vidas, e nunca vai chegar ao xis da questão.

É por isso que a psicanálise freudiana nunca tem muito propósito. O paciente deita-se no divã por anos — durante três anos, quatro anos, cinco anos, ele continua falando, falando de coisas que vêm e vão. Lembre-se, toda a análise freudiana está preocupada com as coisas que vêm e vão: o que aconteceu em sua infância, o que aconteceu em sua juventude, o que aconteceu em sua vida sexual, o que aconteceu em suas relações com os outros — isso continua indefinidamente! Ela está preocupada com o que aconteceu, e não a quem aconteceu — e essa é a diferença entre Bankei e Freud.

Se você está preocupado com o que aconteceu, então... tanta coisa aconteceu! Mesmo em 24 horas tanta coisa acontece que, se você for contar tudo, vai demorar anos, e você não vai parar de contar. É como falar do clima ao longo de toda a sua vida, sobre como ele tem sido: às vezes muito quente, às vezes muito nublado, às vezes chuvoso, às vezes isso e aquilo. Mas qual é o propósito de tudo isso?

E o que acontece? Como a psicanálise pode ajudar um paciente? Ela ajuda um pouco. Ela simplesmente lhe dá um tempo, só isso. Durante dois anos, você fica continuamente falando sobre as coisas que aconteceram. Durante esses dois anos, ou um ano, ou até mais, ela só lhe dá tempo, a ferida cicatriza naturalmente, você se reajusta novamente. Evidentemente, uma certa compreensão também surge, o entendimento que surge quando você retrocede no tempo e depois avança, movendo-se como um trem na linha da sua memória. Uma certa compreensão surge, porque você tem que prestar atenção nas suas lembranças. Porque você fica assistindo... mas isso não é o principal.

Freud não está preocupado com o seu testemunho. Ele acha que só por você relatar, falar sobre o seu passado, trazendo tudo para fora através de palavras, da verbalização, algo profundo está mudando. Nada profundo está mudando. Um pouco de lixo é jogado fora. Ninguém ouvia você, e Freud e seus psicanalistas estão ouvindo você tão atentamente... Claro, você tem que pagar por isso. Eles são ouvintes profissionais. Eles ajudam de certa forma, porque você gostaria de falar com alguém intimamente — até mesmo isso ajuda. É por isso que as pessoas falam sobre suas tristezas, pois elas se sentem mais relaxadas, alguém as ouviu pacientemente, com compaixão. Mas agora ninguém ouve mais, ninguém tem muito tempo.

Bertrand Russell escreveu uma historinha. No próximo século, haverá uma grande profissão de ouvintes profissionais. Em cada bairro, a cada quatro ou cinco casas, haverá uma casa com uma placa com a inscrição "Ouvinte Profissional" — é isso que é a psicanálise —, porque ninguém vai ter tempo, todo mundo vai viver com tanta pressa... A mulher não terá tempo de falar com o marido, o marido não terá tempo de falar com a esposa, as pessoas vão fazer amor pelo telefone, ou vão ver um ao outro na tela da televisão. Isso vai acontecer, porque para que ir encontrar um amigo se você pode vê-lo na tela da televisão, e ele pode ver você? Os telefones terão telas também, de modo que você possa ver o seu amigo falando com você e ele possa ver você falando, então para que encontrá-lo?... Porque o que vocês vão fazer sentado um na frente do outro numa sala? A mesma coisa já está acontecendo: a distância é coberta pelo telefone e pela televisão. O contato não existirá mais, então os ouvintes profissionais serão necessários.

Você vai aos psicanalistas e eles ouvem você como um amigo. Claro que você tem que pagar — e a psicanálise é a mais cara do mundo agora, só pessoas muito ricas podem pagar. As pessoas vão se vangloriar: "Eu fiz psicanálise durante cinco anos. Há quantos anos você faz?". Os pobres não podem pagar.

Mas os métodos orientais de meditação têm uma atitude diferente: eles não estão preocupados com o que aconteceu a você, eles estão preocupados com a pessoa a quem isso aconteceu. Descubra: a quem aconteceu?

Deitado num divã freudiano você está preocupado com os objetos da mente. Sentado num mosteiro zen você está preocupado em saber com quem isso aconteceu. Não com os objetos, mas com o assunto.

> *"Nesse caso", disse Bankei, "ele não pode fazer parte da sua verdadeira natureza. Se fizesse, você poderia mostrá-lo a mim em qualquer momento. Quando você nasceu, você não o tinha, e seus pais não o deram a você — por isso ele deve ter entrado em você a partir de fora. Sugiro que, sempre que ele entrar em você, bata nele com uma vara até que o temperamento não aguente mais e fuja."*

Ele está simplesmente brincando — não comece a fazer isso, não pegue uma vara literalmente. No Zen, a consciência é chamada de vara com a qual você bate em si mesmo. Não há outra maneira de vencer a si mesmo, porque, se você pegar uma vara comum o corpo vai apanhar, não você. Você pode matar o corpo, mas não você. Bater com uma vara significa: quando você sentir raiva, fique continuamente consciente; traga a consciência para isso, fique alerta, consciente, e bata com a vara da consciência continuamente, até que o temperamento não aguente e fuja. A única coisa que o temperamento não suporta é a consciência. Só bater no seu corpo não vai adiantar. Isso é o que as pessoas vêm fazendo — batendo no corpo dos outros ou no seu próprio. Isso não é o que Bankei quis dizer — ele está brincando, e está usando um termo zen simbólico que as pessoas usam para a consciência: a vara com que a pessoa tem que bater em si mesma.

Na tradição Zen, quando um mestre morre, ele dá a sua vara, o seu cajado, para o seu maior discípulo, quem ele escolheu como seu herdeiro, aquele que vai assumir o lugar dele. Ele lhe dá a vara, o cajado, que ele carregou por toda a sua vida. O significado é que aquele a quem essa vara foi dada alcançou a vara interior — a consciência. Receber a vara do mestre é o maior presente, porque por meio dela ele aceita, concorda, reconhece que agora a sua vara interior nasceu. Você se tornou consciente do que acontece a você, *a quem* isso acontece. A distinção é essa. A lacuna apareceu, o espaço está lá; agora a periferia e seu centro não são identificados.

Disse Bankei, "Suponho que, sempre que ela entra em você, essa raiva, deve estar vindo de fora. Você não a tinha quando nasceu, ninguém, nem seus pais nem qualquer outra pessoa, a deu de presente, então, de onde ela vem? Deve estar vindo de fora, a periferia deve tocar outras periferias. A partir daí, você deve estar recebendo as ondas e marolas." Portanto, fique consciente, porque, no momento em que você fica consciente, você é de repente arremessado para o centro.

Fique inconsciente e você viverá na periferia. Fique consciente e você será arremessado para o centro. E do centro, você poderá ver o que está acontecendo na periferia. Então, se duas pessoas tocarem a periferia, se duas pessoas criarem problemas na periferia, não vai ser nenhum problema para você. Você pode rir, você pode apreciar, você pode dizer: "Isso parece fascinante".

Aconteceu: Buda estava passando perto de uma aldeia, algumas pessoas vieram e elas o trataram muito mal, disseram coisas desagradáveis e usaram palavras vulgares – e ele apenas ficou ali em silêncio. Elas ficaram um pouco confusas, porque ele não estava reagindo. Então, alguém na multidão perguntou: "Por que você está em silêncio? Responda ao que estão dizendo!".

Buda disse: "Vocês chegaram um pouco tarde. Vocês deveriam ter chegado dez anos atrás, porque então eu teria reagido. Mas agora eu não estou onde vocês estão me dizendo essas coisas, agora há uma distância. Agora mudei para o centro, onde vocês não podem me tocar. Vocês chegaram um pouco tarde. Eu sinto muito por vocês, mas eu apreciei. Agora estou com pressa, porque na outra aldeia para onde estou indo as pessoas estão esperando por mim. Se vocês ainda não terminaram, então eu vou voltar pelo mesmo caminho. Vocês podem voltar mais tarde. Parece fascinante".

Elas ficaram intrigadas. O que fazer com um homem assim? Outro em meio à multidão perguntou: "Você não vai mesmo dizer nada?".

Buda disse: "Na outra aldeia de onde eu vim agora, as pessoas trouxeram muitos doces para me presentear, mas eu pego as coisas só quando estou com fome, e eu não estava com fome, então devolvi a elas os doces. Eu pergunto a você, o que elas vão fazer?".

Então o homem disse: "Claro, elas vão à aldeia e darão aqueles doces como *prasad* para as pessoas."

Então Buda começou a rir e disse: "Você está realmente em apuros, vocês estão numa bela confusão – o que vocês vão fazer? Vocês trouxeram essas palavras vulgares para mim, e eu digo que não estou com fome – agora vão levá-las de volta! E eu sinto muito por sua aldeia, porque as pessoas vão ter essas coisas vulgares, palavras vulgares em sua *prasad*".

Quando você está no centro, parece fascinante, você pode apreciar. Quando você está calmo, pode apreciar o mundo todo. Quando está fervendo de raiva, você não pode apreciar, porque você tem muito dessa raiva; você está perdido, você se identifica. Você fica tão confuso com essa raiva, como pode apreciá-la?

Isso pode parecer paradoxal, mas eu lhe digo: só um buda aproveita este mundo. Então, tudo parece fascinante.

Basta por hoje.

CAPÍTULO 4

O caminho está bem na sua frente

Um mestre que vivia como um eremita numa montanha foi questionado por um monge: "Qual é o caminho?".

"Que bela montanha é esta!", o mestre respondeu. "Eu não estou perguntando sobre a montanha", disse o monge, "mas sobre o caminho."
O mestre respondeu: "Enquanto você não puder ir além da montanha, meu filho, não poderá alcançar o caminho".

O caminho é fácil — mas você é a montanha e, mais além, está o caminho. Cruzar a si mesmo é muito difícil. Depois que você está no caminho, não há problema, mas o caminho está muito longe de você. E você é uma massa de contradições tão grande que um fragmento de você vai para o leste e outro vai para o oeste. Você não está se movendo numa só direção. Você não pode se mover numa só direção, porque você precisa de uma unidade interior, um ser cristalizado. Do modo como é, você é uma multidão com muitos eus, sem nenhuma unidade.

No máximo, se você fizer algum arranjo, como todo mundo tem que fazer; se você se controlar, no máximo pode se tornar uma montagem, não uma multidão; e então você também será a montagem indiana, não a britânica. No máximo, a maioria dos seus fragmentos pode se mover numa direção, mas a minoria sempre vai estar lá, indo para outro lugar.

Assim, mesmo um homem muito controlado, disciplinado, um homem de caráter, ponderado, esse homem também nunca alcança o caminho. Ele pode ser capaz de se ajustar à sociedade, mas ele também não é capaz de alcançar o caminho, de onde a porta se abre para o divino.

Você é, na verdade, uma montanha.

A primeira coisa a ser entendida é que a multidão precisa se dissipar. A existência "polipsíquica" deve se tornar "unipsíquica"; você deve ser um só. Isso significa que você deve viver sem pensamentos, porque os pensamentos são uma multidão, eles dividem você, e cada pensamento fragmenta mais você. Eles criam um caos dentro de você e são sempre contraditórios. Mesmo quando você decide, a decisão sempre vai contra alguma parte dentro de você, nunca é total.

Ouvi dizer que isso aconteceu...

O Mulá Nasrudin estava muito doente – tenso, psiquiatricamente doente. E a doença era que ele estava, aos poucos, se tornando absolutamente incapaz de tomar qualquer decisão – não só grandes decisões, mas as pequenas também: se tomava banho ou não, se colocava uma gravata ou não, se tomava um táxi para o escritório ou ia de carro – não grandes, pequenas decisões. Ele se tornou incapaz de tomá-las, por isso foi internado num hospital psiquiátrico.

Seis meses de tratamento e tudo resolvido. Os médicos sentiram que ele estava bem. Então um dia eles disseram: "Agora, Nasrudin, você está absolutamente curado. Você pode voltar para o mundo, ter um emprego, começar a trabalhar e viver normalmente. Estamos completamente satisfeitos. Agora não há nada de errado". Mas, vendo uma ligeira indecisão por parte de Nasrudin, o médico disse: "Você não acha que agora você está pronto para voltar para o mundo e começar a trabalhar e viver normalmente?".

Nasrudin disse: "Sim e não".

Mas a situação é essa. Se você está doente ou saudável não é a questão, a diferença é apenas de grau – mas esse continua a ser o problema dentro de você: sim e não, ambas as coisas.

Você ama uma pessoa? Sim, e, no fundo, está escondido o não. Mais cedo ou mais tarde, quando você ficar entediado e cansado com o sim, o não vai aparecer e você vai odiar a pessoa, a mesma pessoa que você amou. Você gosta de uma coisa, mas a aversão está escondida ali, mais cedo ou mais tarde você não vai gostar da mesma coisa.

Você estava louco quando amava ou quando gostava, e você vai estar louco quando odiar ou não gostar. Assim do modo como você é – sim e não, ao mesmo tempo –, como pode avançar rumo ao divino? O divino precisa de compromisso total, menos do que isso não vai adiantar. Mas como você pode se comprometer totalmente? Você não é um ser total! Essa é a montanha.

O caminho é fácil, mas você não está no caminho, e todas as técnicas, todos os métodos do mundo, e todos os mestres, para ser exato, não vão lhe oferecer o caminho – o caminho já existe. Seus métodos e técnicas simplesmente levam você até o caminho, não são os caminhos. Eles criam pequenas trilhas na montanha para que você possa ir além – porque o caminho está lá, não é preciso criar um caminho, ele já existe. Mas você está perdido numa floresta. Você tem que ser levado até o caminho.

Então a primeira coisa é: quanto mais dividido estiver, mais longe do caminho você estará; quanto menos dividido, mais perto do caminho.

Pensamentos dividem, porque eles sempre carregam o oposto dentro deles: o amor carrega o ódio, a amizade carrega a inimizade, o gostar carrega o não gostar.

Sosan está certo quando diz: "Uma ligeira distinção entre gostar e não gostar, um ligeiro movimento em seu gostar e não gostar, e o céu e a terra se separam". Sem distinção – e você alcançou, porque sem distinção você é um só.

Então, a primeira coisa a lembrar é como descartar os pensamentos e tornar-se vazio de pensamentos – sem pensamentos, mas alerta, porque no sono profundo você também se torna vazio de pensamentos, e isso não vai adiantar. É bom para o corpo, é por isso que depois de um sono profundo seu corpo se sente rejuvenescido. Mas a mente permanece cansada, mesmo no período da manhã, porque a mente continua em atividade. O corpo relaxa, embora também não possa relaxar totalmente por causa da mente, mas, ainda assim, ele relaxa. Assim, na parte da manhã, o corpo está descansado, pelo menos apto para o trabalho, mas a mente se sente cansada, mesmo pela manhã. Você vai para a cama cansado, você se levanta de manhã mais cansado, porque a mente ficou o tempo todo trabalhando, sonhando, pensando, planejando, desejando; a mente trabalha continuamente.

No sono profundo, por alguns momentos, quando você está absolutamente inconsciente, você se torna um. Essa mesma unidade é necessária com uma mente consciente e alerta. Como você está em sono profundo – sem pensamento, sem distinção entre o bem e o mal, o céu e o inferno, Deus e o Diabo, sem distinção de qualquer tipo, você simplesmente é, mas está inconsciente; isso tem que ser atingido quando você está alerta e consciente.

Samadhi, a meditação final, derradeira, absoluta, nada mais é do que um sono profundo com plena consciência.

No sono profundo você atinge, então a única coisa a se atingir é tornar-se cada vez mais consciente. Se você conseguir adicionar mais consciência ao seu sono profundo, você vai se tornar iluminado. A montanha é transcendida e o caminho se abre – primeira coisa.

Segunda coisa: você carrega o passado dentro de você; isso cria multiplicidade. Você era uma criança, a criança ainda está escondida dentro de você, e às vezes você ainda pode sentir a criança chutando; em certos momentos, você regride e torna-se criança novamente. Você foi jovem, agora está velho; aquele jovem está escondido dentro de você, e às vezes até mesmo um velho começa a ser tão tolo quanto um jovem.

Você carrega todo o passado, cada momento dele, e você tem sido muitas coisas! Desde o ventre até agora, você tem sido milhões de pessoas, e elas estão todas dentro de você, camada por camada. Você cresceu, mas o passado não desapareceu, ele pode estar escondido, mas está lá – e não é só na mente, está no corpo também.

Se, quando você era pequeno e estava com raiva e alguém dizia, "Pare! Não fique com raiva", você parava, a sua mão ainda carrega essa raiva. Tem que ser assim, porque a energia é indestrutível e, a menos que você relaxe, a mão vai persistir. A menos que você faça alguma coisa conscientemente para completar o ciclo daquela energia – que se tornou raiva em um determinado momento, cinquenta ou sessenta anos atrás –, você vai carregá-la dentro de você e ela vai afetar todas as suas ações. Você pode tocar em alguém, mas o toque não será puro: todo o passado vem junto com a sua mão; toda a raiva reprimida, todo o ódio reprimido está ali. Até mesmo na hora do amor, quando você tocar a outra pessoa, o seu toque não será puro, não poderá ser, porque para onde vai a raiva que a sua mão carrega?

Wilhelm Reich trabalhou muito nessa repressão somática. O corpo carrega o passado, a mente carrega o passado; por causa desse estado carregado você não pode ficar no aqui e agora. Você tem que chegar a um acordo com seu passado. Assim, a meditação não é apenas uma questão de fazer algo aqui e agora; antes que você possa chegar a um acordo com o seu passado, você tem que se livrar de todas as reminiscências, e há milhões delas.

Mesmo quando uma pessoa se torna velha, ela também é criança, um jovem, e tudo o que ele foi sempre vai estar lá, porque você não sabe como morrer a cada momento. É nisso que consiste toda a arte de vida: morrer a cada momento, de modo que não fique nenhuma reminiscência.

A relação terminou – você não a carrega, você simplesmente morre para ela! O que você pode fazer? Alguma coisa estava acontecendo e agora não está acontecendo mais. Você aceita e morre para isso; você simplesmente solta isso com plena consciência e, então, você fica renovado para um novo momento. Agora você não está carregando o passado. Você não é mais criança, mas observe-se e você vai sentir que a criança está ali – e essa criança cria problemas! Se você fosse realmente uma criança, não haveria problemas, mas você é jovem ou velho...

Eu ouvi:

O Mulá Nasrudin foi hospitalizado. Ele tinha 80 anos – e, então, chegou o aniversário dele e ele estava esperando que seus três filhos lhe trouxessem presentes. Eles foram, é claro, mas não tinham levado nada, porque ele tinha 80 anos de idade! A criança sente-se feliz com um presente, mas um homem velho, com 80 anos de idade? O filho mais velho tinha 60 anos. Então, eles não pensaram nisso, mas, quando chegaram e o Mulá viu que eles estavam de mãos vazias, ele sentiu raiva, frustração, e disse: "O quê!? Vocês se esqueceram do seu velho pai, do aniversário do seu pobre e velho pai? É o meu aniversário!".

A criança... naquele momento você poderia ter olhado nos olhos dela, e esse homem de 80 anos de idade não estava lá, apenas uma criança à espera de brinquedos.

Um filho disse: "Nos perdoe, esquecemos completamente".

O Mulá Nasrudin disse: "Eu acho que eu vou perdoar, porque parece que esse esquecimento flagela toda a nossa família. Na verdade, eu me esqueci de me casar com a mãe de vocês". Ele estava realmente irritado.

Então todos os três gritaram em uníssono, e disseram: "O quê! Quer dizer que nós somos...?".

Ele disse: "Isso mesmo! Vocês são umas porcarias de bastardos!".

A criança continua em algum lugar dentro de você. Quando chora, você pode encontrá-la; quando ri, você pode encontrá-la; quando alguém lhe dá um presente, você pode encontrá-la; quando alguém se esquece de você, você pode encontrá-la. Quando alguém o elogia, você pode encontrá-la; quando alguém o condena, você pode encontrá-la. É muito difícil ser realmente maduro. A pessoa pode nunca amadurecer, a não ser que a criança simplesmente morra dentro de você, não faça mais parte de você; caso contrário, ela vai continuar influenciando suas ações, seus relacionamentos.

E isso não vale apenas para a criança; cada momento do passado está aí, influenciando o seu presente – o presente é tão carregado! Milhões de vozes vindas do corpo e da mente continuam manipulando você, como você pode chegar ao caminho? Você é uma montanha. Essa montanha tem de ser transposta. O que fazer? Pode ser transposta conscientemente – uma opção é viver o passado novamente, de forma consciente.

Este é o mecanismo da consciência: se você vive algo conscientemente, isso nunca se torna um peso em você; tente entender isso. Isso nunca se torna um fardo para você, se você viver de forma consciente. Se você for ao mercado para comprar alguma coisa e se mover conscientemente, andar conscientemente, comprar a coisa conscientemente com plena lembrança daquilo e voltar para casa conscientemente, isso nunca vai fazer parte da sua memória. Eu não quero dizer que você vai se esquecer, mas não será um fardo. Se você quiser se lembrar disso, pode se lembrar, mas não vai estar constantemente desviando sua atenção para isso, não vai ser um peso.

Tudo o que você faz conscientemente é vivido plenamente e não é mais uma reminiscência. Tudo o que você vive inconscientemente, torna-se uma reminiscência, porque você nunca vive isso totalmente; algo permanece incompleto. Se algo está incompleto, tem de ser carregado; fica à espera de ser concluído.

Você era criança e alguém quebrou o seu brinquedo, e você estava chorando. Sua mãe o consolou, desviou a sua mente para outra coisa, deu-lhe doces, falou sobre outro assunto, contou uma história, distraiu você; e você ia chorar muito, mas se esqueceu. Aquilo permaneceu incompleto; ainda está aí, e qualquer dia desses, quando alguém roubar um brinquedo de você — pode ser qualquer brinquedo, pode ser uma namorada, e alguém roubá-la de você —, você vai começar a chorar muito. E você pode encontrar a criança aí incompleta. Pode ser uma posição: você é prefeito da cidade e alguém rouba o seu cargo, um brinquedo, e você começa a chorar sem parar novamente.

Descubra... volte ao passado, retroceda até lá, porque não há outra forma agora, o passado já não existe mais, por isso, se algo permanece inacabado, a única maneira é reviver isso na mente e retroceder.

Todas as noites, durante uma hora, faça questão de voltar ao passado, completamente alerta, como se você estivesse vivendo tudo de novo. Muitas coisas vão borbulhar, muitas coisas vão chamar a sua atenção — por isso não tenha pressa, e não preste só um pouco de atenção em alguma coisa e depois siga em frente, porque isso também vai criar incompletude.

Seja o que for que vier, dê total atenção a isso. Viva isso novamente. E quando eu digo viver novamente, quero dizer *viver* de fato novamente — não apenas lembrar, porque, quando você se lembra de uma coisa, você é um observador imparcial, o que não vai ajudar. *Reviva isso!*

Você é uma criança novamente. Não olhe como se você estivesse em pé, olhando para uma criança, enquanto seu brinquedo está sendo arrancado. Não! Seja a criança. Não é fora da criança, é dentro da criança — seja novamente a criança. Reviva o momento: alguém rouba o brinquedo, alguém o destrói, e você começa a chorar — e chore! Sua mãe está tentando consolá-lo — passe por tudo de novo, mas agora não deixe que desviem a sua atenção. Deixe que todo o processo se complete. Quando estiver concluído, de repente, você vai sentir o coração menos pesado; algo foi largado.

Você queria dizer alguma coisa para o seu pai, agora ele está morto, agora não há como dizer isso a ele. Ou você queria pedir perdão por uma determinada coisa que você fez e que ele não gostava, mas seu ego entrou em cena e você não conseguiu pedir perdão; agora ele está morto e nada pode ser feito. O que fazer? E aquilo está lá! E vai continuar indefinidamente e destruir todos os seus relacionamentos.

Estou muito consciente de que ser um mestre é ser, num certo sentido, um pai — é ser muitas coisas, mas principalmente, num certo sentido, um pai. Quando as pessoas vêm a mim, se elas têm uma questão não resolvida no relacionamento com o pai, então se torna muito difícil se relacionar comigo, porque eu sempre sinto que o pai delas interfere. Se elas odiavam o pai, elas vão me odiar; se elas queriam brigar com o pai, elas vão brigar. Se amavam o pai, elas vão me amar; se respeitavam o pai, elas vão me respeitar, se elas respeitavam apenas superficialmente e, no fundo, sentiam um desrespeito, será o mesmo comigo — e a coisa toda entra em ação.

Se está consciente, você pode assistir. Volte. Agora o seu pai não está mais presente, mas, aos olhos da memória, ele ainda está. Feche os olhos, mais uma vez seja a criança que fez algo, fez algo contra o pai, e quer ser perdoada, mas não consegue reunir coragem — agora você pode ter coragem. Você pode dizer tudo o que você queria dizer, você pode tocar os pés dele novamente, ou pode ficar com raiva e bater nele — mas conclua! Deixe todo o processo ser concluído.

Lembre-se de uma lei básica: tudo o que se completa se desprende de você, porque não há sentido em continuar carregando aquilo; tudo o que fica incompleto cola em nós, espera ser concluído. E esta existência está, na verdade, sempre atrás da conclusão. A existência toda tem a tendência de completar tudo. Ela não gosta de coisas incompletas — elas ficam, elas esperam, e não há pressa para a existência, ela pode esperar milhões de anos.

Volte ao passado. Todas as noites, durante uma hora, antes de dormir, volte ao passado, reviva tudo. Muitas lembranças pouco a pouco serão desenterradas. Com muitas delas você vai se surpreender, porque você não estava consciente de que essas coisas estavam lá — e com tanta vitalidade e frescor, como se tivessem acabado de acontecer! Você será novamente uma criança, mais uma vez um jovem, um amante, muitas coisas virão. Avance lentamente, de modo que tudo seja concluído. Sua montanha vai se tornar cada vez menor — o que você carrega é a montanha. E quanto menor ela se tornar, mais livre você vai se sentir. Uma sensação de liberdade virá até você, e um frescor, e por dentro você vai sentir que tocou uma fonte de vida.

Você será sempre vital — até os outros vão sentir, quando você andar, que o seu passo mudou, ele tem um quê de dança; quando você tocar, o seu toque mudou, não é uma mão morta, ela torna-se viva novamente. Agora a vida está fluindo, porque os bloqueios desapareceram, agora não há raiva na mão, o amor pode fluir facilmente, sem estar envenenado, no seu estado de pureza. Você vai se tornar mais sensível, vulnerável, aberto.

Se chegar a um acordo com o passado, de repente você vai estar aqui e agora no presente, porque então não haverá necessidade de voltar ao passado várias e várias vezes.

Continue voltando todas as noites. Aos poucos, as lembranças vão vir à tona diante dos seus olhos e elas serão concluídas. Reviva-as, complete-as; de repente você vai senti-las desprendendo-se de você. Agora não há mais nada a ser feito, a coisa está terminada. Cada vez menos lembranças virão à medida que o tempo passar. Haverá lacunas — você gostaria de reviver alguma coisa, mas nada está vindo — e essas lacunas são belas. Então, chegará o dia em que você não será capaz de retroceder, porque tudo estará completo. Quando você não conseguir mais retroceder, só então você seguirá em frente. Não há outra maneira. E avançar é atingir o caminho, toda a consciência avança a cada momento rumo ao desconhecido.

Mas suas pernas estão sendo puxadas para trás continuamente, pelo passado, o passado está pesando sobre você, como você pode avançar para o futuro e como pode ficar no presente? A montanha é muito grande, é um Himalaia, desconhecido, não mapeado; ninguém sabe como passar por ela — e todo mundo é um Himalaia tão diferente que você nunca pode fazer um mapa, pois o seu Himalaia difere do Himalaia dos outros. Você tem o seu Himalaia para carregar, os outros têm o Himalaia deles para transportar, e com essas montanhas, quando você se encontra com as pessoas, só há confronto e conflito. Toda a vida se torna apenas uma luta, uma luta violenta, e em todos os lugares você pode ver, sentir e ouvir o confronto. Sempre que outras pessoas se aproximam, você fica tenso e os outros também ficam tensos — todos estão levando o próprio Himalaia de tensão, e mais cedo ou mais tarde eles vão colidir. Você pode chamar isso de amor, mas aqueles que sabem, estes dizem que é um choque. Agora vai ser sofrimento.

Conclua o seu passado. Quanto mais você estiver livre do passado, mais a montanha começa a desaparecer. E então você vai atingir um uníssono: você vai se tornar um, aos poucos, um só.

Agora, tente entender esta parábola: Qual é o caminho?

Um mestre que vivia como um eremita numa montanha foi questionado por um monge:
"Qual é o caminho?".

Cada palavra tem que ser entendida, porque cada palavra tem um significado:

Um mestre que vivia como um eremita numa montanha...

Isso vem acontecendo sempre, alguém como Buda se muda para as montanhas, alguém como Jesus se muda para as montanhas, alguém como Mahavira se muda para as montanhas. Por que eles se mudam para as montanhas, para a solidão? Por que eles se tornaram solitários? Apenas para enfrentar suas montanhas interiores imediata e diretamente. Na sociedade é difícil, porque toda a energia é desperdiçada no trabalho e na rotina e nos relacionamentos do dia a dia. Você não tem tempo suficiente, você não tem energia suficiente para encontrar a si mesmo — você só tem tempo para encontrar os outros! Você está muito ocupado — e para ficar cara a cara consigo mesmo, uma vida muito desocupada é necessária, porque esse é um fenômeno imenso para se enfrentar. Você vai precisar de todas as suas energias. É um trabalho tão absorvente que ele só pode ser feito com todo o seu ser.

Buscadores sempre optam pela existência solitária, apenas para encarar a si mesmos. Aonde quer que eles vão — apenas para encarar a si mesmos, para tornar isso menos complicado. No relacionamento, fica complicado, porque o outro leva as próprias tristezas e montanhas. Você já está sobrecarregado — e, então, vem o outro! E então vocês se chocam, as coisas se tornam mais complexas. É o encontro de duas doenças, e uma doença muito complicada é criada a partir disso. Tudo vira um emaranhado, torna-se um enigma. Você já é um enigma — é melhor resolvê-lo primeiro e depois passar para o relacionamento, porque, se você não for uma montanha, só então você pode ajudar alguém.

E, lembre-se, duas mãos são necessárias para fazer um som, e duas montanhas são necessárias para um confronto. Se você não é mais uma montanha, agora vocês são capazes de se relacionarem. Agora o outro pode tentar criar um confronto, mas o confronto não pode ser criado, porque não existe a possibilidade de criar um som com uma mão só. O outro vai começar a se sentir tolo – e esse é o início da sabedoria.

Você só pode ajudar se você não estiver sobrecarregado, você não pode ajudar se estiver sobrecarregado. Você pode se tornar um marido, você pode se tornar um pai, uma mãe, e sobrecarregará os outros com suas cargas também. Até as crianças pequenas carregam suas montanhas; elas são esmagadas debaixo de você – tem que ser assim, porque você nunca se preocupa em ter uma clareza a respeito do seu ser, antes de se relacionar.

Essa deve ser a responsabilidade básica de cada ser alerta: "Antes de entrar em qualquer relacionamento eu preciso me descarregar. Eu não posso carregar reminiscências; só então eu posso ajudar o outro a crescer. Caso contrário, vou explorar, e os outros vão me explorar. Caso contrário, vou tentar dominar e os outros vão tentar me dominar". E não vai ser um relacionamento, não pode ser amor, vai ser uma política sutil.

Seu casamento é uma sutil política de dominação. Sua paternidade, maternidade é uma política sutil. Olhe para as mães; simplesmente observe e você vai sentir que estão tentando dominar os filhos pequenos. A agressão, a raiva delas, é jogada sobre os filhos – eles se tornaram objetos de catarse, e por isso eles já estão sobrecarregados. Eles vão passar a vida carregando montanhas desde o princípio, e nunca vão saber que a vida é possível sem ser preciso ter uma cabeça tão sobrecarregada; e nunca vão conhecer a liberdade que vem com um ser descarregado. Eles nunca vão saber que, quando não está sobrecarregado, você tem asas e pode voar para o céu e para o desconhecido.

A verdade só é acessível quando você não está sobrecarregado. Mas eles nunca vão saber. Eles vão bater nas portas dos templos, mas nunca vão saber onde o verdadeiro templo está. O verdadeiro templo é a liberdade: morrer a cada momento para o passado e viver o presente. E liberdade para se movimentar, para se mover rumo à escuridão, ao desconhecido – que é a porta do divino.

Um mestre que vivia como eremita numa montanha...

Sozinho.

Você precisa fazer uma distinção entre duas palavras: solitário e sozinho. No dicionário elas têm o mesmo significado, mas aqueles que meditam, eles sabem a distinção. Essas duas palavras não são sinônimos, elas são tão diferentes quanto possível.

A solidão é uma coisa feia, a solidão é uma coisa deprimente — é uma tristeza, uma ausência do outro. A solidão é a ausência do outro — você gostaria que o outro estivesse ali, mas o outro não está, e você sente isso e sente falta dele. Você não está ali na solidão, a ausência do outro está ali.

Sozinho? É totalmente diferente. Você está ali, é a sua presença; é um fenômeno positivo. Você não sente falta do outro, você encontra a si mesmo. Então você está sozinho, sozinho como um pico, tremendamente belo. Às vezes, você até sente um terror, mas tem uma beleza. Mas a presença é a coisa básica: você está presente para si mesmo. Você não está sozinho, você está consigo mesmo. Sozinho, você não está solitário, você está consigo mesmo. Solitário, você está simplesmente solitário — não existe ninguém. Você não está com você e você está sentindo falta do outro. A solidão é negativa, uma ausência; estar sozinho é positivo, uma presença.

Se está sozinho, você cresce, porque há espaço para crescer — ninguém para dificultar, ninguém para obstruir, ninguém para criar mais problemas complexos. Sozinho você cresce, e o tanto que você quer crescer, você pode crescer, porque não há limite, e você fica feliz de estar com você, e surge uma bem-aventurança. Não há comparação possível: porque o outro não está lá, você não é nem belo nem feio, nem rico nem pobre, nem isto nem aquilo, nem branco nem preto, nem homem nem mulher. Sozinho, como você pode ser uma mulher ou um homem? Solitário, você é uma mulher ou um homem, porque o outro está ausente. Sozinho você não é ninguém; está vazio, vazio do outro completamente.

E, lembre-se, se o outro não está, o ego não pode existir; o ego existe com o outro. Presente ou ausente, o outro é necessário para o ego. Para sentir o "eu", o outro é necessário; uma fronteira do outro. Separado dos vizinhos com uma cerca eu sinto o "eu". Se não existe vizinho, nem cercas, como você pode sentir o "eu"? Você vai estar lá, mas sem nenhum ego. O ego é uma relação, ele existe apenas numa relação.

Sozinho o mestre vivia — eremita significa sozinho — numa montanha, encarando a si mesmo, encontrando-se em cada esquina. Para onde quer que ele se mova, ele encontra a si mesmo — sem estar sobrecarregado com o outro, portanto conhecendo bem o que ele é, quem ele é.

As coisas começam a se resolver se você consegue ficar sozinho, mesmo coisas como a loucura. Uma noite dessas eu estava conversando com alguns amigos. No Ocidente, se um homem fica louco, maluco, insano, neurótico, um longo tratamento é ministrado — longo mesmo, por anos. E o resultado é quase nulo; o homem continua o mesmo.

Eu ouvi, uma vez isso aconteceu:

Um psiquiatra estava tratando uma mulher que tinha uma obsessão — essa obsessão é chamada cleptomania, roubar as coisas. Ela era muito rica, não havia necessidade, apenas uma obsessão psicológica. Era impossível para ela não roubar: onde encontrava uma oportunidade ela roubava, até coisas inúteis: uma agulha, um botão. Ela foi tratada durante anos.

Depois do tratamento de cinco anos de duração — milhares de dólares tinham ido para o ralo — depois de cinco anos, o psiquiatra que estava tratando dela, um psicanalista freudiano, perguntou: "Agora você parece normal, e agora não há necessidade de continuar o tratamento. Você pode parar com ele. O que você sente?".

Ela disse: "Eu me sinto perfeita. Eu me sinto bem. Tudo está bem. Antes de você começar o tratamento eu sempre costumava me sentir culpada por roubar coisas — agora eu roubo, mas nunca me sinto culpada. Está tudo ótimo! Tudo bem. Você realmente conseguiu. Você me ajudou muito".

Isso é tudo o que acontece. Você simplesmente se acostuma, entra em sintonia com a sua doença, só isso.

No Oriente, particularmente no Japão — por causa de Zen —, um tratamento totalmente diferente já existe há pelo menos mil anos. Os mosteiros zen não são hospitais de maneira alguma, não são feitos para pessoas doentes, mas, numa aldeia, se existe um mosteiro zen, esse é o único lugar. Se alguém fica louco ou neurótico, para onde essa pessoa pode ir? No Oriente, eles sempre levam as pessoas neuróticas para o mestre, porque, se ele pode tratar as pessoas normais, porque não as neuróticas? A diferença é apenas de grau.

Então, eles levam as pessoas neuróticas ao mosteiro zen, para o mestre, e vão dizer: "O que fazer? Você toma conta dela". E o mestre assume a responsabilidade. E o tratamento é realmente inacreditável! O tratamento não é um tratamento de forma alguma. O homem tem que ficar numa solitária na parte de trás do mosteiro, num canto; o neurótico tem que viver lá. A ele será dada comida, todas as instalações — isso é tudo. E ele tem que viver consigo mesmo. Dentro de três semanas, apenas três semanas, sem tratamento, a neurose desaparece.

Ora, muitos psiquiatras ocidentais estão estudando isso como se fosse um milagre. Isso não é um milagre. É simplesmente dar ao homem um pouco de espaço para resolver o problema, isso é tudo. Porque ele era normal poucos dias antes, então ele pode ser normal de novo. Algo ficou muito pesado nos ombros dele, e ele precisa de espaço, isso é tudo. E eles não vão prestar muita atenção, porque, se você dá a uma pessoa neurótica muita atenção, como acontece no Ocidente, ela não vai voltar ao normal novamente; porque ninguém lhe deu tanta atenção antes.

Ela nunca vai voltar a ser como era, porque antes ninguém se preocupava com ela. E agora grandes psicanalistas estão se preocupando — grandes médicos, nomes, nomes mundialmente famosos, e eles falam dele ou dela. O paciente deitado no divã descansando, e um grande nome sentado bem atrás, e tudo o que ele ou ela diz é ouvido com atenção, cada palavra. E com tanta atenção! A neurose torna-se um investimento, porque as pessoas precisam de atenção.

Algumas pessoas começam a se comportar de forma tola, porque então a sociedade lhes dá mais atenção. Em todos os países antigos, em toda aldeia, você vai encontrar um louco da aldeia — e ele não é um homem medíocre, ele é muito inteligente. Os loucos são quase sempre inteligentes, mas eles aprenderam um truque: as pessoas prestam atenção neles, elas os alimentam, todo mundo os conhece, eles já são famosos sem ter que ocupar nenhum cargo — toda a aldeia cuida deles. Onde quer que eles passem, eles são como grandes líderes, uma multidão os segue: as crianças pulam neles e jogam coisas neles — e eles gostam disso! Eles são muito queridos na cidade, e sabem agora que ser louco é um bom investimento. A aldeia cuida deles, eles são bem alimentados, bem vestidos — aprenderam o truque. Não há necessidade de trabalhar, não precisam fazer nada — basta ser um louco, é o suficiente.

Se uma pessoa neurótica... e lembre que ego é neurose e ele precisa de atenção; preste atenção nele e o ego se sente bem. Muitas pessoas cometem assassinatos simplesmente para chamar a atenção dos jornais, porque só quando elas matam é que se transformam em manchetes. Elas se tornam subitamente muito, muito importantes — imagens delas são mostradas, os seus nomes, suas biografias são abordadas: de repente elas não são mais um zé-ninguém, elas se tornam alguém.

Neurose é um anseio profundo por atenção e, se você der atenção, você a alimenta — é por isso que a psicanálise tem sido um completo fracasso.

Nos mosteiros zen, eles tratam uma pessoa em três semanas. Na psicanálise freudiana eles podem tratá-la durante trinta anos, porque não compreendem o ponto principal. Mas nos mosteiros zen não é dada nenhuma atenção à pessoa neurótica, ninguém pensa que é alguém importante; eles simplesmente a deixam sozinha; esse é o único tratamento. Ela tem que resolver suas próprias questões, ninguém se incomoda. Dentro de três semanas, ela sai de lá absolutamente normal.

A solidão tem um efeito terapêutico, é uma força de cura. Sempre que você sentir que está ficando confuso, não tente achar uma solução. Afaste-se da sociedade por alguns dias, por pelo menos três semanas, e apenas permaneça em silêncio, apenas observando a si mesmo, sentindo-se, apenas ficando com você, e você terá disponível uma tremenda força de cura. Por isso, no Oriente, muitas pessoas se mudaram para as montanhas, para as florestas, para algum lugar sozinhas, em algum lugar onde não haja ninguém para incomodar. Só você mesmo... para que possa se sentir diretamente, e possa ver o que está acontecendo dentro de si.

Com exceção de si mesmo, ninguém é responsável por você, lembre-se. Se você é louco, você é louco, você tem que resolver isso — é tarefa sua.

Isso é o que os hindus dizem: é o seu karma. O significado é muito profundo. Não é uma teoria. Eles dizem que seja lá o que você for é responsabilidade sua, então resolva o problema. Ninguém mais é responsável por você, só você é o responsável.

Então, vai para um confinamento solitário – para resolver as coisas, meditar sobre o seu próprio ser e os seus problemas. E essa é a beleza: se você puder ficar simplesmente quieto, vivendo com você mesmo por alguns dias, as coisas se ajeitarão automaticamente, porque um estado instável não é natural. Um estado incerto é antinatural, você não pode prolongá-lo por muito tempo; é preciso esforço para prolongá-lo. Simplesmente relaxe e deixe estar, e assista, não faça nenhum esforço para mudar nada. Lembre-se: se você tentar fazer qualquer mudança, vai continuar o mesmo, porque o próprio esforço continuará a perturbar as coisas.

É como ficar sentado ao lado de um rio: o rio flui, a lama se assenta no fundo, as folhas mortas vão para o mar; pouco a pouco o rio torna-se absolutamente limpo e cristalino. Você não precisa entrar nele para limpá-lo – se você entrar, vai turvar mais a água.

Basta assistir e as coisas acontecem. Essa é que é a teoria do karma: você já fez a maior bagunça, agora vá ficar sozinho.

Assim você não precisa descarregar seus problemas nos outros, não precisa descarregar suas doenças nos outros – você simplesmente se move sozinho; sofre por eles em silêncio, observa-os. Basta sentar-se na margem do rio da sua mente. As coisas se acalmam. Quando as coisas se acalmam, você tem uma clareza, uma percepção. Então você volta para o mundo – se sentir vontade. Isso também não é uma necessidade, também não deve ser uma obsessão. Nada deve ser uma obsessão, nem o mundo nem a montanha.

Sempre que você sente que é natural, sempre que você sente que algo é bom e cura você, sempre que você sente que está inteiro naquilo, não está dividido – esse é o caminho. A montanha é transposta. Você alcançou o caminho – agora siga-o, agora flua para ele. A montanha é o problema. O caminho está acessível quando você transpuser a montanha. E você acumulou essa montanha em muitas vidas – seus karmas, seja o que for que você tenha feito. Agora está pesado dentro de você.

Um mestre que viveu como eremita numa montanha foi questionado por um monge...

Um buscador...

"Qual é o caminho?" "Que bela montanha é esta!", o mestre respondeu.

Parece absurdo, porque o homem está perguntando sobre o caminho e o mestre está dizendo algo sobre a montanha. Parece absolutamente irracional, estranho, porque o homem não perguntou nada sobre a montanha.

Lembre-se, esta é a minha situação. Você pergunta sobre A, eu falo sobre B; você pergunta sobre o caminho, e eu falo sobre a montanha. Se você me ama, só então pode sentir, se você simplesmente me ouvir, eu sou absurdo — porque eu não estou falando com relevância. Se eu falar com relevância, não posso ajudá-lo; esse é o problema. Se eu disser algo que pareça relevante para você, isso não vai ser de muita ajuda, porque você é o problema e, se eu falar com relevância, isso significa que eu estou me ajustando a você. Mesmo se para você eu pareça relevante, isso significa que algo deu errado. Pela natureza do fenômeno em si, eu tenho que ser irrelevante.

Vou parecer absurdo, irracional. E essa diferença entre a pergunta e a resposta só pode ser superada se você tem confiança. Caso contrário, ela não pode ser superada. Como superá-la? A diferença entre o buscador e o mestre, o discípulo e o mestre, a diferença entre a pergunta e a resposta — porque você pergunta sobre o caminho e a resposta dada é sobre a montanha — como transpor isso?

Assim, a confiança torna-se muito, muito significativa. Não o conhecimento, não a lógica, não a capacidade argumentativa, não, mas uma profunda confiança, que pode transpor a resposta irrelevante, que pode ver profundamente através da irrelevância e pode ter um vislumbre da relevância.

"Que bela montanha é esta!", o mestre respondeu. "Eu não estou perguntando sobre a montanha", disse o monge "mas sobre o caminho."

Ele se apega à pergunta que fez. Se você se apegar você vai perder — porque você está errado, a sua pergunta não pode estar certa, isso é impossível. Como

95

você pode fazer uma pergunta certa? Se você puder fazer a pergunta certa, a resposta certa não está muito longe, ela está escondida ali. Se você puder fazer uma pergunta certa, você já está certo! E com uma mente que já está certa, como a resposta pode permanecer oculta? Não, tudo o que você pergunta, tudo o que você diz, carrega *você*.

Aconteceu:

O Mulá Nasrudin estava ficando cada vez mais gordo, cada vez mais robusto. O médico aconselhou uma dieta.

Depois de dois meses, o Mulá foi ao médico. O médico disse: "Meu Deus! É um milagre! Você está ainda mais gordo do que antes! Eu não posso acreditar nos meus olhos! Você seguiu rigorosamente a dieta que eu passei? Você está comendo apenas o que eu prescrevi e nada mais?".

Nasrudin disse: "Absolutamente nada! É claro que estou seguindo sua dieta".

O médico não podia acreditar. Ele disse: "Diga-me, Nasrudin, absolutamente nada?".

Nasrudin disse: "Claro! Exceto minhas refeições regulares". Refeições regulares, mais a dieta que o médico prescreveu.

Mas isso tem que ser assim. Sua mente acompanha tudo o que você faz, o que você pergunta, o que você pensa — ela influencia tudo. Você não pode fazer uma pergunta certa. Se você puder fazer uma pergunta certa, não há necessidade de perguntar, porque o certo é a questão, não a pergunta e não a resposta. Se você está certo, você faz a pergunta certa — de repente, a resposta certa está ali. Se você pode fazer uma pergunta certa, você simplesmente não tem necessidade de ir a lugar nenhum, basta fechar os olhos e fazer a pergunta certa e você vai encontrar a resposta certa ali.

O problema não é a resposta certa, o problema não é o caminho; o problema é a montanha, o problema é a mente, o problema é você.

"Que bela montanha é esta!", o mestre respondeu. "Eu não estou perguntando sobre a montanha", disse o monge "mas o caminho." O mestre respondeu: "En-

quanto você não puder ir além da montanha, meu filho, não poderá alcançar o caminho".

Muitas coisas para serem entendidas – para serem sentidas, de preferência.

O mestre respondeu: "Enquanto você não puder ir além da montanha, meu filho, não poderá alcançar o caminho".

Por que, de repente, "meu filho"? Até agora, o mestre não usou uma única palavra afetuosa; por que, de repente, "meu filho"? Porque agora a confiança será necessária, e você não pode conquistar a confiança de uma pessoa só dizendo alguma coisa, mesmo que seja a verdade absoluta. A confiança só pode ser criada se o mestre for amoroso, porque só o amor conquista a confiança. No lado do discípulo a confiança é necessária, *shraddha*, uma fé profunda é necessária. Mas a fé só surge quando o mestre diz "meu filho".

Agora a coisa está se movendo de forma diferente. Não é uma relação intelectual, ela está se tornando uma relação do coração. Agora, o mestre está se tornando mais um pai do que um mestre, agora o mestre está se movendo em direção ao coração. Ele agora está criando um relacionamento.

Se você fizer perguntas orientadas pela cabeça e o mestre continuar respondendo-as, pode ser um diálogo na superfície, mas não pode ser um diálogo. Vocês podem se cruzar, mas vocês não podem se encontrar dessa forma. Quando as pessoas falam, ouça-as: elas se cruzam, mas nunca se encontram. Isso não é um diálogo. Ambas permanecem enraizadas em si mesmas, nunca fazem nenhum esforço para alcançar a outra. "Meu filho" é um esforço por parte do mestre para chegar ao monge. Ele está preparando o caminho para o discípulo confiar.

Mas novamente surge um problema, porque o discípulo pode pensar: "Isso é demais! Eu não vim aqui em busca de amor, eu vim aqui em busca de conhecimento". Mas um mestre não pode lhe dar conhecimento. Ele pode lhe dar sabedoria, e a sabedoria só vem através do veículo do amor. Assim, de repente, ele diz: *"Enquanto você não puder ir além da montanha, meu filho, não poderá alcançar o caminho".*

Só mais uma coisa ele diz: *"Que bela montanha é esta!"*. Para uma pessoa iluminada, até mesmo a loucura é linda. Para uma pessoa não iluminada, nem mesmo a iluminação é bonita. Toda a atitude muda. Ele diz: *Que bela montanha!* Para uma pessoa iluminada, até mesmo a sua neurose é uma coisa bonita; ela aceita isso também; ela tem que ser transposta, mas não destruída. A pessoa tem que ir além dela, mas ela é linda enquanto dura. A pessoa tem que chegar ao outro lugar, mas o objetivo não é a coisa — a coisa é cada momento, viver o objetivo aqui e agora.

Para uma pessoa iluminada, tudo é lindo e para uma pessoa não iluminada, tudo é feio. Para uma pessoa não iluminada, existem duas categorias: menos feio, mais feio. Não existe beleza. Quando você diz a uma pessoa, "Você é linda", na verdade está dizendo: "Você é menos feia". Observe quando você disser isso novamente, e então descubra o que você realmente quer dizer. Você realmente quer dizer linda? Porque isso é impossível para a sua mente; sua mente não pode ver beleza, você não é tão perspicaz. No máximo, você pode conseguir dizer que essa pessoa é menos feia do que outras — e menos feia pode se tornar mais feia a qualquer momento, apenas com uma mudança no estado de espírito.

Seu amigo não é nada mais que a pessoa menos hostil com você. Você tem que ser assim porque a sua mente está tão confusa, o caos é tamanho...; tudo é confuso, obscuro, você não pode ver direto. Seus olhos estão cobertos com milhões de camadas, é realmente um milagre você conseguir até mesmo ver; você está completamente cego.

Você não pode ouvir, você não pode ver, você não pode tocar, você não pode cheirar. Tudo o que você faz é impuro; muitas coisas interferem. Você ama, e milhões de coisas estão lá: imediatamente você começa a ficar possessivo, e você nunca sabe que ser possessivo faz parte do ódio, não faz parte do amor. O amor nunca pode possuir. Amar é dar liberdade para o outro. O amor é uma dádiva incondicional, não é uma barganha. Mas para a sua mente, o amor nada mais é do que menos ódio, só isso. No máximo você pensa, "Eu posso tolerar essa pessoa; eu não consigo tolerar essa pessoa, por isso eu não posso amá-la. Essa pessoa eu posso tolerar". Mas a avaliação continua negativa.

Quando você é iluminado, a avaliação torna-se positivo. Então tudo é bonito, até mesmo a sua montanha, a sua neurose é bonita — até mesmo um louco é algo bonito. A beleza pode ter se perdido um pouco, mas ainda é bonita. A existência pode ter se desencaminhado um pouco e pecado, mas é existência.

Portanto, nada pode estar errado para uma pessoa iluminada. Tudo está certo – menos certo, mais certo. A diferença entre o Diabo e Deus não é nada, a única diferença é só menos ou mais. Deus e o Diabo não são dois polos, inimigos.

Os hindus têm belas palavras; nenhum outro país é tão sensível com relação às palavras. O sânscrito é realmente algo que não existe em nenhum outro lugar – pessoas muito perceptivas! A palavra inglesa *devil* (diabo) vem da mesma raiz que *deva*; *deva* significa Deus. Diabo e Deus vêm da mesma raiz, *dev*. Dev significa luz; do mesmo *dev* vem o diabo; e do mesmo *dev* vem deva, *devata*, o divino. As palavras "divino" e "diabo" vêm da mesma raiz sânscrita *dev*. É um fenômeno. Seu modo de ver pode ser diferente, o seu ponto de vista pode ser diferente, mas é um fenômeno. Uma pessoa iluminada vai dizer até mesmo para o diabo: "Que lindo! Que divino! Que maravilha!".

Aconteceu:

Uma mística muçulmana, Rabiya al-Adabiya, mudou muitas passagens do seu Alcorão. Todos os trechos em que ele dizia: "Odeie o Diabo", ela riscou. Uma vez outro místico, Hassan, estava com Rabiya, e no caminho ele se esqueceu da sua própria cópia do Alcorão em algum lugar e, pela manhã, para as orações da manhã, ele precisava dele. Então pediu a cópia de Rabiya; Rabiya emprestou-a a ele. Ele ficou um pouco surpreso no início, porque o Alcorão estava cheio de poeira – isso significava que ele não era usado todos os dias. Ele não estava acostumado ao modo como as coisas eram ali; durante muitos meses a escritura não tinha sido usada. Mas ele pensou que seria indelicado dizer alguma coisa, por isso ele abriu o Alcorão e começou sua oração da manhã.

Então ele se surpreendeu ainda mais, ficou até chocado, porque ninguém pode corrigir o Alcorão, e havia muitas correções. Onde quer que ele dizia: "Odeia o Diabo", Rabiya tinha simplesmente riscado, rejeitado completamente.

Hassan não conseguia orar, ele estava tão perturbado! Aquela Rabiya havia se tornado uma herege, ela havia se tornado uma ateia, ou o quê?... Porque é impossível para um muçulmano conceber que você possa corrigir o Alcorão. É a palavra de Deus, ninguém pode corrigi-lo. É por isso que eles dizem que agora não virão mais profetas, porque se um profeta vier de novo e ele disser algo que não está no Alcorão, isso vai criar problemas. Assim, as portas foram fechadas depois de Maomé — ele foi o último profeta.

E eles são muito espertos. Dizem que existiram muitos outros profetas no passado: Maomé não é o primeiro, mas ele é o último. Agora mais nenhuma mensagem virá de Deus — ele transmitiu sua mensagem final através de Maomé. Então, como essa mulher Rabiya se atreve a...? Ela está corrigindo o Alcorão? Hassan não conseguia orar, ele estava muito perturbado. Ele terminou de algum modo, foi até Rabiya...

Rabiya era uma mulher iluminada. Muito poucas mulheres atingiram a iluminação em todo o mundo; Rabiya é uma delas. Olhando para Hassan, ela disse: "Parece que você não conseguiu fazer as suas orações. Parece que a poeira sobre o Alcorão perturbou você. Então, você ainda está ligado a coisas como poeira? E parece que minhas correções no Alcorão devem tê-lo deixado muito chocado".

Hassan disse: "Como... como você sabe?".

Rabiya disse: "Eu passei por você quando estava orando e senti ao seu redor muita perturbação; não era uma oração compenetrada, absolutamente. Era tão neurótica..., as vibrações... Então, qual é o problema? Diga-me e acabe logo com isso!".

Hassan disse: "Já que você começou a conversa mesmo... não acho que eu seja mal-educado, mas eu não posso acreditar que uma mulher como você seja capaz de corrigir o Alcorão!".

Rabiya disse: "Mas veja primeiro a minha dificuldade: no momento em que eu vim a perceber, no momento em que fiquei cara a cara com o divino, depois disso, em todo rosto eu vejo o mesmo rosto. Nenhum outro rosto é possível. Até mesmo se o diabo ficar diante de mim, vejo o mesmo rosto. Então, como posso odiar o diabo agora que eu percebi o rosto do divino que passei a ver? Agora, todo rosto é o rosto do divino. Eu tive que corrigi-lo, e se alguma vez eu me encontrar com Maomé eu tenho que lhe dizer francamente que essas palavras não são boas. Elas podem ser boas para os ignorantes, porque os ignorantes dividem, mas elas não são boas para aqueles que sabem, porque eles não podem dividir".

Assim, o mestre diz:

"*Que bela montanha é esta!*"

Tudo é belo e divino para um homem que sabe.

"*Eu não estou perguntando sobre a montanha*", disse o monge "*mas o caminho.*"

Você já observou que você nunca faz nenhuma pergunta sobre si mesmo, sobre a montanha, você sempre pergunta sobre o caminho? As pessoas vêm a mim e perguntam: "O que fazer? Como chegar até Deus? Como se tornar iluminado?". Elas nunca perguntam: "Como ser?". Elas nunca perguntam nada sobre si mesmas, como se estivessem absolutamente bem — apenas o caminho está faltando. O que você acha? Você está absolutamente bem, só que o caminho está faltando? Então, alguém pode dizer: "Vá para a direita e, em seguida, vire à esquerda e você está no caminho?".

Não é tão simples. O caminho está bem diante de você. Não está lhe faltando o caminho, absolutamente. Você nunca o perdeu, ninguém pode perdê-lo — mas você não pode olhar para ele, porque você é uma montanha.

Não é uma questão de encontrar o caminho, é uma questão de encontrar a si mesmo, quem você é. Quando você conhece a si mesmo, o caminho aparece; quando você não conhece a si mesmo, o caminho não aparece.

As pessoas continuam perguntando sobre o caminho, e há milhões de caminhos propostos, mas não pode haver milhões. Existe apenas um caminho. O mesmo caminho passa diante dos olhos de Buda, e o mesmo caminho passa diante de Lao-Tsé, e o mesmo caminho passa diante de Jesus. Milhões são os viajantes, mas o caminho é um só, o mesmo. Esse é o Tao, o Dharma, o Logos de Heráclito — é um só.

Milhões são os viajantes, mas o caminho é um só. Não existe um milhão de caminhos, e você não o perdeu; mas você sempre pergunta sobre o caminho, e sempre se enreda nos caminhos, porque, quando você pergunta, quando as pessoas tolas perguntam, existem pessoas mais tolas para responder a elas. Se você perguntar e insistir em ter uma resposta, então alguém tem que fornecê-la. Essa é a lei da economia: você cria a demanda e haverá um abastecimento. Você faz uma pergunta tola e uma resposta tola será dada... porque não acho que você seja o tolo final; existem tolos melhores. Tolos menores se tornam discípulos e tolos melhores se tornam "mestres". Você pergunta, e eles fornecem a resposta.

Então há milhões de caminhos, e sempre em conflito. Um muçulmano diria: você não pode alcançar por meio desse caminho porque ele não leva a lugar nenhum, ele leva a um beco sem saída. Venha para o nosso caminho – e se você não ouvir vamos matá-lo. Os cristãos são persuasivos: venha para o nosso caminho. Eles são mais inteligentes que os muçulmanos; eles não matam, na verdade, eles subornam, eles seduzem, eles dão pão, dão hospitais, dão remédio, e dizem: "Venha para o nosso caminho! Onde você está indo?". Eles são comerciantes, e sabem como subornar as pessoas, eles converteram milhões apenas dando coisas a elas.

Existem os hindus, eles vão dizer: Nós estamos de posse de toda a verdade. E eles são tão arrogantes que nem mesmo se dão ao trabalho de converter ninguém, lembre-se: vocês são tolos, vocês não precisam ser convertidos. Eles são tão arrogantes que pensam: Nós sabemos o caminho; se vocês quiserem, podem vir conosco. Nós não vamos suborná-los ou matá-los – vocês não são tão importantes assim. Vocês podem vir se quiserem, mas nós não vamos fazer nenhum esforço. E há trezentas religiões no mundo, e cada religião pensa que esse é o único caminho, *o* caminho, e todos os outros são falsos.

Mas a questão não é o caminho, a pergunta não é: "Que caminho é verdadeiro?". A questão é, você cruzou a montanha? A questão é, você foi além de si mesmo? A questão é, você consegue olhar para si mesmo de uma certa distância, como um observador? Então, o caminho é seu.

Maomé e Mahavira e Krishna e Cristo – todos eles percorreram o mesmo caminho. Maomé é diferente de **Mahavira**, Krishna é diferente de Cristo, mas eles andam no mesmo caminho – porque o caminho não pode ser muitos. Como muitos podem conduzir a um só? Só um pode levar você a um.

Portanto, não pergunte sobre o caminho e não pergunte sobre o método. Não pergunte sobre o remédio. Primeiro pergunte sobre a doença que você é. Primeiro é necessário um diagnóstico profundo, e ninguém pode fazer esse diagnóstico por você. Você criou e só o criador conhece todos os cantos e recantos.

Você criou, então só você sabe como essas complexidades surgem, e só você pode resolvê-las.

Um verdadeiro mestre simplesmente o ajuda a voltar a si. Uma vez que você está lá, o caminho se abre. O caminho não pode ser dado, mas você pode ser lançado sobre si mesmo. E então a verdadeira conversão acontece: não é um hindu se tornando um cristão ou um cristão se tornando um hindu, mas uma energia voltada para fora se tornando uma energia voltada para dentro — isso é conversão. Você se torna introspectivo. Toda a atenção se desloca para o interior, e então você vê toda a complexidade — a montanha. E se você simplesmente a vê, ela começa a se dissipar.

No início parece uma montanha, no final você vai ver que era apenas um montículo. Mas você nunca olhou para ela porque ela estava atrás de você, e ficou grande demais. Quando você a enfrenta, imediatamente ela diminui, torna-se um montículo, você pode rir disso. Então já não é um fardo. Você pode até aproveitá-la e às vezes pode ir até ela e fazer uma caminhada matinal.

Basta por hoje.

CAPÍTULO 5

A morte não é um fenômeno comum

Na morte de um paroquiano, mestre Dogo, acompanhado pelo seu discípulo Zengen, visitou a família enlutada.
Sem parar para expressar uma palavra de simpatia, Zengen subiu no caixão, bateu nele e perguntou a Dogo: "Ele está realmente morto?". "Eu não vou dizer", disse Dogo. "E então?", insistiu Zengen. "Eu não vou dizer e ponto final", disse Dogo.
No seu caminho de volta ao templo, o furioso Zengen voltou-se para Dogo e ameaçou: "Por Deus, se você não responder à minha pergunta, eu vou bater em você". "Tudo bem", disse Dogo, "pode bater".
Homem de palavra, Zengen deu uma boa pancada no mestre.
Algum tempo depois, Dogo morreu, e Zengen, ainda ansioso para ter sua pergunta respondida, foi até o mestre Sekiso e, depois de relatar o que tinha acontecido, fez a mesma pergunta a ele. Sekiso, como se estivesse conspirando com o falecido Dogo, não quis responder. "Por Deus!" gritou Zengen. "Você também?". "Eu não vou dizer", disse Sekiso "e ponto final."
Naquele mesmo instante, Zengen passou por um despertar.

A vida pode ser conhecida, a morte também, mas nada pode ser dito sobre elas. Nenhuma resposta é verdadeira; ela não pode ser pela própria natureza das coisas. Vida e morte são os mistérios mais profundos. É melhor dizer que elas não são dois mistérios, mas dois aspectos do mesmo mistério, duas portas para o mesmo segredo. Mas nada pode ser dito sobre elas. Seja o que for que você diga, vai se enganar.

A vida pode ser vivida, a morte também pode ser vivida. São experiências — a pessoa tem que passar por elas e conhecê-las. Ninguém pode responder às suas perguntas. Como a vida pode ser respondida? Ou a morte? A menos que você viva, a menos que você morra, quem é que vai responder?

Mas muitas respostas foram dadas; e, lembre-se, todas as respostas são falsas. Não há nada a escolher. Não é que uma resposta esteja correta e as outras respostas estejam incorretas; todas as respostas estão incorretas. Não há nada a escolher. Só a experiência pode responder, não as respostas.

Portanto, esta é a primeira coisa a ser lembrada quando você estiver diante de um verdadeiro mistério, não um enigma criado pelo homem. Se for um enigma criado pelo homem, isso pode ser respondido, porque, nesse caso, é um jogo, um jogo mental — você cria a pergunta, você cria a resposta. Mas, se você está diante de alguma coisa que não tenha criado, como você pode respondê-la? Como pode a mente humana respondê-la? É incompreensível para a mente humana. A parte não pode compreender o todo. O todo pode ser compreendido tornando-se o todo. Você pode saltar para ele e se perder — e haverá a resposta.

Vou contar uma historinha que Ramakrishna gostava de contar. Ele costumava dizer: uma vez aconteceu de haver um grande festival à beira-mar, na praia. Milhares de pessoas estavam reunidas ali e de repente todos se viram interessados por uma pergunta: se o mar é imensurável ou mensurável; se existe, ele tem fundo ou não; é sondável ou insondável? Por acaso, havia lá um homem completamente feito de sal. Ele disse: "Vocês esperem aí, discutam e eu vou para o oceano descobrir, porque, como se pode saber a menos que se vá até ele?".

Então, o homem de sal deu um salto no oceano. Horas se passaram, dias se passaram, então meses se passaram, e as pessoas começaram a ir para as suas casas. Elas esperaram por muito tempo, e o homem de sal não voltava.

O homem de sal, no momento em que entrou no oceano, começou a derreter, e quando ele chegou ao fundo não existia mais. Ele passou a saber a resposta — mas não podia voltar. E aqueles que não sabem, discutiram por um longo tempo. Eles podem ter chegado a algumas conclusões, porque a mente adora chegar a conclusões.

Depois que chega a uma conclusão, a mente se sente à vontade — daí tantas filosofias. Todas as filosofias existem para satisfazer uma necessidade: a mente pergunta e a mente não pode continuar com a pergunta; é desconfortável. Continuar com a pergunta parece inconveniente. Uma resposta é necessária; mesmo que seja falsa, ela vai servir, a mente sossega.

Dar um salto no mar é perigoso. E lembre-se, o que Ramakrishna diz é verdade: somos todos homens de sal no que diz respeito ao oceano – o oceano da vida e da morte. Somos homens de sal, que vão derreter dentro dele porque viemos dele. Nós somos feitos por ele, dele. Vamos derreter.

Então, a mente está sempre com medo de ir para o mar; ela é feita de sal, está condenada a se dissolver. Ela está com medo, por isso permanece na margem, discutindo as coisas, debatendo, argumentando, criando teorias – todas falsas, porque elas são baseadas no medo. Um homem corajoso vai dar o salto, e ele vai resistir a aceitar qualquer resposta que não seja conhecida por ele.

Somos covardes, por isso aceitamos a resposta de qualquer pessoa: Mahavira, Buda, Cristo, aceitamos as respostas deles. Essas respostas não podem ser as nossas respostas. O conhecimento de ninguém pode ser o nosso – eles podem ter vindo a saber, mas o conhecimento deles é só informação para você. Você vai ter que saber. Apenas quando for o seu próprio, isso é conhecimento, caso contrário isso não vai te dar asas. Pelo contrário, vai ficar pendurado em volta do seu pescoço como se fossem pedras, você vai se tornar um escravo dele. Você não vai alcançar a libertação, você não vai ser libertado por esse conhecimento.

Diz Jesus, "A verdade liberta". Você já viu alguém ser libertado por teorias? A experiência liberta, sim, mas teorias sobre toda a experiência? Não, nunca! Mas a mente tem medo de dar o salto, porque a mente é feita da mesma coisa que o universo; se der o salto, você estará perdido. Você saberá, mas só quando você não existir.

O homem de sal passou a saber. Ele tocou as próprias profundezas. Ele tocou o próprio centro, mas não pôde voltar. Mesmo se pudesse, como é que ele iria contar...? Mesmo se ele voltasse, a linguagem dele iria pertencer ao centro, às profundezas, e a sua linguagem pertence à margem, à periferia.

Não há nenhuma possibilidade de comunicação. Ele não pode dizer nada significativamente, só pode permanecer em silêncio significativamente, de forma significativa. Se disser algo, ele próprio vai se sentir culpado, porque vai saber imediatamente que tudo o que ele sabe não foi transferido por meio de palavras; a experiência dele é deixada para trás. Apenas palavras são deixadas para você, mortas, velhas, vazias. Palavras podem ser comunicadas, mas não a verdade. Esta só pode ser indicada.

O homem de sal pode dizer a você: "Você também pode vir". Ele pode lhe fazer um convite, "Salte comigo no oceano".

Mas você é muito inteligente. Você vai dizer: "Primeiro, responda à pergunta, caso contrário como eu vou saber que você está certo? Deixe-me primeiro considerar, pensar e meditar e ponderar, então eu vou seguir. Quando minha mente estiver convencida, então eu vou dar o salto".

Mas a mente não está convencida, não pode ser convencida. A mente nada mais é que um processo de dúvida; ela nunca pode ser convencida, ela pode continuar discutindo infinitamente, porque tudo o que você diz pode criar um argumento em torno dela.

Uma vez eu estava viajando com o Mulá Nasrudin. Numa estação, numa parada, um recém-chegado entrou no compartimento — talvez ele conhecesse Nasrudin. Ele disse: "Olá". Cumprimentaram-se e, em seguida, ele disse: "Como você está, Nasrudin?".

Nasrudin disse: "Tudo bem! Absolutamente bem!".

Então o homem disse: "E como está a sua esposa?".

Nasrudin disse: "Ela também está bem, obrigado".

"E como estão seus filhos?"

Nasrudin disse: "Eles estão todos muito bem, obrigado".

Fiquei surpreso. Quando o homem saiu em outra parada, eu perguntei a Nasrudin, "Qual é o problema? Porque eu sei muito bem que você não tem esposa, você não tem filhos."

Nasrudin disse: "Eu também sei, mas por que começar uma discussão?".

Muitas vezes budas já acenaram para você só para não causar uma discussão. Eles permaneceram em silêncio só para não causar uma discussão. Eles não falaram muito, mas tudo o que eles disseram causou uma discussão suficiente em torno disso. Você é assim. Você vai tecer teorias, você vai fiar filosofias, e vai ficar tão absorto nelas que vai esquecer completamente que o oceano está logo ali. Você vai esquecer completamente que o oceano existe.

Os filósofos esquecem completamente o que é a vida. Eles continuam pensando e pensando e pensando e se perdem, porque a mente está distante da verdade. Quanto mais você está na mente, mais longe você está da verdade; quanto menos na mente, mais perto. Se não houver mente, mesmo por um único instante, você dá o salto, mas então você se torna um com o oceano.

Então a primeira coisa a lembrar é que, se é uma pergunta criada por você, não relacionada com o mistério existencial do universo, então ela pode ser respondida. Na verdade, apenas questões matemáticas podem ser respondidas. É por isso que a matemática é uma ciência tão clara e bem definida, porque a coisa toda é criada pelo homem. A matemática não existe no universo, é por isso que a matemática é a ciência mais pura – você pode ter certeza sobre ela; você criou o jogo inteiro.

As árvores estão lá, mas não uma árvore, duas, três árvores, quatro árvores – os números não existem lá. Você cria os números, você pode criar a própria base, e então você pergunta: "Quantos? Se somamos dois mais dois, qual é a conclusão, qual é o resultado?", você pode responder "Quatro", e essa resposta vai ser verdadeira, porque foi você quem criou o jogo todo, todas as regras: dois mais dois são quatro. Mas, na existência isso não é verdade porque na existência a aritmética não existe – isso é algo totalmente criado pelo homem. Então você pode continuar e continuar, e criar quanta matemática, quanta aritmética, você quiser.

Antes as pessoas pensavam que havia apenas uma matemática, agora elas sabem que pode haver muitas, porque o homem pode criá-las. Antes as pessoas achavam que havia apenas uma geometria, a de Euclides; agora elas sabem que se pode criar quantas geometrias se quiser, porque elas são criadas pelo homem. Então agora não existe a geometria euclidiana e geometria não euclidiana.

Muitos matemáticos brincaram com os números. Leibnitz trabalhava com três dígitos: um, dois, três. Na matemática de Leibnitz, dois mais dois não pode ser quatro, porque o quatro não existe: um, dois, três – apenas três dígitos existem; assim, na matemática de Leibnitz, dois mais dois serão dez, porque depois do três vem o dez. O quatro não existe. Einstein trabalhava com dois dígitos: um e dois, então dois mais dois na matemática de Einstein serão onze. E eles estão todos certos, porque todo o jogo é feito pelo homem. Depende de você.

Não há uma necessidade interior de se acreditar em nove ou dez dígitos, exceto que o homem tem dez dedos, então as pessoas começaram a contar com os dedos. É por isso que o dez se tornou a unidade básica em todo o mundo, caso contrário não há necessidade.

A matemática é um produto do pensamento: você pode fazer uma pergunta e a resposta certa pode ser dada a você –, mas com exceção da matemática, tudo avança rumo ao misterioso. Se algo pertence à vida, nenhuma resposta pode ser dada. E tudo que você disser vai ser destrutivo, porque o todo não pode ser dito. As palavras são tão estreitas, como um túnel; você não pode forçar o céu para dentro delas, é impossível.

A segunda coisa a lembrar: quando você pergunta alguma coisa a um mestre – um mestre não é um filósofo, ele não é um pensador, ele sabe, ele é um vidente. Quando você pergunta algo a um mestre, não procure e não espere uma resposta dele, porque *ele* é a resposta. Quando você perguntar algo, não fique atento à resposta; fique atento ao mestre, porque ele é a resposta. Ele não vai lhe dar nenhuma resposta, a presença dele é a resposta. Mas podemos nos desviar.

Você vai e faz uma pergunta, toda a sua mente está atenta à pergunta e você está esperando pela resposta – mas o mestre, todo o seu ser, a presença dele é a resposta. Se você olhar para ele, se você o vê, receberá uma indicação – o silêncio dele, a maneira como ele olha para você nesse momento, o caminho pelo qual ele anda, o jeito como ele se comporta, o modo como ele se cala ou fala. O mestre é a resposta, porque é uma indicação. O mestre pode lhe mostrar a verdade, mas não pode dizê-la. E sua mente está sempre obcecada com a resposta: "O que ele vai dizer?".

Se você vai a um mestre, aprenda a ficar atento à presença dele; não se deixe levar muito pela cabeça, e não insista, porque cada resposta só pode ser dada quando o momento está maduro. Não insista, porque não depende da sua insistência; uma coisa certa só pode ser dada quando você está pronto, quando você está maduro. Então, quando você estiver perto de um mestre, você pode fazer uma pergunta, mas, então, esperar. Você perguntou, então ele sabe. Mesmo que você não tenha perguntado, ele sabe o que está incomodando você por dentro. Mas ele não pode lhe dar nada agora, você pode não estar pronto; e, se você não está pronto e algo lhe for dado, não vai chegar a você, pois somente numa determinada disposição as coisas certas podem penetrar em você. Quando você está maduro, você pode entender. Quando está pronto, você está aberto, receptivo. A resposta será dada, mas não em palavras, o mestre irá revelá-la de muitas maneiras. Ele pode fazer isso. Ele pode inventar muitos métodos para indicá-la, mas você tem que estar pronto.

Só porque você tem uma pergunta, isso não significa que está pronto. Você pode fazer uma pergunta — até mesmo as crianças podem levantar questões tão misteriosas que nem mesmo um buda será capaz de respondê-las. Mas só porque você perguntou, só porque você é suficientemente articulado para formular uma pergunta, isso não significa que está pronto, porque as perguntas vêm de muitas e muitas fontes. Às vezes, você está simplesmente curioso. Um mestre não está lá para satisfazer as suas curiosidades, porque elas são infantis. Às vezes, você na verdade nunca quis dizer aquilo. Só pelo jeito como perguntou, você mostra que não está preocupado com aquilo e não usar a resposta de forma nenhuma. Alguém morre e você simplesmente faz a pergunta: "O que é a morte?" e no momento seguinte você já se esqueceu.

Curiosidade é uma coisa — ela é infantil e nenhum mestre vai perder tempo com as suas curiosidades. Quando você pergunta sobre uma determinada questão, ela pode ser apenas intelectual, filosófica; você está interessado, mas intelectualmente — você gostaria de uma resposta apenas para se tornar mais experiente, mas o seu ser permanecerá inalterado. Então, um mestre não está interessado, porque ele está interessado apenas em seu ser.

Quando você faz uma pergunta de tal forma, como se a sua vida e a sua morte dependessem disso, então, se não receber a resposta, você vai sair perdendo. Todo o seu ser vai permanecer com fome disso; você está com sede, todo o seu ser está pronto para recebê-la, e se a resposta for dada você vai digeri-la, ela se tornará o seu sangue e seus ossos e vai se mover no próprio ritmo do seu coração. Só então um mestre vai estar pronto para lhe responder.

Você faz uma pergunta... então o mestre vai tentar ajudá-lo a se preparar para receber a resposta. Entre a pergunta e a resposta do mestre pode haver uma grande lacuna. Você pergunta hoje e ele pode responder depois de doze anos, porque você tem que estar pronto para recebê-la, você tem que estar aberto, não fechado, e você tem que estar preparado para absorvê-la nas profundezas do seu ser.

Agora tente entender esta parábola:

> *Na morte de um paroquiano, mestre Dogo, acompanhado pelo seu discípulo Zengen, visitou a família enlutada.*
> *Sem parar para expressar uma palavra de simpatia, Zengen subiu no caixão, bateu nele e perguntou a Dogo: "Ele está realmente morto?".*

A primeira coisa: quando a morte está presente, você tem que ser muito respeitoso, porque a morte não é um fenômeno comum, é o fenômeno mais extraordinário em todo o mundo. Nada é mais misterioso do que a morte. A morte chega ao centro da existência e, quando um homem está morto, você está se movendo em solo sagrado; é o momento mais sagrado possível. Não, curiosidades comuns não podem ser permitidas. Elas são desrespeitosas.

No Oriente, particularmente, a morte é mais respeitada do que a vida — e o Oriente viveu muito tempo para chegar a essa conclusão. No Ocidente, a vida é mais respeitada do que a morte, daí tanta tensão, tanta preocupação e tanta angústia, tanta loucura.

Por quê? Se respeita mais a vida, você vai ter medo da morte, e então a morte vai parecer antagônica, o inimigo; e se a morte é o inimigo, você permanecerá tenso durante toda a sua vida, porque a morte pode acontecer a qualquer momento. Você não a aceita, você a rejeita, mas não pode destruí-la. A morte não pode ser destruída. Você pode rejeitá-la, você pode negá-la; você pode ficar com medo, assustado, mas ela está lá, bem na esquina, sempre com você como uma sombra. Você vai viver tremendo durante toda a sua vida — e você está tremendo. E, no medo, em todos os medos, se procurar profundamente, você encontra o medo da morte.

Sempre que você está com medo, algo está lhe dando uma indicação da morte. Se o seu banco vai à falência e você está cheio de temor e tremor, ansiedade, isso também é a ansiedade com relação à morte, porque o seu saldo bancário não era nada mais do que segurança contra a morte. Agora você está mais aberto, vulnerável. Agora, quem vai proteger você se a morte bater à porta? Se você ficar doente, se você ficar velho, então quem vai cuidar de você? A garantia estava lá no banco, e o banco faliu.

Você se apega ao prestígio, poder, posição, porque, quando você tem uma posição, você é tão importante que é mais protegido pelas pessoas. Quando você não tem nenhum poder, você se torna tão impotente que ninguém vai se preocupar de forma alguma com você. Quando você está no poder, você tem amigos, familiares, seguidores; quando não tem poder, todo mundo vai embora. Havia uma proteção, havia alguém lá para cuidar; agora ninguém se importa. Tudo o que você teme, se você procurar profundamente, encontrará sempre a sombra da morte em algum lugar.

Você se apega a um marido, você está com medo de que ele possa ir embora, ou você se apega a uma esposa, tem medo de que ela possa deixá-lo. Qual é o medo? É realmente o medo de um divórcio, ou é o medo da morte? É o medo da morte... porque no divórcio você fica sozinho. O outro dá proteção, a sensação de que você não está sozinho, outra pessoa está com você. Nos momentos em que uma pessoa é necessária, você vai ter alguém para olhar por você. Mas a mulher o deixou, ou o marido a deixou, e agora você está sozinho, um estranho. Quem vai proteger você? Quem vai cuidar de você quando você estiver doente?

Quando as pessoas são jovens, não precisam tanto de uma esposa ou um marido, mas quando elas são velhas essa necessidade é maior. Quando você é jovem, o relacionamento é sexual. Quanto mais velho você fica, mais ela se torna uma relação de vida, porque agora, se a outra o deixar, a morte está bem ali. Do que quer que você tenha medo, tente explorar, e você vai encontrar a morte escondida em algum lugar ali atrás. Todo medo é da morte. A morte é a única fonte de medo.

No Ocidente, as pessoas são muito assustadas, preocupadas, ansiosas, porque têm que lutar continuamente contra a morte. Você ama a vida, você respeita a vida – é por isso que no Ocidente os velhos não são respeitados. Os jovens são respeitados, porque os idosos se aproximaram mais da morte do que você, pois eles já estão nas garras dela. A juventude é respeitada no Ocidente – e a juventude é um fenômeno transitório, que já está escapando das suas mãos.

No Oriente, os velhos são respeitados, porque no Oriente a morte é respeitada; e pelo fato de no Oriente a morte ser respeitada, não existe medo da morte. A vida é apenas uma parte, a morte é o ponto culminante. A vida é apenas o processo, a morte é o crescendo. A vida é apenas o avançar, a morte é o alcançar. E ambos são uma coisa só! Portanto, o que você vai respeitar mais, o caminho ou o objetivo? O processo ou o florescer?

A morte é a flor, a vida é nada mais do que a árvore. E a árvore está ali pela flor, a flor não está ali pela árvore. A árvore deve ficar feliz e a árvore deve dançar quando surgir a flor.

A morte é aceita; não só aceita, mas bem-vinda. Ela é uma convidada divina. Quando ela bate à porta, isso significa que o universo está pronto para recebê-lo de volta.

No Oriente, nós respeitamos a morte. E esse jovem Zengen simplesmente entrou sem nem mesmo expressar uma palavra de simpatia ou respeito. Ele simplesmente ficou curioso. Não só isso, ele foi muito desrespeitoso — bateu no caixão e perguntou a Dogo: *ele está realmente morto?* A pergunta era bonita, mas não foi feita no momento certo. A pergunta estava certa, mas o momento que ele escolheu estava errado. Ser curioso diante da morte é infantil. A pessoa tem que ser respeitosa e silenciosa. É a única maneira de ter um relacionamento com o fenômeno.

Quando alguém morre, é realmente algo muito profundo que está acontecendo. Se você puder apenas se sentar e meditar, muitas coisas serão reveladas. Questionar é tolice. Se a morte está presente, por que não meditar? O questionamento pode ser apenas um truque para evitar a coisa, pode ser apenas uma medida de segurança, para evitar olhar para a morte diretamente.

Eu observo quando as pessoas vão queimar ou cremar alguém — elas começam a falar muito. No lugar da cremação discutem muito sobre coisas filosóficas. Na minha infância, eu adorava seguir todo mundo. Aonde quer que alguém tivesse morrido, eu estava lá. Até os meus pais ficavam com muito medo; eles diziam: "Por que você vai? Nós nem sequer conhecemos esse homem. Não precisa ir".

Eu dizia: "Isso não importa. Quem é o homem não importa. A morte... é um fenômeno tão bonito, e um dos mais misteriosos... Não se deve perdê-la". Então, no momento em que eu sabia que alguém tinha morrido eu ia lá, sempre observando, esperando, testemunhando o que estava acontecendo.

E eu vi pessoas discutindo muitas coisas, problemas filosóficos como: O que é a morte? E alguém dizia: "Ninguém morre. O mais recôndito eu é imortal". Elas discutem os Upanishads, o Gita, e citam autoridades. Comecei a sentir que elas estão evitando; apenas se envolvendo numa discussão, elas estão evitando o fenômeno que está acontecendo. Elas não estão olhando para o morto. E a coisa está lá! A morte está lá, e você está discutindo a respeito! Que idiotice!

Você tem que ficar em silêncio. Se conseguir ficar em silêncio quando a morte estiver presente, de repente você vai ver muitas coisas, porque a morte não é apenas uma pessoa parando de respirar. Muitas coisas estão acontecendo. Quando uma pessoa morre, sua aura começa a diminuir. Se você ficar em silêncio, pode sentir – uma força energética, um campo de energia vital, diminuindo, recuando para o centro.

Quando uma criança nasce, justamente o oposto acontece. Quando uma criança nasce, a aura começa a se expandir; ela começa perto do umbigo. Assim como se você jogar uma pedrinha num lago tranquilo, isso vai produzir ondulações – elas vão se espalhando, vão se espalhando... A respiração, quando uma criança nasce, é como uma pedra no lago; quando a criança respira o centro do umbigo é atingido. A primeira pedra foi lançada no lago tranquilo, e as ondulações continuam se espalhando.

Ao longo de toda a sua vida a sua aura continua se expandindo. Perto dos 35 anos, a aura está concluída, em seu apogeu. Então, ela começa a diminuir. Quando uma pessoa morre, a aura volta para o umbigo. Quando ela atinge o umbigo, torna-se uma energia concentrada, uma luz concentrada. Se você ficar em silêncio, pode senti-la, você vai sentir um puxão. Se você se sentar perto de um homem morto, vai sentir como se uma brisa sutil estivesse soprando em direção ao homem morto e você fosse puxado. O homem morto está contraindo toda a sua vida, todo o campo que ele foi.

Muitas coisas começam a acontecer em torno de um homem morto. Se ele amava uma pessoa profundamente, isso significa que ele deu parte da sua energia vital para essa pessoa, e, quando uma pessoa morre, imediatamente aquela parte que ele deu para outra pessoa deixa essa pessoa e se move para o morto. Se você morrer aqui e seu amante mora em Hong Kong, alguma coisa vai sair do seu amante imediatamente, porque você deu uma parte de sua vida e essa parte voltará para você. É por isso que, quando um ente querido morre, você sente que algo deixou você também, algo de você morreu também. Uma ferida profunda, uma lacuna profunda existe agora.

Sempre que um amante morre, algo na amada também morre, porque eles estiveram envolvidos um com o outro. E, se você amou muitas, muitas pessoas — por exemplo, se uma pessoa como Dogo morre, ou um buda — do universo inteiro a energia volta a recuar para o centro. É um fenômeno universal, porque ele está envolvido com muitas e muitas vidas, milhões de vidas, e de todos os lugares a energia vai voltar. As vibrações que ele irradiou para muitos vão deixá-los, elas vão voltar para a fonte original, vão se tornar novamente uma concentração perto do umbigo.

Se você prestar atenção, vai sentir as ondulações voltando em uma ordem inversa e, quando elas estiverem totalmente concentradas no umbigo, você poderá ver uma tremenda energia vital, uma tremenda força de luz. E, então, esse centro deixa o corpo. Quando um homem "morre", isso é simplesmente uma interrupção da respiração, e você acha que ele está morto. Ele não está morto, isso leva tempo. Às vezes, se a pessoa esteve envolvida com milhões de vidas, leva muitos dias para ela morrer — é por isso que com os sábios, com os santos, especialmente no Oriente, nunca se queimam os corpos deles. Apenas os santos não são queimados; com exceção deles, todo mundo é queimado, pois o envolvimento com os outros não é tão grande. Em poucos minutos a energia se reúne e eles não fazem mais parte desta existência.

Mas com os santos, a energia leva tempo. Às vezes ela permanece por muito tempo. É por isso que, se você for a Shirdi, a cidade de Sai Baba, você ainda vai sentir algo acontecendo, a energia ainda continua vindo; ele está tão envolvido que, para muitas pessoas, ele ainda está vivo. O túmulo de Sai Baba não está morto. Ele ainda está vivo. Mas você não vai sentir a mesma coisa perto de muitas tumbas — eles estão mortos. Por "morto" eu quero dizer que eles acumularam todo o seu envolvimento, eles desapareceram.

Quando eu morrer, não enterrem meu corpo, não o queimem, porque eu vou estar envolvido com vocês, com muitos de vocês. E, se puderem sentir, então um sábio continua vivo durante muitos anos, por vezes milhares de anos — porque a vida não é somente do corpo. A vida é um fenômeno de energia. Isso depende do envolvimento, de com quantas pessoas ele estava envolvido. E uma pessoa como Buda não está envolvida apenas com as pessoas; ele está envolvido até mesmo com as árvores, os pássaros, os animais; seu envolvimento é tão profundo que, se ele morrer, a sua morte vai demorar pelo menos quinhentos anos.

Há relatos de que Buda disse: "Minha religião será uma força viva por apenas quinhentos anos". E o significado está aqui, porque ele vai ser uma força viva por quinhentos anos. Vai demorar quinhentos anos para ele sair totalmente do envolvimento.

Quando a morte acontecer, fique em silêncio. Assista.

Em todo o mundo, sempre que homenagear um homem morto, você fica silencioso, você permanece em silêncio por dois minutos – sem saber por quê. Essa tradição é seguida em todo o mundo. Por que o silêncio?

A tradição é significativa. Você pode não saber por quê, você pode não estar ciente, e seu silêncio pode ser preenchido por tagarelice interior, ou você pode fazer isso apenas como um ritual – isso é com você. Mas o segredo está lá.

Sem parar para expressar uma palavra de simpatia, Zengen subiu no caixão, bateu nele e perguntou a Dogo: "Ele está realmente morto?".

A pergunta dele está certa, mas o tempo não está certo. Ele escolheu a ocasião errada. Esse não é o momento de se falar sobre isso, esse é o momento de *estar* com isso. E o homem que está morto deve ter sido alguém muito profundo, caso contrário Dogo não estaria indo prestar seus respeitos. Dogo é um homem iluminado. O discípulo que está morto deve ter sido alguém importante. E Dogo estava ali para fazer algo a mais por ele. Um mestre pode ajudá-lo quando você está vivo, um mestre pode ajudá-lo ainda mais quando você está morto – porque na morte uma entrega profunda acontece.

Na vida, você sempre está resistindo, lutando, até com o seu mestre; sem se render, ou se entregando sem entusiasmo – o que não significa nada. Mas quando você está morrendo, a entrega é mais fácil, porque a morte e a rendição são o mesmo processo. Quando o corpo inteiro está morrendo, você pode se entregar facilmente. Lutar é difícil, a resistência é difícil. Já que a sua resistência está sendo quebrada, seu corpo está avançando para um deixar acontecer; isso é a morte.

Dogo estava lá por algo especial, e esse discípulo fez uma pergunta. A pergunta está correta, mas o tempo não está correto.

> *"Eu não vou dizer", disse Dogo. "E então?", insistiu Zengen. "Eu não vou dizer e ponto final", disse Dogo.*

Primeira coisa: o que pode ser dito sobre a morte? Como você pode dizer qualquer coisa sobre a morte? Não é possível que uma palavra transmita o significado da morte. O que significa a palavra "morte"? Na verdade, não significa nada. O que você quer dizer quando usa a palavra morte? É simplesmente uma porta além da qual não sabemos o que acontece. Vemos um homem desaparecendo por uma porta; podemos ver a porta, e em seguida o homem simplesmente desaparece. Sua palavra "morte" pode transmitir somente o sentido da porta. Mas o que acontece realmente além da porta? Porque a porta não é a coisa.

A porta está lá para ser atravessada. Então o que acontece com aquele que desaparece pela porta e não podemos ver mais além? E o que é essa porta? Apenas a parada da respiração? A respiração de toda a vida? Você não tem nada além da respiração? A respiração para... o corpo se deteriora... se você for só corpo e respiração, então não há problema. Então a morte não é nada. Não é uma porta para nada. É simplesmente uma parada, não um desaparecimento. É só como um relógio.

O relógio estava tiquetaqueando, funcionando, então ele para; você não pergunta para onde foi o tique-taque — o que não faria sentido! Ele não foi a lugar nenhum. Ele não saiu dali absolutamente, ele simplesmente parou; era um mecanismo e algo deu errado no mecanismo. Você pode reparar o mecanismo, então ele irá tiquetaquear de novo. A morte é como um relógio parando? Só isso?

Se for assim, não é um mistério, não é nada, na verdade. Mas como a vida pode desaparecer tão facilmente? A vida não é mecânica. Vida é consciência. O relógio não está consciente — você pode ouvir o tique-tique, o relógio nunca o escuta. Você pode ouvir seu próprio batimento cardíaco. Quem é esse ouvinte? Se só o batimento do coração é a vida, então quem é esse ouvinte? Se a respiração é a única vida, como você pode estar consciente de sua respiração? É por isso que todas as técnicas orientais de meditação utilizam a consciência da respiração como uma técnica sutil, porque, se você fica consciente da respiração, então quem é essa consciência? Deve ser algo além da respiração, porque você pode olhar para ela e o observador não pode ser o objeto. Você pode testemunhar isso, você pode fechar os olhos e pode ver a sua respiração entrando e saindo. Quem é esse vidente, o testemunho? Deve ser uma força separada que não depende da respiração. Quando a respiração desaparece é a parada de um relógio, mas para onde essa consciência vai? Para onde é que essa consciência se move?

A morte é uma porta, não é uma parada. A consciência se move, mas seu corpo permanece na porta — assim como você veio aqui e deixou seus sapatos na porta. O corpo é deixado do lado de fora do templo, e sua consciência entra no templo. É o mais sutil dos fenômenos, a vida não é nada diante dele. Basicamente, a vida é apenas uma preparação para a morte, e somente aqueles que são sábios aprendem na sua vida como morrer.

Se você não sabe como morrer, você perdeu todo o sentido da vida: é uma preparação, é um treinamento, é uma disciplina.

A vida não é o fim, é apenas uma disciplina para aprender a arte de morrer. Mas você está com medo, você está apavorado; diante da própria palavra "morte", você começa a tremer. Isso significa que você ainda não conheceu a vida, porque a vida nunca morre. A vida não pode morrer.

Em algum lugar, você se identificou com o corpo, com o mecanismo. O mecanismo é feito para morrer, o mecanismo não pode ser eterno, porque o mecanismo depende de muitas coisas, mas é um fenômeno condicionado. A consciência é incondicional, não depende de nada. Ela pode flutuar como uma nuvem no céu, não tem raízes, não é causada, ela nunca nasce, por isso nunca pode morrer.

Sempre que alguém morre, você tem que ser meditativo perto dessa pessoa, porque um templo está ali perto e ele é um terreno sagrado. Não seja infantil, não tenha curiosidades, fique em silêncio para que você possa assistir e ver. Algo muito, muito significativo está acontecendo — não perca o momento. E quando a morte está presente, por que perguntar sobre ela? Por que não olhar para ela? Por que não assisti-la? Por que não se mover com ela alguns passos?

> *"Eu não vou dizer"*, disse Dogo. *"E então?"*, insistiu Zengen. *"Eu não vou dizer e ponto final"*, disse Dogo.
> No seu caminho de volta ao templo, o furioso Zengen voltou-se para Dogo e ameaçou: *"Por Deus, se você não responder à minha pergunta, eu vou bater em você"*. *"Tudo bem"*, disse Dogo, *"pode bater"*.

Isso é possível no Zen, que até um discípulo possa bater no mestre, porque o Zen é muito verdadeiro com relação à vida e muito autêntico. Um mestre zen não cria o fenômeno em torno dele de que "Eu sou mais santo do que você". Ele não diz: "Eu sou muito superior". Como pode alguém que tenha alcançado a iluminação dizer: "Eu sou superior e vocês são inferiores?". O discípulo pode pensar que ele é superior, mas o mestre não pode reivindicar qualquer superioridade, porque a superioridade só é reivindicada pela inferioridade. A superioridade só é reivindicada pelo ego que é impotente, inferior. A força é alegada apenas pela fraqueza: quando não tem certeza, você reivindica certeza, quando você está doente você alega saúde, quando você não sabe você reivindica conhecimento. Suas reivindicações são simplesmente para esconder a verdade. Um mestre não diz nada. Ele não pode dizer: "Eu sou superior". É tolice. Como um homem sábio pode dizer: "Eu sou superior?".

Então, um mestre zen até permite isso — que um discípulo bata nele — e ele pode apreciar a coisa toda. Ninguém mais no mundo já fez isso, é por isso que os mestres zen são raros; você não vai encontrar flores mais raras. O mestre é tão superior, de fato, que permite que você até bata nele; sua superioridade não é contestada por ele. Você não pode desafiá-lo de modo algum, e você não pode derrubá-lo de modo algum. Ele não está mais ali. Ele é uma casa vazia.

E ele sabe que um discípulo só pode ser tolo. Nada mais é esperado, porque o discípulo é ignorante; compaixão é necessária. E na ignorância o discípulo é levado a fazer coisas, coisas que não são adequadas, pois como pode uma pessoa inadequada fazer coisas adequadas? E se você forçar as coisas adequadas numa pessoa inadequada, ela vai ficar aleijada, sua liberdade será tolhida. E um mestre é para ajudá-lo a ser livre — por isso bater é permitido. Na verdade, não é irreverência; na verdade o discípulo também ama tanto o mestre, tão intimamente, que ele pode se aproximar dele a esse ponto. Até mesmo bater numa pessoa é um tipo de intimidade – você não pode bater em qualquer um.

Às vezes acontece de até mesmo uma criança bater no pai, ou uma criança bater na mãe. Isso não significa antagonismo, é só que a criança aceita a mãe tão profundamente e de maneira tão íntima que ela não sente que isso é inadequado. E a criança sabe que será perdoada, portanto, não há medo.

Um mestre perdoa infinitamente, incondicionalmente.

O discípulo estava muito zangado porque ele havia feito uma pergunta muito significativa – parecia significativa para ele. Ele não podia imaginar por que Dogo tinha que se comportar de modo tão obstinado e dizer: "Não!" – e não só isso, ele disse: "E ponto final! E eu não vou dizer mais nada".

Quando faz uma pergunta, você pergunta por causa do seu ego e, quando a resposta não é dada o ego se sente ferido. O discípulo ficou ferido, seu ego foi perturbado, ele não podia acreditar – e isso deve ter acontecido na frente de muitas pessoas. Eles não estavam sozinhos, havia muitos outros, devia haver – quando alguém morre muitas pessoas se reúnem ali. E na frente de todas aquelas pessoas o mestre disse: "Não, e ponto final! Eu não vou dizer mais nada". Eles todos devem ter pensado: "Esse discípulo é só um tolo, fazendo perguntas impertinentes".

Zengen deve ter sentido raiva, ele deve ter fervido de raiva. Quando ele se viu sozinho com o mestre, ao voltarem para o mosteiro, ele disse:

> *"Por Deus, se você não responder à minha pergunta, eu vou bater em você".*
> *"Tudo bem"*, disse Dogo, *"pode bater"*.

Termine logo com isso! – Se você está com raiva, então termine logo com isso.

Um mestre está sempre pronto para trazer para fora tudo o que está dentro de você, até mesmo a sua negatividade.

Mesmo que você for bater nele, ele vai permitir. Quem sabe batendo no mestre você possa se tornar consciente da sua negatividade; você pode se tornar consciente da sua doença, do seu mal, da sua loucura. Bater no mestre pode se tornar uma iluminação súbita – quem pode saber? E o mestre está ali para ajudá-lo em todos os sentidos. Então Dogo disse:

Tudo bem – vá em frente – pode bater.

> *Homem de palavra, Zengen deu uma boa pancada no mestre.*
> *Algum tempo depois, Dogo morreu, e Zengen, ainda ansioso para ter sua pergunta respondida, foi até o mestre Sekiso e, depois de relatar o que tinha acontecido, fez a mesma pergunta a ele. Sekiso, como se estivesse conspirando com o falecido Dogo, não quis responder.*

Todos os mestres estão sempre numa conspiração secreta. Se eles são mestres em tudo, estão sempre juntos – mesmo que contradigam uns aos outros, eles pertencem à mesma conspiração, mesmo que às vezes eles digam que o outro está errado, eles estão numa conspiração.

Acontece que Buda e Mahavira eram contemporâneos e eles se mudaram para a mesma província, Bihar. Ela é conhecida como Bihar por causa deles: *Bihar* significa seu campo de ação, eles caminhavam por toda aquela região. Às vezes estavam na mesma aldeia. Uma vez aconteceu de eles se hospedarem na mesma pousada de estrada – metade da pousada foi contratada por Buda e metade por Mahavira, mas eles nunca se conheceram.

E eles refutavam um ao outro o tempo todo. Os discípulos costumavam passar de um para o outro, e isso era um enigma – por quê? Buda até ria, ele brincava com Mahavira. Ele dizia: "Aquele sujeito! Então ele afirma que é iluminado? Afirma que é onisciente? Mas eu ouvi dizer que ele disse que uma vez aconteceu de ele bater à porta de alguém para pedir comida e não ter ninguém lá dentro, e eu ouvi dizer que ele alega que é onisciente! E nem isso ele sabia? Que a casa estava vazia?".

Ele sempre brincava. Dizia: "Uma vez Mahavira estava andando e ele pisou no rabo de um cachorro. Só quando o cão pulou e ganiu foi que ele soube que o cão estava lá, porque era de manhã e estava escuro. E aquele sujeito diz que é onisciente". Ele vivia brincando, ele contava muitas piadas sobre Mahavira; elas eram belíssimas.

Eles estão numa conspiração e isso não foi compreendido, nem pelos jainistas nem pelos budistas – eles deixaram escapar todo o sentido. Eles acham que os dois estão um contra o outro, e jainistas e budistas ficaram uns contra os outros durante estes dois mil anos.

Eles não estão um contra o outro! Estão representando papéis, e estão tentando ajudar as pessoas. São dois tipos diferentes. Uma pessoa pode ser ajudada por Mahavira, e outra pessoa pode ser ajudada por Buda. A pessoa que pode ser ajudada por Buda não pode ser ajudada por Mahavira – essa pessoa tem que ser tirada de Mahavira. E a pessoa que pode ser ajudada por Mahavira não pode ser ajudada por Buda – essa pessoa tem que ser tirada do Buda. É por isso que eles falam um contra o outro, é uma conspiração. Mas todo mundo deve ser ajudado, e eles são dois tipos diferentes, tipos absolutamente diferentes.

Como eles podem estar um contra o outro? Ninguém que já se tornou iluminado é contra qualquer outra pessoa iluminada; não pode ser. Ele pode falar como se fosse contra, porque ele sabe que o outro vai entender. Mahavira, pelo que se sabe, nunca disse nada sobre as piadas que Buda fazia aqui e ali. Ele se mantinha em completo silêncio. Essa era a sua maneira. Ao ficar completamente silencioso, nem mesmo refutando, ele estava dizendo: "Deixe esse tolo para lá" – ficando completamente em silêncio, sem dizer nada.

Todos os dias chegavam relatos, as pessoas vinham e diziam: "Ele disse isso", e Mahavira nem sequer falava sobre isso. E isso era apropriado, porque ele era muito velho, trinta anos mais velho do que Buda; não era bom para ele lutar com um jovem – assim é como os jovens tolos agem! Mas ele era como Buda, contra outros professores que estavam mais velhos do que ele. Ele falava sobre eles, falava contra eles, argumentava contra eles.

Eles estão numa conspiração. Eles têm que estar – porque você não pode entender. Eles têm que dividir caminhos, porque você não consegue compreender que a vida existe através dos opostos. Eles têm que escolher opostos. Eles têm que se aferrar a uma coisa, e então têm que dizer – para você – "Lembre-se de que todos os outros estão errados". Porque, se eles dizem que todo mundo está certo, você vai ficar mais confuso.

Você já está confuso o suficiente. Se eles dizem: "Sim, eu estou certo. Mahavira também está certo, Buda também está certo – todo mundo está certo", você vai deixá-los imediatamente; você vai pensar: "Este homem não pode ajudar, porque já estamos confusos. Nós não sabemos o que é certo e o que é errado, e nós viemos até esse homem para saber exatamente o que é certo e o que é errado".

Portanto, os mestres se aferram a alguma coisa e dizem: "Isto é certo e todo o resto está errado", sabendo o tempo todo que há milhões de maneiras de se alcançar o caminho; sabendo o tempo todo que há milhões de caminhos para se chegar ao caminho final. Mas, se eles dissessem que milhões de caminhos chegam lá, você ficará simplesmente confuso.

Esse discípulo Zengen estava com problemas, porque seu mestre Dogo tinha morrido. Ele nunca esperava que isso fosse acontecer tão cedo. Os discípulos sempre se veem em grande dificuldade quando seus mestres morrem. Quando seus mestres estão lá, eles se fazem de tolos e perdem tempo. Quando seus mestres morrem, então eles se veem numa verdadeira enrascada — o que fazer? Então, a pergunta de Zengen permaneceu, o problema mantinha-se, o enigma estava lá como antes. O discípulo ainda não tinha descoberto o que é a morte, e esse Dogo tinha morrido.

Ele foi procurar outro mestre, Sekiso e, após relatar a coisa toda sobre o que tinha acontecido, fez a mesma pergunta a ele.

Sekiso, como se estivesse conspirando com o falecido Dogo, não quis responder. "Por Deus!" gritou Zengen. "Você também?". "Eu não vou dizer", disse Sekiso "e ponto final".

Eles estão fazendo alguma coisa, estão criando uma situação. Eles estão dizendo:

"Fique em silêncio antes da morte. Não faça perguntas, porque quando pergunta você vai para a superfície, você se torna superficial. Essas perguntas não são perguntas para se fazer. Essas perguntas são para se penetrar, viver, meditar. Você tem que entrar dentro delas. Se você quer conhecer a morte — morra! Essa é a única forma de saber. Se você quer conhecer a vida — viva!".

Você está vivo, mas não está vivendo, e você vai morrer e não vai morrer... porque tudo é morno em você. Você vive? Não exatamente; você só se arrasta. De alguma forma, de alguma forma você vai levando a vida.

Viva tão intensamente quanto possível, queime a sua vela da vida de ambos os lados. Queime-a intensamente... se ela acabar num segundo isso é bom, pois pelo menos você vai saber o que é, porque apenas a intensidade penetra. E se você puder viver uma vida intensa, você terá uma qualidade diferente de morte, porque você vai morrer intensamente. Como é a vida, assim será a morte. Se você vive se arrastando, você vai morrer se arrastando. Você vai perder a vida, e você vai perder a morte também. Torne a vida mais intensa quanto possível. Coloque tudo em jogo. Por que se preocupar? Por que se preocupar com o futuro? *Este* momento está aqui. Traga a sua existência total para ele. Viva intensamente, totalmente, completamente, e esse momento vai se tornar uma revelação. E, se você conhece a vida, você vai conhecer a morte.

Esta é a chave do segredo: se você conhece a vida, você vai conhecer a morte. Se você pergunta o que é a morte, isso significa que você não viveu, porque, no fundo, elas são uma coisa só. Qual é o segredo da vida? O segredo da vida é a morte. Se você ama, qual é o segredo de amar? A morte. Se você medita, qual é o segredo da meditação? A morte.

Tudo o que acontece que é belo e intenso sempre acontece através da morte. Você morre, você simplesmente se traz totalmente para a morte e morre para todo o resto. Você se torna tão intenso que você não está lá, porque, se você estiver lá então a intensidade não pode ser total; então existem dois. Se você ama e o amante está lá, então o amor não pode ser intenso. Ame tão profundamente, tão completamente, que o amante desapareça e você seja apenas um movimento de energia. Então você vai conhecer o amor, você vai conhecer a vida, você vai conhecer a morte.

Essas três palavras são muito significativas: o amor, a vida e a morte. O segredo delas é o mesmo e, se você entendê-las, não há necessidade de meditar. Porque você não as entende, é por isso que a meditação é necessária. A meditação é apenas um estepe. Se você realmente ama, isso se torna meditação. Se você não ama, então você vai ter que meditar. Se você realmente vive, a vida se torna meditação. Se não vive, então você vai ter que meditar, então alguma coisa terá de ser acrescentada.

Mas esse é o problema: se você não pode amar profundamente, como você pode meditar profundamente? Se você não pode viver profundamente, como você pode meditar profundamente? ...Porque o problema não é nem o amor, nem a meditação, nem a morte, o problema é como se envolver em profundidade? A profundidade é a questão.

Se você se envolve profundamente com qualquer coisa, a vida estará na periferia e a morte no centro. Mesmo que você observe uma flor totalmente, esquecendo-se de tudo, ao observar a flor, você vai morrer na flor. Você vai experimentar uma fusão, uma imersão. De repente você vai sentir que você não existe, só a flor existe.

Viva cada momento como se fosse o último. E ninguém sabe – ele pode ser o último.

Ambos os mestres estavam tentando levar Zengen para a consciência. Sekiso, quando ouviu o discípulo lhe contando toda a história, disse: "*Não. Eu não vou dizer... e ponto final*". Ele repetiu as mesmas palavras de Dogo. A primeira vez o discípulo deixou escapar, mas não a segunda.

Naquele mesmo instante, Zengen passou por um despertar.

Um *satori* aconteceu. De repente, um raio – ele se tornou consciente. A primeira vez ele deixou escapar. É quase sempre assim. A primeira vez você vai deixar escapar, porque você não sabe o que está acontecendo. Da primeira vez, seus velhos hábitos mentais não vão permitir que você veja. É por isso que o segundo mestre, Sekiso, simplesmente repetiu as palavras de Dogo – simplesmente as repetiu. Ele não mudou sequer uma única palavra. A própria frase é a mesma: "*Eu não vou dizer*", disse ele, "*e ponto final*". Ele mais uma vez criou a mesma situação.

Foi fácil lutar com um Dogo, não foi fácil lutar com Sekiso. Ele não era o mestre de Zengen. Era fácil bater em Dogo, não será possível bater em Sekiso. Basta que ele responda, é a sua compaixão; ele não é obrigado a responder.

Havia intimidade entre Dogo e esse discípulo, e às vezes acontece, quando você é muito íntimo, de você deixar escapar – porque você toma as coisas por certas. Às vezes, é necessária uma distância, mas depende da pessoa. Algumas pessoas podem aprender somente quando há uma distância, algumas pessoas podem aprender somente quando não há uma distância – existem esses dois tipos de pessoas. Aquelas que conseguem aprender de uma certa distância, elas vão sentir falta de um mestre; vão sentir falta do próprio mestre, mas ele as prepara. Muitos de vocês que estão aqui já trabalharam em muitas vidas com muitos outros mestres. Vocês sentem falta deles, mas eles prepararam vocês para me encontrar. Muitos de vocês vão sentir falta de mim, mas eu vou ter preparado vocês para encontrarem alguém. Assim, nada se perde, nenhum esforço é desperdiçado.

Dogo criou a situação, Sekiso a viveu.

Naquele mesmo instante, Zengen passou por um despertar.

O que aconteceu? Ouvir novamente as mesmas palavras... há uma certa conspiração? Por que as mesmas palavras de novo? De repente, ele se deu conta: Minha pergunta é absurda, eu estou pedindo algo que não pode ser respondido. Não é o mestre que está me negando a resposta, é a minha própria pergunta, a natureza dela.

Um silêncio é necessário na presença da morte, da vida, do amor. Se você ama uma pessoa, sente-se silenciosamente com a pessoa. Você não gostaria de conversar, você gostaria apenas de segurar a mão dela e viver e ficar em silêncio naquele momento. Se você conversa, isso significa que você está evitando a pessoa – o amor não está realmente ali. Se você ama a vida, não vai haver conversa, porque cada momento é tão cheio de vida que não há como, não há espaço para conversa. A cada momento a vida está inundando você de maneira tão vital – onde está o tempo para fofocas e conversas? Cada momento que você vive totalmente, a mente torna-se silenciosa. Coma, e coma tão totalmente – porque a vida está entrando em você através dos alimentos – que a mente torne-se silenciosa. Beba, e beba totalmente: a vida está entrando através da água, que vai saciar a sua sede; mova-se com ela quando ela tocar a sua sede, enquanto a sede desaparece. Fique em silêncio e observe. Como você pode conversar quando está bebendo uma xícara de chá? Vida quente está fluindo para dentro de você. Seja preenchido por ela. Seja respeitoso.

Por isso, no Japão, existem as cerimônias do chá, e toda casa digna desse nome tem um salão de chá assim como um templo. Uma coisa muito comum, o chá – e eles atribuíram a ele um *status* muito sagrado. Quando eles entram no salão de chá, entram em completo silêncio, como se ele fosse um templo. Eles se sentam em silêncio no salão de chá. Então a chaleira começa a cantar, e todo mundo escuta em silêncio, como você está me ouvindo agora, o mesmo silêncio. E a chaleira segue cantando milhões de músicas, sons, *omkar* – o próprio mantra de vida – e eles ouvem em silêncio. Em seguida, o chá é derramado. Eles tocam suas xícaras e pires. Eles se sentem gratos por esse momento ser novamente concedido a eles. Quem sabe se ele vai voltar ou não? Então eles cheiram o chá, o aroma, e estão cheios de gratidão. Então eles começam a bebericar. E o gosto... e o calor... e o fluxo... e a fusão da sua própria energia com a energia do chá... torna-se uma meditação.

Tudo pode ser uma meditação, se você viver aquilo total e intensamente. E então sua vida se torna inteira.

De repente, ouvindo as mesmas palavras de novo, Zengen veio a perceber: "Eu estava errado e meu mestre estava certo. Eu estava errado, porque achava que ele não estava respondendo, que ele não estava prestando atenção à minha pergunta; ele não estava se importando comigo e com a minha pergunta. Meu ego ficou ferido. Mas eu estava errado – ele não estava golpeando o meu ego. Eu não estava na pergunta. A própria natureza da morte é tal...". De repente, ele despertou.

Isso é chamado de *satori*; é uma iluminação especial. Em nenhuma outra língua existe uma palavra equivalente a *satori*. É uma coisa especialmente zen. Não é *samadhi* e no entanto é *samadhi*. Não é *samadhi* porque pode acontecer num momento comum: beber chá, dar uma caminhada, olhar para uma flor, ouvir o salto de um sapo na lagoa. Isso pode acontecer em momentos muito comuns, assim não é como o *samadhi* sobre o qual Patanjali fala. Patanjali simplesmente se surpreenderia se um sapo pulasse na lagoa e com o barulho desse pulo alguém se tornasse iluminado. Patanjali não seria capaz de acreditar que uma folha seca cai da árvore, ziguezagueia, se move com o vento um pouco, em seguida, cai no chão e se aquieta – e alguém sentado sob a árvore atinge a iluminação? Não, Patanjali não seria capaz de acreditar: "Impossível", ele dirá: "porque *samadhi* é algo excepcional; o *samadhi* só vem depois de muito esforço, de milhões de vidas. E então acontece numa determinada postura, *siddhasana*. Ele acontece num determinado estado do corpo e da mente".

Satori é *samadhi* e ainda não é *samadhi*. É um vislumbre, e um vislumbre do extraordinário no muito comum. É *samadhi* acontecendo em momentos comuns. Uma coisa repentina também – não é gradual, você não avança em graus. Ele é como a água chegando ao ponto de ebulição, a cem graus – e, então, o salto, e a água se torna vapor, se funde com o céu, e você não pode rastrear por onde ela passou. Até os noventa e nove graus ela ferve e ferve e ferve, mas não evapora. Do nonagésimo nono grau ela pode retroceder, fica apenas quente. Mas, se passar do centésimo grau, então há um salto repentino.

A situação é a mesma na história. Com Dogo, Zengen tornou-se quente, mas não podia evaporar. Não foi o suficiente, ele precisava de mais uma situação, ou ele pode ter tido necessidade de muitas outras situações. Então, com Sekiso – a mesma situação, e de repente, algo é atingido. De repente, o foco muda, a *gestalt*. Até esse ponto ele estava pensando que era sua pergunta que Dogo não tinha respondido. Ele tinha sido egocêntrico. Ele estava pensando: "Eu é que fui negligenciado pelo meu mestre. Ele não foi cuidadoso o suficiente comigo e minhas perguntas. Ele não prestou atenção suficiente em mim e na minha pergunta".

De repente, ele percebe: "Não fui eu quem foi negligenciado, nem o mestre estava indiferente, ou não prestou atenção. Não, não era eu – era a própria pergunta. Ela não pode ser respondida. Na presença dos mistérios da vida e da morte, é preciso ficar em silêncio". A *gestalt* muda. Ele pode ver a coisa toda. Assim, ele alcança um vislumbre.

Sempre que a *gestalt* muda, você tem um vislumbre. Esse vislumbre é *satori*. Não é final, você vai perdê-lo novamente. Você não vai se tornar um buda com um *satori*, é por isso que eu digo que é um *samadhi* e ainda assim não é *samadhi*. É um oceano numa xícara de chá. Oceano, sim, e ainda assim não é o oceano – *samadhi* em uma cápsula. Ele oferece um vislumbre, uma abertura... como se você estivesse andando numa noite escura, numa floresta, perdido, você não sabe onde você está andando, onde é o caminho, se você está andando na direção certa ou não – e, de repente, há um raio. Num momento você vê tudo! Então a luz desaparece. Você não pode ler durante um raio, porque ele dura apenas um instante. Você não pode se sentar sob o céu e começar a ler durante um raio. Não, não é um fluxo constante.

Samadhi é de um modo que você pode ler à sua luz. *Satori* é como um relâmpago — você pode ter uma visão do todo, tudo o que está lá, e, em seguida, ele desaparece. Mas você não vai ser o mesmo novamente. Não é a iluminação final, mas um grande passo para ela. Agora você já sabe. Você teve um vislumbre, agora você pode procurar mais disso. Você já provou, agora os budas vão se tornar significativos.

Agora, se Zengen encontrar Dogo novamente, ele não vai mais bater nele, ele vai cair aos seus pés e pedir perdão. Agora ele vai chorar milhões de lágrimas, porque agora ele vai dizer: "Que compaixão Dogo teve, pois ele me permitiu bater nele; pois ele disse, "Tudo bem, pode bater!" Se ele encontrar Dogo novamente, Zengen não vai ser o mesmo. Ele já provou alguma coisa, que o mudou. Ele não atingiu o final — o final está chegando, mas ele teve uma amostra.

Satori é a amostra do *samadhi* de Patanjali. E é belo que a amostra seja possível, porque, a menos que você a prove, como pode se mover na direção dele? A menos que você sinta um pouco do seu aroma, como vai poder ser atraído na direção dele? O vislumbre se tornará uma força magnética. Você nunca mais será o mesmo e vai saber que existe algo ali e "encontrá-lo ou não, isso depende de mim". Mas a verdade virá à tona. *Satori* dá confiança e começa um movimento, um movimento vital em você, para a iluminação final, que é *samadhi*.

Basta por hoje.

CAPÍTULO 6

O homem perfeito é centrado

Lieh-Tzu exibia sua habilidade no arco e flecha para Po-Hun Wu-Jen.
Quando o arco estava totalmente retesado, um copo d'água foi colocado sobre o cotovelo dele e ele começou a atirar.
Enquanto a primeira flecha ainda estava no ar, a segunda já era colocada no arco, e então uma terceira a sucedia. Enquanto isso, ele ficava de pé, imóvel como uma estátua.
Po-Hun Wu-Jen disse: "A técnica de atirar a flecha é boa, mas não é a técnica de 'não atirar'. Vamos subir a uma montanha bem alta e ficar sobre uma rocha projetada, e então você tenta disparar".
Subiram até uma montanha. De pé sobre uma rocha que se projetava sobre um precipício de três mil metros de altura, Po-Hun Wu-Jen foi andando para trás até que um terço dos seus pés estava pendendo da borda. Ele, então, fez sinal para Lieh-Tzu vir mais para a frente.
Lieh-Tzu caiu no chão com o suor que escorria até os calcanhares.
Disse Po-Hun Wu-Jen: "O homem perfeito sobe acima do céu azul ou mergulha até as nascentes amarelas, ou vagueia por todo os oito limites do mundo, não mostra no entanto sinais de mudança em seu espírito. Mas você demonstra um sinal de perturbação e seus olhos estão ofuscados. Como você espera acertar o alvo?".

A ação precisa de habilidade. Mas a não ação também precisa de habilidade. A habilidade de ação está apenas na superfície, a habilidade de não ação é a própria essência do seu ser. A habilidade de ação pode ser facilmente aprendida; pode ser emprestada; ela pode ser ensinada, porque não passa de uma técnica. Não é o seu ser, é apenas uma arte.

Mas a técnica, ou a habilidade, de não ação não é uma técnica, absolutamente. Você não pode aprendê-la com outra pessoa, ela não pode ser ensinada; ela cresce à medida que você cresce. Ela cresce com o seu crescimento interior; é um florescer. A partir de fora, nada pode ser feito por ela; algo tem de evoluir de dentro.

A habilidade de ação vem de fora e vai para dentro; a habilidade de não ação vem de dentro e flui para fora. Suas dimensões são totalmente diferentes, diametralmente opostas. Primeiro tente entender isso, então seremos capazes de penetrar nessa história.

Por exemplo, você pode ser um pintor apenas aprendendo a arte; você pode aprender tudo que pode ser ensinado nas escolas de arte. Pode ser habilidoso e pode pintar retratos bonitos, pode até se tornar uma pessoa conhecida mundialmente. Ninguém vai saber que isso é apenas uma técnica, a menos que você se depare com um mestre; mas *você* sempre saberá que isso é apenas técnica.

As suas mãos tornaram-se hábeis, sua cabeça tem o *know-how*, mas o seu coração não está fluindo. Você pinta, mas não é um pintor. Você pode criar uma obra de arte, mas você não é um artista. Você a faz, mas você não está nela. Você faz isso como faz outras coisas – mas você não é um amante. Você não está envolvido com ela totalmente; seu ser interior permanece distante, indiferente, de pé ao lado. Sua cabeça e suas mãos, elas vão estar lá trabalhando, mas você não estará presente. A pintura não contém a sua presença, ela não contém *você*. Pode levar a sua assinatura, mas não o seu ser.

Um mestre saberá imediatamente, porque essa pintura vai estar morta. Linda... você pode decorar um cadáver também, pode pintar um cadáver também, pode até passar batom nos lábios dele e eles vão parecer vermelhos. Mas o batom, por mais vermelho que seja, não pode ter o calor do sangue fluindo. Esses lábios estão pintados, mas não há nenhuma vida neles.

Você pode criar uma bela pintura, mas ela não vai estar viva. Ela só pode estar viva se você fluir nela; essa é a diferença entre um mestre quando pinta e um pintor comum. O pintor comum na verdade sempre imita, porque a pintura não está crescendo dentro dele. Não é algo de que ele esteja prenhe. Ele vai imitar os outros, terá de procurar ideias; ele pode imitar a natureza – não faz diferença. Ele pode olhar para uma árvore e pintá-la, mas a árvore não cresceu dentro dele.

Olhe para as árvores de van Gogh. Elas são absolutamente diferentes; você não vai encontrar árvores como aquelas no mundo natural. Elas são totalmente diferentes, pois são criações de van Gogh; ele está vivendo através das árvores. Elas não são como essas árvores comuns à sua volta, ele não as copiou da natureza, não as copiou de ninguém. Se ele fosse um deus, então ele teria criado essas árvores no mundo. Na pintura, ele é o deus, ele é o criador. Ele não está nem mesmo imitando o criador do universo; está simplesmente sendo ele mesmo. Suas árvores são tão altas que crescem e tocam a Lua e as estrelas.

Alguém perguntou a van Gogh, "Que tipo de árvores são essas? De onde você tirou a ideia?"

Van Gogh respondeu: "Eu não fico tirando ideias de lugar nenhum — essas são as *minhas* árvores! Se eu fosse o criador, minhas árvores iriam tocar as estrelas, porque as minhas árvores são os desejos da terra, os sonhos da terra de tocar as estrelas. Minhas árvores são a terra tentando alcançar, tocar as estrelas — as mãos da terra, os sonhos e os desejos da terra". Essas árvores não são imitações. São as árvores de van Gogh.

Um criador tem algo a dar ao mundo, algo do qual ele está prenhe. Claro que, mesmo para van Gogh uma técnica é necessária, porque mãos são necessárias. Nem mesmo van Gogh pode pintar sem as mãos — se você cortar as mãos dele, o que ele vai fazer? Ele também precisa de uma técnica, mas a técnica é apenas uma maneira de se comunicar. A técnica é apenas o veículo, o meio. A técnica não é a mensagem, o meio não é a mensagem. O meio é simplesmente um veículo para transmitir a mensagem. Ele tem uma mensagem, cada artista é um profeta — tem de ser! Todo artista é um criador — tem de ser, ele tem algo a compartilhar. Claro, a técnica é necessária. Se eu tiver que dizer alguma coisa para você, palavras são necessárias. Mas, se eu estiver dizendo apenas palavras, então não há nenhuma mensagem, então essa coisa toda é apenas um blá-blá-blá. Então eu estou jogando lixo sobre os outros. Se as palavras carregarem o meu silêncio, se as palavras carregarem a minha mensagem sem palavras para você, só então algo está sendo dito.

Quando alguma coisa está sendo dita, tem que ser dita em palavras, mas o que tem de ser dito não são palavras. Quando alguma coisa tem de ser pintada, tem de ser pintada com cores, pincéis e telas, e toda a técnica é necessária — mas a técnica não é a mensagem. Através do meio a mensagem é transmitida, mas o meio em si não é suficiente.

Um técnico tem o meio, ele pode ter o meio perfeito, mas não tem nada a oferecer, não tem nenhuma mensagem. Seu coração não está transbordando.

Ele está fazendo alguma coisa com a mão e com a cabeça, porque a aprendizagem está na cabeça, e o *know-how*, a habilidade, está na mão. A cabeça e a mão cooperam, mas o coração permanece distante, intocado. Então, a pintura vai estar lá, mas sem um coração. Não haverá nenhum batimento nela, não haverá nenhuma pulsação de vida, nenhum sangue fluirá nela; muito difícil de ver – você só pode ver se você souber a diferença dentro de si mesmo.

Vejamos outro exemplo, que será mais fácil de entender. Você ama uma pessoa: você beija, segura a mão dela na sua, você abraça, você faz amor. Todas essas coisas podem ser feitas com uma pessoa que você não ama – exatamente o mesmo beijo, exatamente o mesmo abraço, o mesmo jeito de dar as mãos, os mesmos gestos ao fazer amor, os mesmos movimentos – mas você não ama a pessoa. Qual será a diferença? Porque no que diz respeito à ação não há diferença: você beija, e beija da mesma forma, tão perfeitamente quanto possível. O meio está lá, mas a mensagem não está. Você é hábil, mas o seu coração não está lá. O beijo é morto. Não é como um pássaro voando, é como uma pedra morta.

Você pode fazer os mesmos movimentos ao fazer amor, mas esses movimentos serão mais como exercícios de yoga. Eles não vão ser amor. Você procura uma prostituta, ela conhece a técnica – melhor do que a sua amada. Ela tem que conhecer, ela é uma profissional habilidosa – mas você não vai receber amor ali. Se você encontrar a prostituta na rua no dia seguinte, ela não vai nem mesmo reconhecê-lo. Ela não vai nem mesmo dizer "Olá", porque nenhuma relação existe. Não foi um contato, a outra pessoa não estava lá. Ao fazer amor com você, ela pode ter ficado pensando no amante dela. Ela não estava lá! Ela não pode estar; prostitutas têm de aprender a técnica de como não estar presente, porque a coisa toda é muito feia.

Você não pode vender amor, **você** pode vender o corpo. Você não pode vender o seu coração, você pode vender **a** sua habilidade. Para uma prostituta fazer amor é apenas uma coisa profissional. Ela está fazendo isso por dinheiro, e ela tem que aprender a não estar presente, então ela vai pensar no amante, vai pensar em mil coisas, mas não em você – a pessoa que está ali presente –, porque pensar na pessoa que está ali vai criar uma perturbação. Ela não vai estar lá... ausente! Ela vai fazer os movimentos, ela é hábil nisso, mas não estará envolvida.

Esse é o ponto principal dessa história. Você pode se tornar tão perfeito que pode enganar o mundo inteiro, mas como vai enganar a si mesmo? E se você não pode enganar a si mesmo, não pode enganar um mestre iluminado. Ele vai ver através de todos os truques que você criou ao seu redor. Ele vai ver que você não está lá em sua técnica; se você é um arqueiro, você pode acertar o alvo com perfeição, mas essa não é a questão. Até mesmo uma prostituta leva você ao orgasmo, ela atinge o alvo o mais perfeitamente possível, às vezes até com mais perfeição do que a sua própria amada, mas a questão não é essa, porque, embora uma pessoa permaneça incompleta, uma técnica pode facilmente tornar-se completa.

Uma pessoa permanece incompleta, a menos que ela tenha se tornado iluminada. Você não pode esperar perfeição de uma pessoa antes da iluminação, mas você pode esperar perfeição de uma habilidade. Você não pode esperar a perfeição do ser, mas, no fazer, isso pode ser esperado, não há nenhum problema nisso. Um arqueiro pode acertar o alvo, sem nunca errá-lo — e pode não estar nele. Ele aprendeu a técnica, tornou-se um mecanismo, um robô. É simplesmente feito pela cabeça e pela mão.

Agora, vamos tentar penetrar nessa história, A Arte do Arco e Flecha. No Japão e na China, a meditação é ensinada através de muitas habilidades — essa é a diferença entre a meditação indiana e a chinesa e a meditação budista e a japonesa. Na Índia, a meditação é retirada de toda ação da vida. Ela é, em si mesma, a coisa total. Isso criou uma dificuldade — é por isso que na Índia, a religião aos poucos está morrendo. Ela criou uma dificuldade e a dificuldade é esta: se você faz da meditação a coisa toda, então você se torna um fardo para a sociedade. Então você não pode ir à loja, você não pode ir ao escritório, você não pode trabalhar na fábrica — a meditação se torna toda a sua vida; você simplesmente medita. Na Índia, milhões de pessoas simplesmente vivem meditando; elas se tornaram um fardo para a sociedade, e o peso foi demais. De uma forma ou de outra, a sociedade teve que parar com isso.

Mesmo agora, hoje em dia, existem quase dez milhões de *sannyasins* na Índia. Agora eles não são mais respeitados. Apenas alguns... nem mesmo dez desses dez milhões são respeitados. Tornaram-se apenas mendigos. Por causa dessa atitude — que quando você faz meditação, quando a religião se torna a sua vida, então existe somente a religião, você abre mão de toda a vida e renuncia –, a meditação indiana tornou-se, de certo modo, contra a vida. Você pode tolerar algumas pessoas, mas não consegue tolerar milhões de pessoas, e se todos no país se tornarem meditadores, então o que você vai fazer? E se a meditação não pode estar disponível para todos, isso significa que até a religião é apenas para poucos? Até mesmo na religião existem classes? Nem mesmo Deus está disponível para todos? Não, isso não pode ser. Deus está disponível para todos.

Na Índia, o Budismo morreu. O Budismo morreu na Índia, o país de sua origem, porque os monges budistas se tornaram um fardo pesado. Milhões de monges budistas – o país não podia tolerá-los, era impossível ampará-los, eles tinham que desaparecer. O Budismo desapareceu completamente, o maior florescimento da consciência indiana e desapareceu, porque não se pode viver como um parasita. Alguns dias, tudo bem, alguns poucos anos, tudo bem. A Índia tolera isso – é um país muito tolerante, tolera tudo –, mas há um limite. Milhares de mosteiros cheios de milhares de monges – tornou-se impossível para esse país pobre continuar a sustentá-los. Eles tinham que desaparecer. Na China, no Japão, o Budismo sobreviveu, porque o Budismo sofreu uma mudança, ele passou por uma mutação – abandonou a ideia de renunciar à vida. Pelo contrário, ele fez da vida um objeto de meditação.

Então, seja o que for que você fizer, você pode fazer de maneira meditativa – não é preciso partir. Esse foi um novo crescimento, essa é a base do Zen-budismo: a vida não é para ser negada. O monge zen continua trabalhando, ele cuida do jardim, ele trabalha na fazenda e ele vive do seu próprio trabalho. Ele não é um parasita, ele é uma pessoa encantadora. Ele não precisa se preocupar com a sociedade, e ele está mais livre da sociedade do que aquele que renunciou. Como você pode ficar livre da sociedade se tiver renunciado a ela? Então você se torna um parasita, não livre – e um parasita não pode ter liberdade.

Esta é minha mensagem também: viva na sociedade e seja um *sannyasin*. Não se torne um parasita, não se torne dependente de ninguém, porque todo tipo de dependência acaba, por fim, fazendo de você um escravo. Ele não pode fazer de você um *mukta*, ele não pode fazer de você uma pessoa absolutamente livre.

No Japão, na China, começaram a usar muitas coisas, habilidades, como um objeto, como uma ajuda, como um suporte para a meditação. O arco e flecha é uma delas — e o arco e flecha é bonito, porque é uma habilidade muito sutil, e você precisa de muita atenção para ser hábil nisso.

Lieh-Tzu exibia sua habilidade no arco e flecha para Po-Hun Wu-Jen.

Po-Hun Wu-Jen era um mestre iluminado. Lieh-Tzu se tornou iluminado posteriormente, esta história pertence aos dias de sua busca. Lieh-Tzu se tornou um mestre por mérito próprio, mas esta é uma história que ocorre antes de ele se tornar iluminado.

Lieh-Tzu exibia...

O desejo de se exibir é o desejo de uma mente ignorante. Por que você quer se exibir? Por que você quer que as pessoas conheçam você? Qual é a razão disso? E por que você faz disso algo tão importante na sua vida, a exposição? Que as pessoas saibam que você é alguém muito importante, significativo, extraordinário? Por quê? Porque você não tem um eu. Você só tem um ego — um substituto para o eu.

O ego não é substancial. O eu é substancial, mas isso é algo que você não sabe — e uma pessoa não pode viver sem o sentimento de "eu". É difícil viver sem o sentimento de "eu". Afinal, a partir de que centro você vai trabalhar e funcionar? Você precisa de um "eu". Mesmo que seja falso, ele vai servir. Sem um "eu", você vai simplesmente se desintegrar! Quem será o integrador, o agente dentro de você? Quem vai integrar você? A partir de que centro você vai funcionar?

A menos que conheça o eu, você vai ter que viver com um ego. Ego significa um eu substituto, um falso eu; você não conhece a si mesmo, então você mesmo cria um eu. É uma criação mental. E para tudo o que é falso, você tem que encontrar apoios. A exposição lhe dá apoio.

Se alguém diz: "Você é uma pessoa linda", você começa a sentir que é lindo. Se ninguém diz isso, vai ser difícil para você sentir que você é uma pessoa bonita, você vai começar a suspeitar, duvidar. Se você diz continuamente até mesmo a uma pessoa feia "Você é linda", a feiura vai desaparecer da mente dela, e ela vai começar a sentir que é bonita — porque a mente depende da opinião dos outros, ela acumula opiniões, depende delas.

O ego depende do que as pessoas dizem sobre você: o ego se sente bem se as pessoas se sentem bem com relação a você; se elas se sentem mal, o ego se sente mal. Se elas não dão a você toda a atenção, os apoios são retirados; se muitas pessoas lhe dão atenção, elas alimentam o seu ego — é por isso que tanta atenção é solicitada continuamente.

Até mesmo uma criança pequena pede atenção. Ela pode continuar brincando em silêncio, mas chega uma visita... e a mãe disse ao filho que, quando a visita chegasse, ele teria que ficar em silêncio: "Não faça barulho, e não faça bagunça", mas, quando a visita chega, a criança tem que fazer alguma coisa, porque ela também quer atenção. E ela quer mais, porque está acumulando um ego — ela só está crescendo. Ela precisa de mais alimento e disseram para ela fazer silêncio — isso é impossível! Ela vai ter que fazer alguma coisa. Mesmo se ela tiver que machucar a si mesma, ela vai cair. O machucado pode ser tolerado, mas ela precisa receber atenção. Todo mundo precisa prestar atenção, ela *precisa* se tornar o centro das atenções!

Uma vez eu fiquei hospedado numa casa. Devem ter dito à criança que, enquanto eu estivesse lá, ela não devia causar nenhum problema, tinha que permanecer em silêncio e tudo mais. Mas a criança não conseguia permanecer em silêncio, ela queria minha atenção também, por isso ela começou a fazer barulho, correndo daqui e dali, jogando coisas. A mãe estava com raiva e disse a ela, muitas vezes, repreendendo-a: "Olha, eu vou bater em você se continuar fazendo isso". Mas ela não quis ouvir. Então, finalmente, ela disse ao filho: "Ouça, vá até aquela cadeira e sente-se lá *agora*!".

Com esse gesto a criança entendeu, "Agora é demais e ela vai me bater", então ela foi para a cadeira, sentou-se ali, olhou para a mãe e disse, muito séria, "Ok! Estou sentado, do lado de fora — mas por dentro eu estou de pé".

Desde a infância até o final, no dia da sua morte, você vai pedir atenção. Quando uma pessoa está morrendo, a única ideia que está em sua mente, quase sempre, é: "O que as pessoas vão dizer quando eu estiver morto? Quantas pessoas virão me dar o último adeus? O que será publicado nos jornais? Algum jornal vai escrever um editorial?". Esses são os pensamentos. Desde o primeiro até o último instante olhamos para ver o que os outros dizem. Deve ser uma necessidade profunda.

Atenção é alimento para o ego; apenas uma pessoa que tenha atingido o eu abre mão dessa necessidade. Quando você tem um centro, o seu próprio centro, você não precisa pedir atenção aos outros. Então você pode viver sozinho. Mesmo no meio da multidão, você vai estar sozinho, mesmo no mundo você vai estar sozinho, você vai passar no meio da multidão, mas sozinho.

Neste momento você não pode ficar sozinho. Neste momento, se você for para o Himalaia e entrar numa densa floresta, se sentar sob uma árvore, você vai esperar que alguém passe, pelo menos alguém que possa levar uma mensagem ao mundo de que você se tornou um grande eremita. Você vai esperar, vai abrir os olhos muitas vezes para ver — tem alguém vindo ou não... Porque você já ouviu histórias de que, quando alguém renuncia ao mundo, o mundo inteiro vem a seus pés, e até agora ninguém apareceu — nenhum jornalista, nenhum repórter, nenhum cinegrafista, nada, ninguém! Você não pode ir para o Himalaia. Quando a necessidade de atenção se for, você vai estar no Himalaia aonde quer que esteja.

Lieh-Tzu exibia sua habilidade no arco e flecha...

Por que "exibir"? Ele ainda estava preocupado com o ego, ele ainda estava buscando atenção, e ele mostrou sua habilidade para Po-Hun Wu-Jen, que era um mestre iluminado, um homem muito velho. A história diz que ele tinha quase 90 anos — muito, muito velho — quando Lieh-Tzu foi vê-lo. Por que a Po-Hun? Porque ele era um renomado mestre, e se ele diz: "Sim, Lieh-Tzu, você é o maior arqueiro do mundo", isso vai ser um alimento tão vital que a pessoa pode sobreviver com isso para sempre.

Quando o arco estava totalmente retesado, um copo d'água foi colocado sobre o cotovelo dele e ele começou a atirar –

e nem mesmo uma única gota d'água cai do copo cheio colocado sobre o cotovelo, e ele estava atirando!

Enquanto a primeira flecha ainda estava no ar, a segunda já era colocada no arco, e, então, uma terceira a sucedia. Enquanto isso, ele ficava de pé, imóvel como uma estátua.

Uma grande habilidade — mas Po-Hun Wu-Jen não ficou impressionado, porque no momento em que você quer se exibir você erra o alvo. O próprio esforço para se exibir mostra que você não atingiu o eu, e, se não tiver atingido o eu, você pode ficar como uma estátua do lado de fora — por dentro você vai estar correndo, seguindo muitas, muitas motivações, desejos e sonhos. Do lado de fora você pode estar imóvel; por dentro, todos os tipos de movimento estarão acontecendo juntos, simultaneamente; em muitas direções, você deve estar correndo. Por fora você pode se tornar uma estátua — não é o que importa.

Dizem de Bokuju: ele foi ao seu mestre e durante dois anos se sentou diante do seu mestre, perto dele, assim como uma estátua, uma estátua de mármore de Buda. No início do terceiro ano, o mestre veio, deu em Bokuju uma pancada com seu cajado e lhe disse: "Seu idiota! Temos mil e uma estátuas de Buda aqui, não precisamos de mais uma", porque seu mestre vivia num templo onde havia mil e uma estátuas de Buda. Ele disse: "Já há o suficiente! O que você está fazendo aqui?".

Estátuas não são necessárias, mas sim um estado diferente de ser. É muito fácil se sentar silenciosamente do lado de fora — o que há de difícil nisso? Só é necessário um pouco de treino. Eu vi um homem muito respeitado na Índia que passou dez anos de pé — ele até dorme de pé. Suas pernas ficaram tão grossas e inchadas que agora ele não pode mais dobrá-las. As pessoas o respeitam muito, mas, quando eu fui vê-lo, ele queria me ver sozinho, e então perguntou: "Diga-me como meditar. Minha mente está muito perturbada".

Em pé durante dez anos, como uma estátua! Ele não se sentou, ele não dormiu, mas o problema continua o mesmo: como meditar, como tornar-se silencioso por dentro. Imóvel por fora, muitos movimentos por dentro. Pode haver até mais do que há com você, porque a sua energia está dividida; muita energia é necessária para os movimentos do corpo. Mas um homem que está sem movimento — toda a sua energia move-se para o interior da mente, ele fica louco. Mas as pessoas o respeitam — e isso se torna uma exibição. O ego é preenchido, mas o eu está longe de ser encontrado. *Po-Hun Wu-Jen disse:* "*A técnica de atirar a flecha é boa*" — você atira muito bem, lindo! "*Mas não é a técnica de 'não atirar'.*"

Isso pode ser um pouco difícil, porque no Zen dizem que a técnica de atirar é só o começo. Saber como atirar é apenas o começo; mas saber como *não* atirar, para que a flecha dispare por si só, é saber o fim.

Tente entender: quando você atira, o ego está lá, o agente. E o que é a arte de não atirar? A flecha é atirada também, ela atinge o alvo também, mas o alvo não é o que importa. Ela pode até errar o alvo — não é isso que importa. O que importa é que dentro deve haver um agente. A *fonte* é o que importa. Quando você coloca uma flecha no arco, você não deve estar lá, deve ser como se você não existisse; você deve estar absolutamente vazio, e a flecha atirasse a si mesma. Nenhum agente interior — então não pode haver nenhum ego. Você é a tal ponto uma coisa só com todo o processo que não há divisão. Você está perdido nele. O ato e o agente não são dois — não existe nem mesmo a mais ligeira distinção: "Eu sou o agente e esta é a minha ação". É preciso muitos anos para atingir esse ponto. E, se você não entender, é muito difícil atingi-lo; se você entender a coisa, você cria a possibilidade.

Herrigel, um buscador alemão, treinou durante três anos com seu mestre no Japão. Ele era um arqueiro, quando chegou ao Japão já era um arqueiro, e perfeito, porque cem por cento de seus alvos eram atingidos pela flecha, não havia nenhuma dúvida sobre isso. Quando ele chegou, já era um arqueiro como Lieh-Tzu. Mas o mestre riu. Ele disse: "Sim, você está qualificado na arte de atirar, mas e na de não atirar?".

Herrigel disse: "O que é isso, não atirar? Nunca ouvi falar".

O mestre disse: "Então eu vou lhe ensinar".

Três anos se passaram, ele se tornou cada vez mais hábil e o alvo foi ficando cada vez mais perto e mais perto. Ele se tornou absolutamente perfeito, não faltava mais nada. E ele estava preocupado porque... e esse é o problema para a mente ocidental: o Oriente parece misterioso, ilógico e ele é. Ele não conseguia entender esse mestre, ele era louco?... Porque agora ele era absolutamente perfeito, o mestre não conseguia encontrar uma única falha, e ele continuava dizendo: "Não!". Este é o problema: o abismo entre as abordagens do Oriente e do Ocidente perante a vida. O mestre continua dizendo que não, continua rejeitando.

Herrigel começou a ficar frustrado. Ele disse: "Mas onde está a falha? Mostre-me a falha e eu posso aprender a ir além dela".

O mestre disse: "Não há falha. *Você* está defeituoso. Não há falha, o seu tiro é perfeito – mas não é isso o que importa. *Você* está falhando; quando você atira, *você* está lá, você está muito lá. A flecha atinge o alvo, tudo bem! Mas isso não é o que importa. Por que você está tão ali? Por que a exibição? Por que o ego? Por que você não pode simplesmente atirar sem estar lá?".

Herrigel, é claro, continuou argumentando: "Como se pode atirar sem estar lá? Então, quem vai atirar?", uma abordagem muito racional: Então quem vai atirar?

E o mestre dizia: "Só olhe para mim". E Herrigel também sentiu que o seu mestre tinha uma qualidade diferente, mas essa qualidade é misteriosa e você não consegue captá-la. Ele sentiu isso muitas vezes: que quando o mestre disparava a flecha, era realmente diferente, como se ele se tornasse a flecha, o arco, como se o mestre não existisse mais, ele era completamente uno, indivisível.

Então ele começou a perguntar como fazer isso. O mestre disse: "Isso não é uma técnica. Você tem que entender, e tem que mergulhar em si mesmo para compreender cada vez mais, e mergulhar nisso".

Três anos perdidos e, então, Herrigel entendeu que isso não era possível. Ou este homem é louco ou não é possível para um ocidental atingir este não atirar: Eu perdi três anos, agora é hora de partir.

Então ele pediu ao mestre no mesmo instante; o mestre disse: "Sim, você pode partir".

Herrigel perguntou, "Você pode me dar um certificado de que durante três anos eu estudei com você?".

O mestre disse: "Não, porque você não aprendeu nada. Você ficou três anos comigo, mas não aprendeu nada. Tudo o que aprendeu, você poderia ter aprendido na Alemanha também. Não havia necessidade de vir aqui".

No dia em que ele estava partindo, ele foi só para se despedir, e o mestre estava ensinando outros discípulos, demonstrando. Era bem de manhã, e o Sol estava nascendo e havia pássaros cantando, e Herrigel agora estava despreocupado porque ele tinha decidido, e depois que a decisão é tomada a preocupação desaparece. Ele não estava preocupado. Durante estes três anos, ele estava tenso mentalmente — como atingir? Como atender às condições deste louco? Mas agora não havia com que se preocupar. Ele tinha decidido, estava indo embora, tinha comprado a passagem; à noite iria embora e todo aquele pesadelo seria deixado para trás. Ele estava apenas esperando pelo mestre para que, quando ele tivesse acabado de ensinar os discípulos, pudesse dizer adeus e agradecer e partir.

Então, ele estava sentado num banco. Pela primeira vez, de repente, sentiu algo. Ele olhou para o mestre. O mestre estava retesando a corda do arco e, como se não estivesse andando em direção ao mestre, ele subitamente se viu de pé e se afastando do banco. Ele foi até o mestre, tomou o arco de sua mão... a flecha deixou o arco, e o mestre disse: "Bom, bom, você conseguiu! Agora eu posso lhe dar um certificado".

E Herrigel disse: "Sim, naquele dia eu consegui. Agora eu sei a diferença. Nesse dia aconteceu algo por si só — eu não era o arqueiro, eu não estava lá de modo algum. Eu estava sentado no banco relaxado. Não havia tensão, nenhuma preocupação, nenhum pensamento sobre isso. Eu não estava preocupado".

Lembre-se disso, porque você também está perto de um louco. É muito difícil atender às minhas condições. É quase impossível, mas é também possível. E isso vai acontecer apenas quando você tiver feito tudo o que puder fazer e chegar ao ponto de dizer adeus, quando você chegar ao ponto em que gostaria de me deixar e ir embora. Ele virá a você somente quando você chegar ao ponto em que pensar, "Desisto de todas estas meditações e tudo mais. A coisa toda é um pesadelo." Então, não há mais nenhuma preocupação. Mas não se esqueça de me procurar e dizer adeus, caso contrário você pode deixar de atingir.

As coisas começam a acontecer quando você dá um basta ao esforço, quando o esforço for feito totalmente — é claro, Herrigel foi total em seu esforço, e é por isso que em três anos, ele conseguiu terminar a coisa toda. Se você for parcial, fragmentário, o esforço não é total, então três vidas podem não ser suficientes. Se você for morno em seu esforço, então você nunca vai chegar a um ponto em que todo o esforço se torna inútil.

Seja total no esforço. Aprenda a técnica toda que é possível para fazer meditação. Faça tudo o que você puder fazer. Não retenha nada. Não tente escapar de nada; faça-a de todo o coração. Em seguida, chegue a um ponto, um pico, em que nada mais pode ser feito. Quando você chegar ao ponto e que nada mais pode ser feito e você já tiver feito tudo, e eu continuo a dizer: "Não, isso não é suficiente" — meu "não" é necessário para levá-lo ao total, ao final, ao pico de onde não mais fazer é possível.

E você não sabe o quanto pode fazer. Você tem uma tremenda energia que não está usando, você está usando apenas um fragmento. E se você estiver usando apenas um fragmento, então você nunca vai chegar ao ponto em que chegou Herrigel... Eu chamo isso do ponto Herrigel.

Mas ele fez bem. Ele fez tudo o que poderia ser feito; da parte dele, ele não estava poupando nada. Então, vem o ponto de ebulição. Nesse ponto de ebulição está a porta. Todo o esforço torna-se tão inútil, tão fútil...; você não está chegando a lugar nenhum por meio dele, então você o abandona. Um relaxamento repentino... e a porta se abre.

Agora você pode meditar sem ser um meditador. Agora você pode meditar sem nem mesmo meditar. Agora você pode meditar sem o seu ego estar lá. Agora você se torna a meditação — não o meditador. O agente se torna a ação, o meditador se torna a meditação, o arqueiro se torna o arco, a flecha — e o alvo não está lá fora em algum lugar pendurado em uma árvore. O alvo é você, está dentro de você — a fonte.

Isso é o que Po-Hun Wu-Jen disse. Ele disse:

"A técnica de atirar a flecha é boa..."

É claro que Lieh-Tzu era um bom arqueiro, um arqueiro perfeito —

"mas não é a técnica de 'não atirar'. Vamos subir a uma montanha bem alta e ficar sobre uma rocha projetada, e então você tenta disparar."

O que ele está trazendo para Lieh-Tzu? O exterior é perfeito, mas a fonte ainda está tremendo. A ação é perfeita, mas o ser ainda está tremendo. O medo ainda está lá, a morte ainda está lá, ele não conhece a si mesmo ainda.

Ele não é um conhecedor; tudo o que ele está fazendo é apenas a partir da cabeça e da mão: o terceiro H ainda não faz parte. Lembre-se sempre de manter todos os três H juntos — a mão, o coração e a cabeça.* Você aprendeu os três R da reciclagem, agora aprenda os três H. E lembre-se sempre de que a cabeça é tão ardilosa que ela pode enganar você, pode lhe dar a sensação de que "Ok, todos os três H estão presentes", porque, quando uma habilidade se desenvolve, quando você se torna mais e mais tecnicamente perfeito, a cabeça diz: "O que mais é necessário?".

Cabeça significa o Ocidente, coração significa o Oriente. A cabeça diz: "Tudo está perfeito". Herrigel é a cabeça, o mestre é o coração — e o mestre parece louco. E lembre-se: para a cabeça, o coração sempre parece louco. A cabeça sempre diz: "Você fica quieto. Não interfira, caso contrário vai criar confusão. Deixe-me cuidar da coisa toda. Eu aprendi tudo, eu sei a aritmética e sei como lidar com isso". E tecnicamente a cabeça está sempre correta. O coração está sempre tecnicamente errado, porque o coração não conhece a técnica, ele conhece apenas o sentimento, ele só conhece a poesia de ser. Ele não conhece nenhuma técnica, não conhece gramática, é um fenômeno poético.

"Vamos subir a uma montanha bem alta".

disse o velho mestre — muito, muito velho, 90 anos de idade —

"e ficar sobre uma rocha projetada, e então você tenta disparar."

Então, vamos ver.

Subiram até uma montanha. De pé sobre uma rocha que se projetava sobre um precipício de três mil metros de altura...

---

* Em inglês as palavras "mão", "cabeça" e "coração", respectivamente "hand", "head" e "heart", começam com a letra H. (N. da T.)

E lembre-se de que essa é a diferença entre a cabeça e o coração: a três mil metros de altura está o coração, numa rocha projetada com vista para um vale de três mil metros de profundidade...

Sempre que se mover para mais perto do coração, você vai se sentir tonto. Com a cabeça tudo está no nível do solo; é uma autoestrada de concreto. Com o coração você entra na floresta — sem estradas, altos e baixos, tudo misterioso, desconhecido, oculto numa névoa; nada é claro, é um labirinto, mas não é uma autoestrada, é mais como um quebra-cabeça. Três mil metros de altura!

Em algum lugar, Nietzsche relatou que uma vez aconteceu de, subitamente, ele se encontrar a três mil metros de altura, a três mil metros de altura do tempo — como se o tempo fosse um vale, e ele se visse a três mil metros de altura de distância do próprio tempo. O dia em que ele relatou isso em seu diário foi o dia em que ele enlouqueceu. O dia em que ele relatou isso em seu diário foi o dia em que sua loucura começou.

É um ponto muito vertiginoso; pode-se enlouquecer. Quanto mais você se aproxima do coração, mais vai sentir que você está se aproximando da loucura. "O que eu estou fazendo?" As coisas ficam fora de prumo. O conhecido deixa você para trás, o desconhecido entra em cena. Todos os mapas tornam-se inúteis, porque não existem mapas para o coração; todos os mapas existem para a mente consciente. É uma coisa nítida, bem definida; nela, você está seguro. É por isso que o amor dá medo, a morte dá medo, a meditação dá medo. Sempre que você está avançando em direção ao centro, o medo o detém.

> *Subiram até uma montanha. De pé sobre uma rocha que se projetava sobre um precipício de três mil metros de altura, Po-Hun Wu-Jen foi andando para trás...*

não para a frente; sobre essa pedra projetada a três mil metros de altura ele se moveu para trás.

> *"Po-Hun Wu-Jen foi andando para trás até que um terço dos seus pés estava pendendo da borda..."*

e para trás.

> *"Ele, então, fez sinal para Lieh-Tzu vir mais para a frente."*

Dizem que este homem de 90 anos de idade era quase curvado; ele não poderia ficar ereto, ele era muito, muito velho. Esse velho curvado, metade dos seus pés pendendo da borda – sem sequer olhar onde pisava, andando para trás.

Ele, então, fez sinal para Lieh-Tzu vir mais para a frente.

É onde eu estou de pé e chamando você para vir para a frente.

Lieh-Tzu caiu no chão...

Ele não chegaria perto dele. Onde quer que ele estivesse de pé, longe do precipício, Lieh-Tzu caiu no chão.

A própria ideia de se aproximar desse velho louco que estava de pé, pendendo para a morte; a qualquer momento ele ia cair e não seria encontrado nunca...

...Com o suor que escorria até os seus calcanhares.

Lieh-Tzu caiu no chão com o suor que escorria até os seus calcanhares. Lembre-se, primeiro a transpiração vem à cabeça. Quando começa o medo, primeiro você transpira na cabeça, os calcanhares são a última coisa. Quando o medo entra assim tão profundamente em você, que não só cabeça está transpirando mas os calcanhares também, então, todo o ser é preenchido com temor e tremor. Lieh-Tzu não se aguentou de pé. Ele não podia suportar nem mesmo a ideia de chegar mais perto do velho mestre.

> *Disse Po-Hun Wu-Jen: "O homem perfeito sobe acima do céu azul, ou mergulha até as nascentes amarelas, ou vagueia por todo os oito limites do mundo, não mostra no entanto sinais de mudança em seu espírito".*

"Lieh-Tzu, tanto medo assim? Até os próprios calcanhares? E por que você caiu no chão, com tontura? Por que essa mudança no espírito? Por que você está tremendo tanto? Por que esse tremor? Para que o medo? Porque um homem perfeito não tem medo!"

Perfeição é destemor... porque um homem perfeito sabe que a morte não existe. Mesmo que esse velho Po-Hun Wu-Jen caia, ele sabe que não pode realmente cair; mesmo se o corpo quebrar em milhões de pedaços e ninguém puder encontrá-lo novamente, ele sabe que não pode morrer. Ele permanecerá como é. Apenas alguém na periferia vai desaparecer, o centro permanece, sempre permanece como está.

A morte não acontece para o centro. O ciclone está apenas na periferia, o ciclone nunca atinge o centro. Nada atinge o centro. O homem perfeito está centrado, ele está enraizado em seu ser. Ele é destemido. Ele não tem medo — não! Ele não é um homem corajoso — não! Ele é simplesmente destemido. Um homem corajoso é aquele que tem medo, mas vai contra o medo; e o covarde é aquele que também tem medo, mas segue com o seu medo. Eles não são diferentes, os corajosos e covardes, eles não diferem basicamente, ambos têm medo. O corajoso é aquele que continua, apesar do medo; o covarde é aquele que segue o seu medo. Mas um homem perfeito não é nenhuma das duas coisas; ele é simplesmente destemido. Ele não é nem covarde, nem corajoso. Ele simplesmente sabe que a morte é um mito, a morte é uma mentira — a maior mentira do mundo; a morte não existe.

Lembre-se, para um homem perfeito a morte não existe — só a vida, ou a divindade, existe. Para você, a divindade não existe, só existe a morte. No momento em que sentir a condição de não morte, você terá sentido o divino. No momento em que você sentir a condição de não morte, você se sentirá a própria fonte da vida.

> "O homem perfeito sobe acima do céu azul ou mergulha até as nascentes amarelas, ou vagueia por todo os oito limites do mundo, não mostra no entanto sinais de mudança em seu espírito."

A mudança pode acontecer na periferia, mas, em seu espírito não há mudança. Por dentro, ele permanece imóvel. Por dentro, ele permanece eternamente o mesmo.

> *"Mas você demonstra um sinal de perturbação e seus olhos estão ofuscados. Como você espera acertar o alvo?"*

...Porque se você está tremendo por dentro, por mais que você acerte o alvo, ele não pode ser exato, porque o interior trêmulo fará suas mãos tremerem. O tremor pode ser invisível, mas vai estar presente. Para todos os efeitos externos, você pode ter acertado o alvo, mas para fins interiores você o errou. Como você pode acertar o alvo?

Então, o básico não é acertar o alvo, o básico é atingir um ser não trêmulo. Então, se você atinge o alvo ou não é secundário. Isso é para as crianças decidirem, é brincadeira de criança.

Essa é a diferença entre a técnica de atirar e a arte de não atirar. É possível que esse mestre, esse velho mestre, possa errar o alvo, é possível, mas ainda assim, ele conhece a arte do não atirar. Lieh-Tzu nunca vai errar o alvo, mas ainda assim ele errou o verdadeiro alvo, ele errou a si mesmo.

Portanto, há dois pontos: a fonte de onde parte a flecha e o fim para onde a flecha vai. A religião está sempre preocupada com a fonte de onde as flechas partem. Não é o ponto em que elas chegam; o básico é para onde elas vão — porque, se elas partem de um ser não trêmulo, elas vão acertar o alvo. Elas já acertaram, porque na fonte está o fim, no começo está o fim, na semente está a árvore, no alfa está o ômega.

Então, o básico é não se preocupar com o resultado; o essencial é pensar, meditar, sobre a fonte. Se o meu gesto é um gesto de amor perfeito ou não, não é o que importa. Se o amor está fluindo ou não, isso é o que importa. Se o amor está presente ele vai encontrar a sua própria técnica, se o amor está presente ele vai encontrar a sua própria habilidade. Mas se o amor não está presente, e você é especialista na técnica, a técnica não pode encontrar o seu amor — lembre-se disso.

O centro vai sempre encontrar sua periferia, mas a periferia não consegue encontrar o centro. O ser sempre encontrará a sua moralidade, o seu caráter, mas o caráter não vai encontrar o seu ser. Você não pode se mover de fora para dentro. Só existe um caminho: a energia flui de dentro para fora. O rio não pode correr se não houver nenhuma fonte, nenhuma fonte de origem. Então a coisa toda vai ser falsa. Se você tiver a fonte, o rio vai correr e vai chegar ao oceano — não há problema. Aonde quer que ele vá, ele vai chegar ao alvo. Se a fonte está transbordando, você vai atingir; e se você está simplesmente jogando com técnicas e brinquedos, você vai errar.

No Ocidente, particularmente, a tecnologia tornou-se tão importante que ela passou a interferir até mesmo no relacionamento humano. Porque você sabe muito sobre técnicas, você está tentando converter tudo em tecnologia. É por isso que livros, milhares de livros, são publicados todos os anos sobre o amor — a técnica, como atingir o orgasmo, como fazer amor. Mesmo o amor tornou-se um problema tecnológico e o orgasmo uma coisa tecnológica, tem que ser resolvido por técnicos. Se o amor tornou-se também um problema tecnológico, então, o que resta? Então, nada resta, então toda a vida é apenas uma tecnologia. Então você tem que saber o *know-how*, mas você erra, você erra o alvo real que é a fonte.

A técnica é boa no que lhe diz respeito, mas é secundária. É dispensável. O essencial é a fonte e é preciso primeiro olhar para a fonte — e, então, a técnica pode vir. É bom que você aprenda a técnica, é bom! As pessoas vêm a mim e eu vejo que elas estão sempre preocupadas com a técnica. Perguntam como meditar. Elas não perguntam: "O que é meditação?". "Como?" — elas perguntam como alcançar a paz. Elas nunca perguntam: "O que é a paz?". Como se elas já soubessem.

O Mulá Nasrudin matou a esposa e, então, houve um julgamento. O juiz disse a Nasrudin, "Nasrudin, você continua insistindo em dizer que você é um amante da paz. Que tipo de amante da paz você é? Você matou sua esposa!"

Nasrudin disse: "Sim, repito mais uma vez que eu sou um amante da paz. Você não sabe: quando matei minha esposa tamanha paz desceu sobre o rosto dela, e pela primeira vez em minha casa havia paz por toda parte. E eu ainda insisto que eu sou um amante da paz".

A técnica mata. Pode dar a você uma paz que pertence à morte, não à vida. O método é perigoso, porque você pode esquecer a fonte completamente e pode ficar obcecado com o método. Métodos são bons, se você permanece alerta e consciente de que eles não são o fim, são apenas os meios. Muita obsessão com eles é muito prejudicial, porque você pode esquecer a fonte completamente.

Este é o ponto. Este velho mestre, Po-Hun Wu-Jen, mostrou a Lieh-Tzu um dos segredos. Se Lieh-Tzu se tornou um homem iluminado, ele mesmo se tornou o que esse velho era naquele momento: para trás, na direção do precipício a três mil metros de altura e metade dos pés pendurados — e um corpo muito velho, 90 anos de idade, e nenhum tremor sobreveio ao velho; nem uma ligeira alteração, nem mesmo um tremor! Por dentro, ele devia ser totalmente destemido. Por dentro, ele devia estar enraizado, fundamentado em si mesmo, centrado. Lembre-se disso sempre, porque há sempre a possibilidade de se tornar uma vítima das técnicas e métodos.

O supremo só vem até você quando todas as técnicas forem abandonadas. O supremo só acontece a você quando não houver nenhum método, porque somente então você estará aberto. O supremo só vai bater à sua porta quando você não estiver. Quando você estiver ausente, você está pronto, porque, só quando estiver ausente haverá espaço para o supremo entrar em você. Então você se torna um ventre. Se *você* está presente, você está sempre demasiadamente; não há nem mesmo uma ligeira brecha, um espaço, para o supremo entrar em você — e o supremo é vasto. Você tem que estar tão imensamente vazio, tão infinitamente vazio... — só então existe a possibilidade do encontro.

É por isso que eu continuo dizendo que você nunca vai conseguir encontrar Deus, porque, quando Deus vier, você não vai estar presente. E, enquanto você estiver presente, ele não pode vir. Você é a barreira.

Basta por hoje.

CAPÍTULO 7
Deixe o momento decidir

Enquanto Tokai visitava um determinado templo, um incêndio se iniciou sob o chão da cozinha.
Um monge correu para o quarto de Tokai, gritando: "Um incêndio, mestre, um incêndio!"
"Oh!", disse Tokai, sentando-se. "Onde?"

"Onde?", exclamou o monge. "Ora, sob o chão da cozinha. Levante-se imediatamente".

"Na cozinha, hein?", disse o mestre sonolento. "Bem, então, quando chegar ao corredor, volte e me avise."
Tokai estava roncando novamente num instante.

Toda a ignorância da mente consiste em não estar no presente. A mente está sempre em movimento: indo para o futuro ou para o passado. A mente nunca está no aqui e agora. Ela não pode estar. A própria natureza da mente é tal que ela não pode ficar no presente, porque a mente tem de pensar e, no presente momento, não há possibilidade de pensar. Você tem que ver, você tem que ouvir, você tem que estar presente, mas você não pode pensar.

O momento presente é tão estreito que não há espaço para pensar. Você pode estar, mas os pensamentos não podem. Como você pode pensar? Se você pensar, isso significa que já é passado, o momento já passou. Ou você pode pensar se não chegou ainda, se está no futuro.

Para pensar, é preciso espaço, porque o pensamento é como uma caminhada – um passeio da mente, uma viagem. É preciso espaço. Você pode caminhar para o futuro, você pode caminhar para o passado, mas como pode andar no presente? O presente está tão perto, na verdade não está nem perto – o presente é você. Passado e futuro são partes do tempo, o presente é *você*, que não faz parte do tempo. Não é um tempo: não é de modo algum uma parte do tempo, não pertence ao tempo. O presente é você, o passado e o futuro estão fora de você.

A mente não pode existir no presente. Se você conseguir estar aqui, totalmente presente, a mente desaparecerá. A mente pode desejar, pode sonhar – sonhar mil e um pensamentos. Ela pode mover-se para o fim do mundo, pode mover-se para o próprio começo do mundo, mas não pode estar no aqui e agora – isso é impossível para ela. Toda a ignorância consiste em não saber disso. E então você se preocupa com o passado, o que não existe mais – é absolutamente estúpido! Você não pode fazer nada quanto ao passado. Como você pode fazer alguma coisa sobre o passado que não existe mais? Nada pode ser feito, já passou; mas você se preocupa com isso, e se preocupando com isso, você desperdiça a si mesmo.

Ou você pensa no futuro, e sonha e deseja. Alguma vez você já observou? O futuro nunca chega. Ele não pode chegar. Tudo o que chega é sempre o presente, e o presente é absolutamente diferente dos seus desejos, dos seus sonhos. É por isso que tudo o que você deseja e sonha e imagina e planeja e se preocupa, nunca acontece. Mas desgasta você. Você continua se deteriorando. Você continua morrendo. Suas energias continuam andando num deserto, não atingindo nenhum objetivo, simplesmente se dissipando. E então a morte bate à sua porta. E lembre-se: a morte nunca bate no passado, e a morte nunca bate no futuro, a morte bate no presente.

Você não pode dizer para a morte: "Amanhã!". A morte bate no presente. A vida também bate no presente. Deus também bate no presente. Tudo o que existe sempre bate no presente, e tudo o que não existe é sempre parte do passado ou do futuro.

Sua mente é uma entidade falsa, pois nunca bate no presente. Que esse seja o critério da realidade: tudo o que existe está sempre aqui e agora, tudo o que não existe nunca faz parte do presente. Largue tudo o que nunca bate no agora. E se você se mover no agora, uma nova dimensão se abre – a dimensão da eternidade.

Passado e futuro movem-se numa linha horizontal: Assim como A se move para B, B para C, C para D, numa linha. A eternidade move-se verticalmente: A move-se mais profundamente em A, mais alto em A, não se move para B; A continua se movendo mais profundamente e para cima, em ambos os sentidos. É vertical. O momento presente move-se verticalmente, o tempo se move horizontalmente. O tempo e o presente nunca se encontram. E você é o presente:

todo o seu ser se move verticalmente. A profundidade está aberta, a altura está aberta, mas você está se movendo horizontalmente com a mente. É assim que você perde Deus.

As pessoas vêm a mim e perguntam como encontrar Deus, como ver, como perceber. Isso não é o que importa. A questão é: como você o está perdendo? Porque ele está aqui e agora, batendo à sua porta. Não pode ser de outra forma! Se ele é real, ele tem que estar aqui e agora. Apenas a irrealidade não está aqui e agora. Ele já está na sua porta, mas você não está presente. Você nunca está em casa. Você continua vagando em milhões de palavras, mas você nunca está em casa. Lá você nunca é encontrado, e Deus vai ao seu encontro lá, a realidade rodeia você lá, mas nunca o encontra lá. A verdadeira questão não é como você deveria encontrar com Deus; a verdadeira questão é que você deveria estar em casa, de modo que, quando Deus batesse ele encontrasse você lá. Não é uma questão de você encontrá-lo, é uma questão de ele encontrar você.

Portanto, é uma meditação real. Um homem de entendimento não se preocupa com Deus ou com esse tipo de assunto, porque ele não é um filósofo. Ele simplesmente tenta ficar em casa, parar de se preocupar e pensar no futuro e no passado, ficar no aqui e agora, não sair deste momento. Quando você fica neste momento, a porta se abre. Este momento é a porta!

Eu fiquei hospedado uma vez com um padre católico e a família dele. Aconteceu uma noite em que eu estava sentado com a família: o sacerdote, sua esposa e o filho pequeno que estava brincando no canto da sala com alguns blocos, fazendo alguma coisa. Então, de repente, a criança disse: "Agora todo mundo fica quieto, porque eu fiz uma igreja. A igreja está pronta, agora façam silêncio".

O pai ficou muito feliz que o menino tivesse entendido que numa igreja é preciso ficar quieto. Para incentivá-lo, ele disse: "Por que é que é preciso ficar quieto numa igreja?". "Porque", disse o **menino**, "as pessoas estão dormindo".

As pessoas estão realmente dormindo, não só na igreja, mas em todo o planeta, em todos os lugares. Elas estão dormindo na igreja, porque elas vêm dormindo de fora. Elas saem da igreja, andam durante o sono — todos são sonâmbulos, andam dormindo. E essa é a natureza do sono: você nunca está no aqui e agora, porque, se estiver no aqui e agora, você vai ficar acordado!

O sono significa que você está no passado, o sono significa que você está no futuro. A mente é o sono, a mente é uma hipnose profunda – um sono profundo. E você tenta de muitas maneiras, mas nada parece ajudá-lo – porque qualquer coisa feita durante o sono não vai ser de muita ajuda, porque, se você fizer algo no sono, não será mais do que um sonho.

Ouvi dizer que uma vez um homem foi a um psicanalista, um psicanalista muito distraído – e todo mundo está distraído porque a mente é distraída, não fica em casa, isso é o que significa distração. O homem foi a esse psicanalista muito distraído e disse. "Estou com muitos problemas e já procurei todo tipo de médico, mas ninguém conseguiu me ajudar, e eles dizem que não há nada errado. Mas eu estou em apuros. Eu ronco tão alto no meu sono que eu mesmo me acordo. E isso acontece muitas vezes durante a noite: o ronco é tão alto que eu acordo a mim mesmo!"

Sem exatamente ouvir o que esse homem estava dizendo, o psicanalista disse: "Isso não é nada. Uma coisa simples pode mudar toda a situação. Você simplesmente durma no outro quarto".

Você entende? Isso é exatamente o que todo mundo está fazendo. Você continua mudando de quarto, mas o sono continua, o ronco continua, porque você não pode deixá-lo no outro quarto. Não é algo separado de você; é você, é a sua mente, ela é todo o seu passado acumulado, a sua memória, o seu conhecimento; o que os hindus chamam de *samskaras*, todos os condicionamentos que compõem a sua mente. Você vai para o outro quarto, eles seguem você até lá.

Você pode mudar de religião: você pode se tornar um cristão depois de ser hindu, você pode se tornar um hindu depois de ser cristão – você muda de quarto. Nada acontece a partir disso. Você pode ir mudando de mestre – de um mestre para outro, de um *ashram* para outro: nada vai ser de muita ajuda. Você está mudando de quarto; e a coisa básica não é mudar de quarto, mas mudar você. O quarto não está preocupado com o seu ronco; o quarto não é a causa, você é a causa. Essa é a primeira coisa a ser entendida; então você será capaz de entender essa bela história.

Sua mente, como ela é, está dormindo. Mas você não consegue sentir como ela está dormindo porque você parece bem acordado, com os olhos abertos.

Mas você já viu alguma coisa? Você parece acordado e com os ouvidos abertos, mas você já ouviu alguma coisa?

Você está me ouvindo e você diz "Sim!" Mas você está me ouvindo ou ouvindo a sua mente aí dentro? A sua mente está sempre comentando. Eu estou aqui, falando com você, mas você não está me ouvindo. Sua mente comenta o tempo todo: "Sim, ele está certo, eu concordo", "Eu não concordo, isso é absolutamente falso"; sua mente está lá, sempre comentando. Através desse comentário, esse nevoeiro mental, eu não posso penetrar em você. O entendimento vem quando você não está interpretando, quando você simplesmente ouve.

Numa pequena escola, a professora percebeu que um menino não estava escutando. Ele era muito preguiçoso e irrequieto, inquieto. Então, ela perguntou: "Por quê? Você está com alguma dificuldade? Você não consegue me ouvir?".

O menino disse: "A audição está boa, escutar é que é o problema".

Ele fez uma distinção muito sutil. Ele disse: "A audição está boa, eu estou ouvindo você, mas *escutar* é que é o problema", porque escutar é mais do que ouvir; escutar é ouvir com plena consciência. Só ouvir é bom, os sons estão todos em torno de você; você ouve, mas você não está escutando. Você tem que ouvir, porque o som vai continuar batendo no seu tímpano, você tem que ouvir. Mas você não está lá para escutar, porque escutar significa uma atenção profunda, um relacionamento — não um comentário interior constante, não é dizer sim ou não, não é concordar, discordar, porque, se você concordar e discordar, nesse momento como você pode me escutar?

Quando você concordar, o que eu disse já é passado; quando você discordar, o momento já passou. E no momento em que você acenar com a cabeça interiormente, dizendo não ou sim, você está deixando escapar — e isso é uma coisa constante dentro de você.

Você não consegue escutar. E quanto mais conhecimento você tiver, mais difícil fica escutar. Ouvir significa atenção inocente — você simplesmente escuta. Não há necessidade de estar em concordância ou discordância. Não estou em busca da sua concordância ou discordância. Eu não estou pedindo o seu voto, eu não estou buscando seguidores, não estou de forma alguma tentando convencê-lo.

O que você faz quando um papagaio começa a gritar numa árvore? Você comenta? Sim, então você também diz, "Que incômodo". Você não consegue ouvir nem mesmo um papagaio. Quando o vento está soprando através das árvores e há o farfalhar, você escuta? Às vezes, talvez; quando o pega de surpresa. Mas então você também comenta: "Sim, lindo!".

Agora observe: sempre que você comenta, você adormece. A mente interferiu, e com a mente o passado e o futuro entram em cena. A linha vertical é perdida — e você se torna horizontal. No momento em que a mente interfere, você se torna horizontal. Você perde a eternidade.

Simplesmente escute. Não há necessidade de dizer sim ou não. Não há necessidade de se convencer ou não. Simplesmente escute, e a verdade será revelada a você — ou a inverdade! Se alguém está falando bobagem, se você simplesmente escutar, o absurdo será revelado a você — sem qualquer comentário da mente. Se alguém estiver falando a verdade, ela será revelada a você. A verdade ou a inverdade não é um acordo ou um desacordo da sua mente, é um sentimento. Quando você está em harmonia total, você sente, e você simplesmente sente que é verdade ou não é verdade — e a coisa termina aí! Sem você ter que se preocupar mais com isso, sem pensar mais sobre isso! O que o pensar pode fazer?

Se você foi criado de uma certa forma, se você é cristão, ou hindu ou muçulmano, e eu estiver dizendo algo que por acaso está de acordo com a sua educação, você vai dizer que sim. Se por acaso não estiver, você vai dizer que não. Você está aqui ou é apenas a sua educação? E a educação é apenas acidental.

A mente não consegue encontrar o que é verdadeiro, a mente não consegue encontrar o que é inverdade. A mente pode raciocinar sobre isso, mas todo o raciocínio é baseado no condicionamento. Se você é hindu, você raciocina de uma maneira; se você é muçulmano, você raciocina de uma maneira diferente. E todo tipo de condicionamento racionaliza. Não é de fato raciocínio: você racionaliza.

O Mulá Nasrudin ficou muito idoso; ele fez 100 anos. Um repórter foi vê-lo, porque ele era o cidadão mais velho daquela região. O repórter disse: "Nasrudin, há algumas perguntas que eu gostaria de fazer. Uma delas é: você acha que vai conseguir viver mais 100 anos?".

Nasrudin disse: "Claro, porque cem anos atrás eu não era tão forte quanto sou agora". Cem anos antes ele era uma criança recém-nascida, por isso ele disse: "Cem anos atrás eu não era tão forte quanto sou agora, e se essa criancinha, indefesa, fraca, conseguiu sobreviver durante cem anos, por que eu não conseguirei?".

Isso é a racionalização. Parece lógico, mas falta alguma coisa. É a realização de um desejo. Você gostaria de sobreviver por mais tempo, então você cria uma lógica em torno disso: você acredita na imortalidade da alma. Você foi criado numa cultura que diz que a alma é eterna. Se alguém diz: "Sim, a alma é eterna", você concorda, você diz: "Sim, isso está certo". Mas isso não está certo — ou errado. Você diz sim, porque é um condicionamento arraigado em você. Há outros: metade do mundo acredita — hindus, budistas e jainistas acreditam — que a alma é eterna, e existem também muitos renascimentos. E metade do mundo — cristãos, muçulmanos, judeus — acreditam que a alma não é eterna e não existem renascimentos, apenas uma vida e depois a alma se dissolve no final.

Metade do mundo acredita nisso, a outra metade acredita naquilo, e todos têm seus próprios argumentos, todos têm as suas próprias racionalizações. Tudo em que você quer acreditar, você vai acreditar, mas no fundo seu desejo será a causa de sua crença, não a razão. A mente parece racional, mas não é. É um processo de racionalização: tudo em que você quer acreditar, a mente diz que sim. E de onde vem esse querer? Ele vem da sua educação.

Escutar é um assunto totalmente diferente, que tem uma qualidade totalmente diferente. Quando você *escuta*, você não pode ser hindu nem muçulmano nem jainista, nem cristão. Quando você escuta, você não pode ser teísta ou ateu. Quando você escuta você não pode escutar através da pele dos seus "ismos" ou escrituras — você tem que colocar todos eles de lado, você tem simplesmente que ouvir.

Eu não estou pedindo para você concordar, não tenha medo! Basta escutar, sem se incomodar em demonstrar concordância ou discordância e então a racionalização acontece.

Se a verdade está ali, de repente você é atraído — todo o seu ser é puxado como que por um ímã. Você derrete e se funde, e seu coração sente "Isso é verdade", sem nenhuma razão, sem nenhum argumento, sem nenhuma lógica. É por isso que as religiões dizem que a razão não é o caminho para o divino. Elas dizem que é a fé, dizem que é a confiança.

O que é confiança? É uma crença? Não, porque a crença pertence à mente. Confiar é um *rapport*. Você simplesmente coloca de lado todas as suas medidas de defesa, sua armadura, você se torna vulnerável. Você escuta algo, e você escuta tão totalmente que o sentimento surge em você dizendo se é verdade ou não. Se não é verdade, você sente isso. Por que isso acontece? Se é verdade, você sente isso. Por que isso acontece?

Isso acontece porque a verdade reside em você. Quando você está totalmente no "não pensamento", a sua verdade interior sempre pode sentir a verdade — isso porque o igual sempre sente o igual: ele se encaixa. De repente, tudo se encaixa, tudo cai num padrão e o caos se torna um cosmos. As palavras caem em linha... e uma poesia surge. Então tudo simplesmente se encaixa.

Se você está em *rapport*, e a verdade surge, seu ser interior simplesmente concorda com ela, mas não é uma concordância. Você sente uma sintonização. Você se torna uno. Isso é confiar. Se algo está errado, isso simplesmente se esvai de você — você nem pensa outra vez, você nunca olha para isso uma segunda vez: não há sentido nisso. Você nunca diz: "Isto não é verdade", isso simplesmente não se encaixa — você segue em frente! Se se encaixa, torna-se a sua casa. Se não se encaixa, você segue adiante.

Por meio do escutar vem a confiança. Mas, para escutar é preciso ouvir com mais atenção. E você está dormindo — como você pode estar atento? Mas, mesmo dormindo um fragmento de atenção permanece flutuando em você; caso contrário não haveria. Você pode estar numa prisão, mas as possibilidades sempre existem — você pode sair. Pode haver dificuldades, mas não é impossível, porque se sabe que prisioneiros têm escapado de lá. Um Buda escapa, um Mahavira escapa, um Jesus escapa — eles também estavam presos como você. Prisioneiros escaparam antes — prisioneiros sempre escapam. Resta em algum lugar uma porta, uma possibilidade, você simplesmente tem que procurá-la.

Se não for possível, se não houver nenhuma possibilidade, então não há nenhum problema. O problema surge porque a possibilidade existe — você está um pouco alerta. Se você estivesse absolutamente adormecido, então não haveria nenhum problema. Se você estivesse em coma, então não haveria nenhum problema. Mas você não está em coma, você está dormindo, mas não totalmente. Uma lacuna, uma brecha existe. Você tem que encontrar dentro de si mesmo essa possibilidade de ficar atento.

Às vezes você fica atento. Se alguém vem bater em você, a atenção vem. Se você estiver em perigo, se estiver passando por uma floresta à noite e estiver escuro, você anda com uma qualidade diferente de atenção. Você está acordado; o pensar não está presente. Você está em plena harmonia com a situação, com tudo o que está acontecendo. Se uma folha faz um barulho, você fica totalmente alerta. Você é exatamente como uma lebre, ou um cervo – que está sempre acordado. Sua audição está maior, seus olhos estão bem abertos, você está sentindo o que está acontecendo ao redor, porque o perigo existe. Em perigo o seu sono é menor, sua consciência é maior, a *gestalt* muda. Se alguém encosta um punhal no seu coração e está prestes a cravá-lo, nesse momento não há pensamento. O passado desaparece, o futuro desaparece; você está no aqui e agora.

A possibilidade existe. Se fizer esforço, você vai pegar o raio que existe em você, e assim que você pegar o raio, o Sol não está muito longe; então por meio do raio você pode chegar ao Sol – o raio torna-se o caminho.

Então lembre-se: encontre a atenção, deixe que ela se torne uma continuidade em você 24 horas por dia, em tudo o que você faz. Coma, mas tente ficar atento: coma com consciência. Caminhe, mas caminhe com consciência. Ame, mas ame plenamente consciente. Experimente!

Isso não vai se tornar total em apenas um dia, mas, mesmo se um raio for pego, você vai sentir uma satisfação profunda – porque a qualidade é a mesma se você atingir um raio ou a totalidade do Sol. Se você provar uma gota d'água do oceano ou todo o oceano, o gosto salgado é o mesmo – e o gosto se torna o seu *satori*, o vislumbre.

Aqui, me ouvindo, fique alerta. Sempre que você sentir que caiu novamente no sono, traga-se de volta: basta se sacudir um pouco e se trazer de volta. Ao andar na rua, se você sentir que está andando dormindo, agite-se um pouco, leve um pouco de vibração a todo o seu corpo. Fique alerta. Esse estado de alerta permanecerá apenas por alguns instantes, mais uma vez você vai perdê-lo, porque você tem vivido dormindo há tanto tempo que se tornou um hábito, você não consegue ver como ir contra isso.

Eu estava viajando uma vez de Calcutá para Mumbai, num avião, e uma criança estava criando um grande incômodo, correndo de um canto do corredor para o outro, todo mundo incomodado — e, então, a aeromoça veio com chá e café. O menino correu para ela e fez a maior bagunça. Em seguida, a mãe da criança disse: "Agora ouça, eu te disse muitas vezes — por que não vai lá pra fora e brinca lá?".

Apenas o velho hábito. Ela estava sentada bem ao meu lado e não estava ciente do que havia dito. Eu escutei quando ela falou, e ela não se deu conta do que tinha dito. Apenas a criança se deu conta. Ela disse: "Como assim? Se eu for lá pra fora vou morrer!".

A criança está mais atenta, é claro, porque ela tem menos hábitos. Uma criança está mais alerta, porque tem menos armadura em torno dela, ela é menos presa. É por isso que todas as religiões dizem que, quando um homem torna-se um sábio, ele tem uma qualidade de criança: a inocência. Então os hábitos vão abaixo... porque os hábitos são a sua prisão, e o sono é o maior de todos os hábitos.

Agora, tente entrar nesta parábola comigo.

Enquanto Tokai visitava um determinado templo, um incêndio se iniciou sob o chão da cozinha.
Um monge correu para o quarto de Tokai, gritando: "Um incêndio, mestre, um incêndio!".
"Oh!", disse Tokai, sentando-se. "Onde?"
"Onde?", exclamou o monge. "Ora, sob o chão da cozinha. Levante-se imediatamente."
"Na cozinha, hein?", disse o mestre sonolento. "Bem, então, quando chegar ao corredor, volte e me avise."
Tokai estava roncando novamente num instante.

Tokai era um grande mestre zen, iluminado, vivendo em total consciência, e sempre que você vive em total consciência você vive de momento a momento. Você não pode planejar, nem mesmo o momento seguinte, você não pode planejar — porque como saber? O momento seguinte pode nunca vir! E como você pode planejar de antemão, porque quem sabe qual será a situação no momento seguinte? E se você planejar demais, você pode perdê-lo, o frescor desse momento.

A vida é como um fluxo, nada permanece igual, tudo se move. Heráclito disse que você não pode pisar duas vezes no mesmo rio — como você pode planejar? No momento em que você está pisando pela segunda vez, muita água já correu, ele não é o mesmo rio. O planejamento é possível se o passado se repetisse. Mas o passado nunca se repete, a repetição nunca acontece — mesmo se você vir algo se repetindo, é só porque você não pode ver o todo.

Heráclito também diz que, a cada dia, o Sol é novo. Claro, você vai dizer que é o mesmo Sol, mas ele não pode ser o mesmo, não há nenhuma possibilidade de ele ser o mesmo. Muita coisa mudou: o céu inteiro é diferente, todo o padrão de estrelas é diferente, o próprio Sol se tornou mais velho. Agora, os cientistas dizem que, dentro de quatro milhões de anos, o Sol vai morrer, sua morte está se aproximando — porque o Sol é um fenômeno vivo e é muito velho, tem que morrer.

Sons nascem, vivem — e morrem. Quatro milhões de anos para nós é muito tempo; para o Sol é simplesmente nada, é como se no momento seguinte ele fosse morrer. E quando o Sol morrer, toda a família solar vai desaparecer, porque o Sol é a fonte. Todo dia o Sol está morrendo e tornando-se mais e mais e mais velho — não pode ser o mesmo. A cada dia a energia é perdida — uma grande quantidade de energia está sendo investida nos raios. O Sol está menor a cada dia, consumindo-se. Não é o mesmo, ele não pode ser o mesmo.

E quando o Sol nasce, nasce um mundo diferente, e o espectador também não é o mesmo. Ontem você pode ter estado cheio de amor; então seus olhos eram diferentes, e o Sol, é claro, parecia diferente. Você estava tão cheio de amor que uma certa qualidade de poesia estava em torno de você, e você olhou através dessa poesia — o Sol pode ter parecido um deus, assim como era visto pelos videntes dos Vedas. Eles chamavam o Sol de "Deus" — eles deviam estar preenchidos com muita poesia. Eram poetas, apaixonados pela existência, pois eles não eram cientistas. Eles não estavam em busca do que era a matéria, eles estavam em busca do que era o humor. Eles adoravam o Sol. Eles devem ter sido pessoas muito felizes e bem-aventuradas, porque você só pode adorar quando você sente uma bênção; você só pode adorar quando sente que toda a sua vida é uma bênção.

Ontem você pode ter sido um poeta, hoje você pode não ser um poeta em hipótese nenhuma, porque a cada momento o rio está fluindo dentro de você. Você também está mudando. Ontem as coisas estavam se encaixando umas nas outras, hoje tudo é uma confusão: você está com raiva, você está deprimido, você está triste. Como o Sol pode ser o mesmo quando o espectador mudou? Tudo muda, assim o homem de entendimento nunca planeja exatamente o futuro, não pode — mas ele é mais preparado do que você para enfrentar o futuro. Esse é o paradoxo. Você planeja, mas não está tão preparado.

Na verdade, o planejamento significa que você se sente muito inadequado, é por isso que está planejando; caso contrário, por que planejar? Um convidado está chegando e você está pensando o que vai dizer a ele. Que absurdo! Quando o convidado chegar você não pode ser espontâneo? Mas você tem medo, não acredita em si mesmo, não tem confiança, você planeja, você ensaia. Sua vida é uma encenação, não é a coisa real, porque o ensaio é necessário apenas quando se trata de uma encenação. E lembre-se: quando você faz um ensaio, aconteça o que acontecer, você será um ator, não uma coisa real. O convidado nem chegou e você já está planejando o que vai dizer, como vai agradá-lo, como vai responder; você já está dizendo coisas. O convidado, na mente, já chegou — você está falando com ele. Na verdade, no momento em que o convidado chega, você já está farto dele. Na verdade, no momento em que o hóspede chega, você já ficou demais com ele — você está entediado, e tudo o que disser não será verdadeiro e autêntico. Isso não virá de você, virá da memória. Não vai ocorrer a partir da sua existência, virá do ensaio que você fez. Vai ser falso — e o encontro não será possível, pois como um homem falso pode encontrar? E pode acontecer o mesmo com o seu convidado: ele também estava planejando, ele também já está farto de você. Ele falou demais e agora gostaria de ficar em silêncio, e tudo o que ele disser será ensaiado.

Assim, sempre que duas pessoas se encontram, há quatro pessoas se encontrando — pelo menos quatro, podem ser mais. Duas pessoas reais estão em segundo plano, duas falsas estão se encontrando. Tudo é falso, porque se trata de planejamento. Mesmo quando você ama uma pessoa você planeja, e faz um ensaio — todos os movimentos que você vai fazer, como você vai beijar, os gestos — tudo se torna falso. Por que você não confia em si mesmo? Quando o momento chegar, por que não confiar na sua espontaneidade? Por que você não pode ser real?

A mente não pode confiar no momento; ela está sempre com medo, é por isso que ela planeja. Planejamento significa medo. É o medo que planeja, e por meio do planejamento é que você perde tudo. Tudo o que é belo e verdadeiro, tudo o que é divino, você perde. Ninguém nunca chegou a Deus com um plano, ninguém jamais pode conseguir.

> *Enquanto Tokai visitava um determinado templo, um incêndio se iniciou sob o chão da cozinha.*

A primeira coisa: o fogo gera medo, porque é morte. E se nem o fogo é capaz de causar medo, nada pode causar medo. Mas nem mesmo o fogo pode causar medo quando você encontrou a morte, quando sabe que a morte não existe; caso contrário, no momento em que ouve a palavra "Fogo!", você entra em pânico. Não há necessidade de ser um fogo real, apenas alguém entrando em disparada e gritando, "Fogo!" faz você entrar em pânico. Alguém pode saltar pela janela para fugir dele e pode se matar — e não havia fogo. Apenas a palavra "fogo" pode causar pânico.

Você vive com palavras. Alguém diz "limão" e você fica com a boca cheia d'água. Alguém diz, "Fogo!" — e você não está mais aqui, já fugiu. Você vive com palavras, não com realidades. Você vive com símbolos, não com realidades. E todos os símbolos são artifícios, eles não são reais.

Eu ouvi; ouvi dizer, na verdade:

Uma senhora idosa estava ensinando outra mais nova a cozinhar um certo prato. Ela estava explicando, e então disse: "Seis glugues de melaço". A mais jovem perguntou: "Seis o quê?". A mulher mais velha disse: " Seis glugues".

A jovem ficou intrigada e disse novamente: "Eu nunca ouvi falar disso antes. O que é esse 'glugue'?".

A mulher mais velha disse: "Meu Deus! Você não sabe uma coisa tão simples? Então vai ser difícil ensinar você a cozinhar!".

A mais nova disse: "Faça a gentileza de me dizer o que é esse 'glugue'".

A mais velha disse: "Vocês entorna o jarro, quando ouvir um 'glugue', é um deles. Mais cinco e são seis glugues!".

Mas toda a linguagem é assim. Nenhuma palavra realmente significa nada. O significado é dado por nós por contrato mútuo. É por isso que existem três mil línguas no mundo, mas não existem três mil realidades. Toda linguagem é exatamente como o "glugue".

Você pode criar sua própria linguagem particular, não há problema. Os amantes sempre criam a sua linguagem particular: eles começam a usar palavras – ninguém entende o que eles estão dizendo, mas *eles* entendem. As palavras são simbólicas. O significado é dado, o significado não está realmente lá. Quando alguém diz: "Fogo!", não há fogo na palavra, não pode haver. Quando alguém diz Deus, na palavra "deus" não existe nenhuma divindade – não pode haver. A palavra deus não é divindade. Quando alguém diz amor, a palavra "amor" não é amor.

Quando alguém diz: "Eu te amo", não se deixe enganar pelas palavras. Mas você vai ser enganado, porque ninguém olha para a realidade, as pessoas só olham para as palavras. Quando alguém diz: "Eu te amo", você pensa: "Sim, ele me ama", ou "Sim, ela me ama". Você está entrando numa armadilha e ficará em dificuldade. Basta olhar a realidade desse homem ou dessa mulher. Não dê ouvidos às palavras, escute a realidade. Fique em *rapport* com a realidade dessa pessoa e o entendimento surgirá, revelando se o que ela está dizendo são apenas palavras ou se tem algum conteúdo **também**. E confie no conteúdo, nunca confie na palavra; caso contrário, **mais** cedo ou mais tarde você vai ficar frustrado. Tantos amantes estão frustrados no **mundo** – noventa por cento! A palavra é a causa. Eles acreditaram na palavra e não olharam a realidade.

Não se deixe ofuscar pelas palavras. Mantenha os olhos limpos das palavras. Não permita que elas se instalem nos seus olhos e nos seus ouvidos; caso contrário, você vai viver num mundo falso. As palavras são falsas em si mesmas; só passam a ter significado se existir alguma verdade no coração de onde elas vêm.

Enquanto Tokai visitava um determinado templo, um incêndio se iniciou sob o chão da cozinha.

O fogo é o medo, o fogo é a morte — mas não a palavra "fogo".

Um monge correu para o quarto de Tokai, gritando: "Um incêndio, mestre, um incêndio".

Ele estava agitado, a morte estava próxima.

"Oh!", disse Tokai, sentando-se. "Onde?"

Você não pode agitar um mestre, mesmo se a morte estiver presente, porque a emoção pertence à mente. E você não pode surpreender um mestre, mesmo se a morte estiver presente, porque a surpresa também pertence à mente. Por que você não pode surpreender um mestre? Porque ele nunca espera nada. Como você pode surpreender um homem que nunca espera coisa alguma? Porque você espera, e então outra coisa acontece, é por isso que você é surpreendido. Se você estiver andando na rua e vir um homem se aproximando, e de repente ele se torna um cavalo, você ficará surpreso, assombrado: o que aconteceu? Mas mesmo isso não vai surpreender um homem como Tokai, porque ele sabe que a vida é um fluxo — tudo é possível: um homem pode até virar um cavalo, um cavalo pode virar um homem. Isso é o que já está acontecendo muitas vezes: muitos cavalos viraram homens e muitos homens viraram cavalos. A vida não para!

Um mestre continua sem nenhuma expectativa, você não pode surpreendê-lo. Para ele tudo é possível, e ele não está fechado para nenhuma possibilidade. Ele vive no momento totalmente aberto; aconteça o que acontecer, acontece. Ele não tem um plano contra a realidade, nenhuma proteção. Ele aceita.

Se espera alguma coisa, você não consegue aceitar. Se aceita tudo, você não pode esperar. Se você aceita e não espera, você não pode ser surpreendido — e não pode ficar agitado. A agitação é uma febre, é uma doença; quando você fica agitado, todo o seu ser fica febril, você fica quente. Você pode gostar disso às vezes, porque existe dois tipos de febre: uma que vem do prazer e uma que vem da dor. A que você gosta, você chama de prazer, mas também é uma febre, uma agitação; e aquela que você não gosta, você chama de dor, doença – mas ambas são agitações. E tente observar: elas vão se transformando uma na outra.

Você ama uma mulher, você fica agitado e sente um certo prazer, ou você interpreta isso como prazer. Mas fique um tempo com essa mulher e, mais cedo ou mais tarde, a emoção se vai. Pelo contrário, um tédio se insinua, você se sente farto, gostaria de fugir, gostaria de ficar sozinho. E se a mulher ainda continua lá, agora entra o negativo. Você não está apenas entediado, você está numa febre negativa agora; você se sente mal, se sente nauseado.

Olhe: sua vida é como um arco-íris. Ela carrega todas as cores; e você continua passando de cor em cor. Ela carrega todos os extremos, todos os opostos: do prazer você passa para a dor, da dor você passa para o prazer. Se a dor continua por muito tempo, você pode até começar a sentir um certo prazer com isso. Se o prazer dura muito tempo, você certamente começa a sentir dor. Ambos são estados de agitação, ambos são febres. Um homem de entendimento está sem febre. Você não pode agitá-lo, você não pode surpreendê-lo. Mesmo se a morte está próxima ele vai perguntar friamente: "Onde?" E essa pergunta "Onde?" é muito bonita, porque o homem de iluminação está sempre preocupado com o aqui. Ele não está preocupado com o lá, ele não está preocupado com o então, ele está preocupado apenas com o agora. Agora, aqui é a sua realidade; depois, lá é a sua realidade.

"Um incêndio, mestre, um incêndio!." "Oh!", disse Tokai, sentando-se. "Onde?"

Ele quer saber: lá ou aqui.

"Onde?", exclamou o monge.

...Porque o monge não podia acreditar que, num incêndio, alguém poderia fazer uma pergunta tão idiota. Devia simplesmente saltar pela janela e sair daquela casa; não é o momento para argumentos sutis.

"Onde?", exclamou o monge. "Ora, sob o chão da cozinha. Levante-se imediatamente."

"Na cozinha, hein?", disse o mestre sonolento. "Bem, então, quando chegar ao corredor, volte e me avise."

Quando chegar aqui, então venha e me avise. Se o fogo estiver lá, não é da minha conta. A história é muito reveladora. Qualquer coisa que aconteça lá não é uma preocupação; só quando está aqui é que se torna real.

Um mestre não pode planejar o futuro. É claro que ele está preparado: o que for que aconteça, ele vai responder, mas ele não pode fazer um ensaio, e ele não pode planejar... e ele não pode se mover antes de a realidade chegar. Ele vai dizer: "Deixe a realidade vir, deixe o momento bater à minha porta, e então veremos". Livre de ensaios, planos, ele é sempre espontâneo — e qualquer coisa que ele faça com sua espontaneidade está sempre certa.

Lembre-se sempre deste critério: tudo o que vier de sua espontaneidade é certo. Não existe nenhum outro critério de certo e errado. Qualquer coisa que venha do momento, sua resposta viva para isso é boa. Nada mais é bom, não existe outro critério para o bem e o mal.

Mas você está com medo. Por causa de seu medo de criar moralidade. Por causa de seu medo você cria distinções entre o certo e o errado. Mas você não vê que às vezes a situação é diferente e o certo se torna errado e o errado se torna certo? Mas você continua morto. Você não olha para a situação. Você simplesmente vai seguindo o seu certo e errado e as concepções em torno disso. É por isso que você se torna um desajustado. Até as árvores são mais sábias do que você — elas não são desajustadas. Até os animais são melhores do que você — eles não são desajustados. Até as nuvens são mais dignas do que você — elas não são desajustadas. A totalidade da existência se ajusta; só o homem é um desajustado. Onde foi que ele deu errado?

Ele deu errado com as suas distinções mentais — isto é certo e aquilo é errado — e na vida essas coisas fixas não podem ser úteis. Alguma coisa está errada neste momento; no momento seguinte, torna-se certo. Algo está certo neste momento; no momento seguinte não está mais. O que você vai fazer? Você vai ficar constantemente num estado de medo e preocupação, uma tensão interna.

O ensinamento básico de todos aqueles que sabem é: fique alerta e seja espontâneo, e tudo o que acontecer a partir do seu estado alerta e espontâneo é certo, e tudo o que acontecer a partir do seu sono, da sua inconsciência, está errado. Tudo o que você fizer inconscientemente, está errado — tudo o que você fizer com consciência é certo. Certo e errado não é uma distinção entre objetos; certo e errado é uma distinção entre consciências.

Por exemplo, existe uma seita jainista na Índia: o *terapanth*. Mahavira dizia: "Não interfira no karma de ninguém. Deixe que ele se cumpra" — uma coisa linda. Ele diz na verdade a mesma coisa que os *hippies* dizem no Ocidente: "Fique na sua". Do outro lado do mundo Mahavira diz a mesma coisa: "Não interfira na vida de ninguém. Deixe a pessoa cuidar do seu próprio karma, deixe-a cumpri-lo. Não interfira. Interferência é violência; quando você interfere no karma de alguém, você está praticando uma violência, você está tirando esse homem do caminho dele. Não interfira". Uma coisa muito bonita!

Mas como as coisas podem dar errado, mesmo as coisas belas! O *terapanth*, essa seita dos jainistas, concluía que, se alguém estiver morrendo à beira da estrada, você simplesmente segue em frente, você não toca na pessoa, você não precisa lhe dar nenhum medicamento, você não lhe dá água se ela estiver gritando "Tenho sede!" Não lhe dê água porque — não interfira no karma de ninguém. Lógico! Porque, se ela está sofrendo por causa de seus karmas passados, então quem é você para interferir? Ela deve ter acumulado um certo karma para sofrer de sede nesta vida e morrer por causa disso. Quem é você para dar água a ela? Você simplesmente a ignora, você segue em frente.

Eu estava conversando com um dos líderes dos monges *terapanth*, e eu disse a ele: "E você já considerou a possibilidade de que possa ser o seu karma dar água a ela?".

Você não está interferindo no karma dela, mas você está interferindo no seu próprio. Se surge a vontade de ajudá-la, o que você vai fazer? A vontade mostra que é o seu karma dar água a ela. Se você resistir a essa vontade e seguir em frente, por causa do princípio, você não está sendo espontâneo; então o que fazer? Se você fizer princípios mortos pesarem na sua cabeça, você sempre estará em apuros, porque a vida não acredita em seus princípios, a vida tem suas próprias leis. Mas elas não são os seus princípios e suas filosofias.

Seja espontâneo. Se você sentir vontade de ajudar, não se preocupe com o que Mahavira disse. Se você sentir vontade de ajudar, ajude. Faça o que tem que fazer. Se você não sentir vontade de ajudar, não ajude. Seja o que for que Jesus possa ter dito, que ajudando as pessoas você ajuda a ele, não se preocupe, porque às vezes a ajuda pode ser perigosa. O homem está pronto para matar alguém, e ele diz a você: "Dê-me água, porque estou tão sedento que não posso continuar essa longa jornada para matar esse homem". O que você vai fazer?... Porque, se você der água a ele, você vai ajudar no assassinato. Decida! Mas nunca decida antes do momento, porque todas essas decisões serão falsas. Nunca se sabe que tipo de situação vai surgir.

Nas antigas escrituras indianas há uma história: Um assassino chegou a uma encruzilhada onde um monge estava sentado, meditando. Ele estava perseguindo um homem. Ele já tinha batido muito no homem, mas ele tinha escapado, a vítima escapou, e ele agora o perseguia. Na encruzilhada ele ficou confuso, e perguntou ao monge que estava meditando debaixo de uma árvore, "Você viu um homem sangrando passar por aqui? Se viu, em que direção ele foi?" Porque era uma encruzilhada.

O que esse monge deve fazer? Se ele disser a verdade, que o homem passou na direção no norte, ele vai fazer parte do assassinato. Se ele disser que não passou para o norte, que ele foi para o sul, ele vai estar dizendo uma mentira. O que ele deve fazer? Deve contar a verdade, e permitir o assassinato, ou deve se tornar um mentiroso e impedir que isso aconteça? O que ele deve fazer?

Há muitas respostas. Eu não tenho nenhuma.

Jainistas dizem que, mesmo que ele diga uma inverdade, ele deve ser falso, porque a violência é o maior pecado. Eles têm sua própria avaliação — a violência é o maior pecado, a mentira vem a seguir. Mas os hindus dizem que não, a mentira vem em primeiro lugar, portanto ele deve ser verdadeiro; ele tem que dizer a verdade e deixar as coisas acontecerem, seja o que for que aconteça. Gandhi disse — Gandhi tinha sua própria resposta para isso — ele disse, "Eu não posso escolher entre as duas coisas, pois ambas são valores supremos, e não há escolha. Então eu vou lhe dizer a verdade, e eu vou ficar no seu caminho, e lhe direi, "Primeiro me mate, e então persiga esse homem".

Ele agrada, a resposta de Gandhi agrada, parece melhor do que a do hindu e a do jainista — mas olhe a situação como um todo: o homem vai cometer um assassinato e Gandhi o está forçando a cometer dois. Então, e o que dizer do karma *dele*?

Então o que fazer? Eu não tenho nenhuma resposta. Ou a minha resposta é: não decida de antemão, deixe que o momento venha e decida, porque quem sabe? A vítima pode ser um homem que vale a pena matar. Quem sabe? A vítima pode ser um homem perigoso e, se ele sobreviver, pode matar muitos. Quem sabe qual será a situação, porque ela nunca será a mesma novamente — e você não pode conhecer a situação de antemão.

Não decida. Mas sua mente vai se sentir desconfortável sem uma decisão, porque a mente precisa de respostas claras. A vida não tem nenhuma, nada de respostas claras. Apenas uma coisa é certa: seja espontâneo, alerta e consciente, e não siga nenhuma regra. Basta ser espontâneo — e tudo o que acontece, deixe acontecer. Se você sentir naquele momento que corre o risco de perder a verdade, perca-a. Se você sentir naquele momento que o homem não vale a pena, então que a violência aconteça; ou se você sentir, "Aquele homem vale mais do que eu", fique no meio-termo.

Haverá milhões de possibilidades. Não corrija nada de antemão. Basta estar consciente e alerta e deixar que as coisas aconteçam. Você pode não querer dizer nada. Por que não ficar em silêncio? Não diga nenhuma mentira, não ajude o homem na violência, não obrigue o assassino a cometer dois assassinatos. Por que não ficar em silêncio? Quem está forçando você?

Mas deixe o momento decidir: é o que todos os que despertaram disseram.

Mas se você escutar os moralistas comuns, eles vão dizer que a vida é perigosa, então você deve tomar uma decisão; caso contrário, você pode fazer algo errado. E eu digo a você que tudo o que você fizer por meio de uma decisão será errado, porque toda a existência não está seguindo suas decisões, toda a existência se move à sua própria maneira. Você é uma parte dela — como você pode decidir pelo todo? Você tem que simplesmente estar lá e sentir a situação e fazer tudo o que você puder fazer com humildade, com toda a possibilidade de isso estar errado.

Não seja tão egoísta a ponto de pensar: "Tudo o que eu fizer será certo". Então, quem vai fazer o errado? Não seja tão egoísta a ponto de pensar, "Eu sou moral e o outro é imoral". O outro também é você. Você também é o outro. Somos um. O assassino e a vítima não são duas pessoas diferentes.

Mas não decida. Basta estar presente; sinta toda a situação, esteja em sintonia com toda a situação, e deixe a sua consciência interior fazer tudo o que vier.

Você não deve ser um agente, você deve ser apenas uma testemunha. O agente tem de decidir de antemão, a testemunha não precisa.

Essa é toda a mensagem de Krishna e o Gita. Krishna diz: Basta ver toda a situação e não seguir regras mortas e moralistas. Veja a situação e atue como testemunha, não seja um agente. E não se preocupe com o resultado, ninguém pode dizer qual será o resultado. Na verdade, não há resultado, não pode haver, porque ele é uma infinidade.

Por exemplo, Hitler nasceu. Se a mãe tivesse matado essa criança, todos os tribunais do mundo teriam dito que ela era uma assassina. Ela teria sido punida. Mas agora sabemos, que teria sido melhor matar Hitler do que deixá-lo vivo, porque ele matou milhões de pessoas. Então, a mãe de Hitler agiu certo não matando essa criança? Ela estava certa ou estava errada? Quem vai decidir? E como poderia aquela pobre mãe saber que esse menino ia assassinar tantas pessoas?

Quem deve decidir? E como decidir?... E é uma sequência infinita. Hitler matou muitos, mas quem pode decidir se essas eram as pessoas certas para se matar ou não matar? Quem vai decidir e quem vai saber? Ninguém sabe. Quem sabe, talvez Deus envie pessoas como Hitler para matar todos aqueles que estão errados, porque de uma forma ou de outra Deus está envolvido em tudo! Ele está no certo e ele está no errado.

O homem que lançou a bomba atômica sobre Hiroshima – ele estava certo ou errado? Por causa dessa bomba, a Segunda Guerra Mundial chegou ao fim. Naturalmente, toda a cidade de cem mil pessoas caiu morta no ato. Mas se a bomba atômica não tivesse sido lançada sobre Hiroshima, a guerra teria continuado e outras centenas de milhares de pessoas teriam morrido. E se o Japão pudesse ter sobrevivido apenas um ano a mais, ele poderia ter inventado a bomba atômica, e, então, eles a teriam jogado em Nova York, em Londres.

Quem deve decidir, e como decidir, se o homem que lançou a bomba estava certo ou errado?

A vida é muito entranhada, muito emaranhada, e todos os eventos levam a outros eventos; e faça o que fizer, você vai desaparecer, mas, faça o que fizer, as consequências continuarão para sempre. Elas não podem acabar. Nem mesmo um pequeno gesto — você sorri para uma pessoa, e você muda toda a qualidade da existência, porque aquele sorriso vai decidir muitas coisas.

Aconteceu: eu estava lendo a biografia de Greta Garbo. Ela era uma menina comum, trabalhava com um barbeiro, apenas ensaboava o rosto das pessoas, e ela teria continuado assim, porque já estava com 22 anos, mas então um diretor de cinema americano foi por acaso à barbearia — havia vinte barbearias naquela cidade — e quando ela foi ensaboar o rosto dele, ele sorriu, ao olhar a menina pelo espelho, e disse: "Que linda!". E tudo mudou.

Este foi o primeiro homem a dizer a Greta Garbo, "Que linda!" Ninguém jamais tinha dito isso antes e ela nunca se considerou bonita, porque como você pode se considerar bonita se ninguém diz isso?

Durante toda a noite, ela não conseguiu dormir. Na manhã seguinte, ela procurou o diretor, o lugar onde ele estava hospedado, e perguntou: "Você *realmente* acha que eu sou bonita?".

O diretor pode ter feito o comentário casualmente, quem sabe!? Mas quando uma menina procura você e pergunta: "Sério? O que você me disse, você realmente quis dizer aquilo?" ...então o diretor disse: "Sim, você *é* linda!".

Então Greta Garbo disse: "Então por que não me dá um trabalho num filme que você está fazendo?". Nesse instante as coisas engrenaram... e Greta Garbo tornou-se uma das atrizes mais famosas do mundo.

Coisas muito pequenas se desenrolam, e vão continuar se desenrolando. É como jogar uma pedrinha num lago. Uma pedrinha tão pequena e as ondulações vão continuar, continuar... e vão continuar até a margem. No momento em que chegarem à margem, muito antes disso, a pedra já estará caída lá no fundo, estará perdida.

Essa pedra vai mudar toda a qualidade da existência, porque ela é como uma única rede, como uma teia de aranha: você a toca em algum ponto, agita-a um pouco, e toda a teia ondula. Em todos os lugares isso é sentido. Você sorri para uma pessoa — e o mundo inteiro é uma teia de aranha — e toda a existência é alterada através daquele sorriso.

Mas como decidir? Krishna diz que você não precisa se incomodar com a decisão, porque é uma coisa tão vasta que você nunca será capaz de tomar uma decisão. Assim, não pense no resultado, simplesmente responda à situação. Seja espontâneo, fique alerta; seja uma testemunha e não um agente.

Um monge correu para o quarto de Tokai, gritando: "Um incêndio, mestre, um incêndio".
"Oh!", disse Tokai, sentando-se. "Onde?"
"Onde?", exclamou o monge. "Ora, sob o chão da cozinha. Levante-se imediatamente."
"Na cozinha, hein?", disse o mestre sonolento. "Bem, então, quando chegar ao corredor, volte e me avise."

Quando isso se tornar presente, então me avise. Está ainda no futuro — não me incomode.

Tokai estava roncando novamente num instante.

Esta é a qualidade de uma pessoa iluminada: tão relaxado que, embora haja um incêndio na cozinha, a casa esteja pegando fogo — todo mundo está agitado e correndo por aí, ninguém sabe o que vai acontecer, tudo é uma bagunça —, ele pôde relaxar e dormir novamente. Ele estava roncando no instante seguinte.

Essa não tensão deve vir, tem que vir de uma profunda confiança de que tudo o que acontece é bom. Ele não está preocupado — mesmo que morra, ele não está preocupado, mesmo que o fogo venha e o queime ele não está preocupado, porque ele não existe mais. O ego não existe mais, caso contrário haverá medo, haverá preocupação, haverá um futuro, haverá planejamento, haverá um desejo de fuga, de salvar a si mesmo. Ele não está preocupado, ele simplesmente cai no sono, relaxado.

Não há possibilidade de relaxamento se você tem uma mente e um ego; o ego é o centro da mente. Você vai ficar tenso, você permanecerá tenso. Como relaxar? Existe alguma maneira de relaxar? Não há nenhuma maneira a não ser que haja entendimento. Se você entender a natureza do mundo, a natureza da própria existência, então quem é você para se preocupar, e por que você vive o tempo todo preocupado?

Ninguém consultou você sobre nascer, ninguém vai consultar você quando chegar a hora de ir. Então, por que se preocupar? O nascimento aconteceu a você, a morte vai acontecer a você, quem é você para interferir?

As coisas estão acontecendo. Você sente fome, você sente amor, você sente raiva — tudo acontece a você, você não é um agente. A natureza cuida. Você come e a natureza digere, você não precisa se preocupar com isso, sobre como o estômago está funcionando, como a comida vai se tornar sangue. Se você ficar muito tenso com isso, você terá úlceras — e úlceras "king size", não úlceras comuns. Não precisa se preocupar.

O todo está em movimento. O vasto, o infinito está se movendo. Você é apenas uma onda nele. Relaxe e deixe que as coisas aconteçam.

Se você sabe como deixar acontecer, você sabe tudo o que vale a pena saber. Se você não sabe como deixar acontecer, tudo o que você sabe não vale nada, é lixo.

Basta por hoje.

CAPÍTULO 8

A filosofia não resolve nada

O mestre Tozan estava pesando linho no armazém.
Um monge aproximou-se dele e perguntou: "O que é Buda?".
Tozan disse: "Este linho pesa dois quilos".

A religião não está preocupada com perguntas e respostas filosóficas. Embora pareçam profundas, elas são idiotas, e uma pura perda de vida, tempo, energia e consciência, porque você pode continuar perguntando e respostas poderão ser dadas –, mas dessas respostas só surgirão mais perguntas. Se no começo havia uma pergunta, no final, através dessas muitas respostas, haverá um milhão de perguntas.

A filosofia não resolve nada. Ela promete, mas nunca resolve nada – todas essas promessas ainda não foram cumpridas. Ela continua prometendo, mas a experiência que pode resolver os enigmas da mente não pode ser alcançada através da especulação filosófica.

Buda era absolutamente contra a filosofia – nunca houve um homem mais contra a filosofia do que Buda. Através de sua própria experiência amarga, ele veio a entender que todas as profundezas da filosofia são apenas superficiais. Mesmo o maior filósofo permanece tão comum quanto qualquer um; nenhum problema foi resolvido, nem mesmo tocado. Ele tem muito conhecimento, muitas respostas, mas continua a ser o mesmo velho homem – nenhuma nova vida lhe aconteceu. E o cerne, o núcleo da questão é que a mente é uma faculdade questionadora: ela pode fazer qualquer tipo de pergunta, e então pode se enganar respondendo-as. Mas você é quem pergunta, e você é aquele que as resolve.

A ignorância gera perguntas e a ignorância cria respostas — a mesma mente cria em ambos os sentidos. Como pode uma mente questionadora chegar a uma resposta? No fundo, a própria mente é a pergunta.

Assim, a filosofia tenta responder às perguntas da mente e a religião parece a própria base. A mente é a pergunta, e a menos que a mente seja descartada a resposta não será revelada a você — a mente não vai permitir, a mente é a barreira, o muro. Quando não existe mente você é um ser experienciando; quando a mente existe você é um ser verbalizando.

Numa pequena escola aconteceu: havia uma criança muito burra, ela nunca fazia nenhuma pergunta e a professora também não dava atenção a ela. Mas um dia ela ficou muito animada quando a professora estava explicando um determinado problema de aritmética, escrevendo alguns números na lousa. A criança ficou muito animada, levantando a mão várias vezes; ela queria perguntar algo. Quando a professora terminou o problema, ela apagou os números na lousa e ficou muito feliz vendo que, pela primeira vez, essa criança estava querendo perguntar alguma coisa, e ela disse: "Estou feliz que queira perguntar alguma coisa. Vá em frente, pergunte!".

A criança ficou de pé e disse: "Estou muito preocupado, e a pergunta não parava de vir à minha cabeça, mas eu não conseguia coragem para perguntar. Hoje eu decidi perguntar: Para onde é que essas drogas de números vão quando a senhora os apaga?".

A questão é muito filosófica, todas as perguntas são assim. Muitos perguntam para onde vai um buda quando morre, a pergunta é a mesma. Onde está Deus? A pergunta é a mesma. Qual é a verdade? A pergunta é a mesma. Mas você não pode sentir a idiotice escondida nelas, porque elas parecem muito profundas, e têm uma longa tradição — as pessoas as fazem desde sempre, e pessoas que você acha maravilhosas têm se preocupado com elas: teorizando, encontrando respostas, sistemas de criação... mas todo o esforço é inútil, porque só a experiência pode lhe dar a resposta, não o pensar. E se você continuar pensando, você vai ficar cada vez mais louco, e a resposta estará ainda mais longe — mais longe do que nunca.

Buda diz: Quando a mente para de questionar, a resposta acontece. É porque você está tão preocupado com as perguntas que a resposta não pode penetrar em você. Você está com um problema tão grande, você está tão perturbado, tão tenso que a realidade não pode entrar em você — você está tremendo tanto por dentro, tremendo de medo, com a neurose, com perguntas e respostas idiotas, com sistemas, filosofias, teorias; você está entupido de coisas.

O Mulá Nasrudin estava passando por uma aldeia com seu carro. Multidões estavam reunidas lá em muitos pontos, e ele ficou preocupado — qual é o problema? Ninguém estava nas ruas, todo mundo estava recolhido num lugar qualquer. Então ele viu um policial, parou e perguntou: "O que houve? Algo errado? O que aconteceu? Eu não vejo pessoas em lugar nenhum, trabalhando, circulando, nas lojas... elas estão reunidas em multidões!".

O policial não podia acreditar em seus ouvidos, e disse: "O que você está perguntando? Houve um terremoto agora! Muitas casas caíram, muitas pessoas estão mortas!". Então o policial disse: "Eu não posso acreditar que você não tenha sentido o terremoto!".

Nasrudin disse: "Por causa do álcool, eu estou sempre balançando muito, as minhas mãos tremem muito, por isso eu não senti".

Se um terremoto está acontecendo dentro de você o tempo todo, então um terremoto de verdade não será capaz de afetar você. Quando você está em silêncio e imóvel, então a realidade acontece. E o questionamento é um tremor dentro de você. Questionamento significa dúvida, dúvida significa tremor. Questionar significa que você não confia em nada — tudo se tornou uma pergunta, e quando tudo é uma pergunta existe muita ansiedade. Você já observou a si mesmo? Tudo se torna uma pergunta. Se você está infeliz, é uma pergunta: Por quê? Mesmo se você estiver feliz, é uma pergunta: Por quê? Você não pode acreditar que é feliz.

As pessoas me procuram quando a meditação é mais profunda e têm vislumbres; elas me procuram muito perturbadas porque, elas dizem, algo está acontecendo e não podem acreditar que isso está acontecendo a *elas*, que essa felicidade pode acontecer; deve haver algum mal-entendido. As pessoas me dizem: "Você está me hipnotizando? Porque alguma coisa está acontecendo!". Elas não podem acreditar que podem ser felizes, alguém deve tê-las hipnotizado. Elas não podem acreditar que conseguem ficar em silêncio — impossível! "Por quê? Por que eu estou em silêncio? Alguém está me pregando uma peça!"

A confiança não é possível para uma mente questionadora. Assim que ocorre uma experiência, a mente cria uma pergunta: Por quê? A flor está lá; se você confia, você vai sentir uma beleza, uma floração de beleza, mas a mente diz: Por quê? Por que essa flor é chamada de beleza? O que é beleza? Você vai se desviar. Você está apaixonado, a mente pergunta: Por que, o que é o amor?

Contam que Santo Agostinho disse: "Eu sei o que é o tempo, mas, quando as pessoas me perguntam, tudo se perde, eu não posso responder. Eu sei o que é amor, mas você me pergunta, O que é o amor? – e eu fico perdido, não posso responder. Eu sei o que Deus é, mas você me pergunta e eu fico perdido". E Agostinho está certo, porque de profundidades não se pode perguntar, não se pode questionar. Você não pode colocar ponto de interrogação num mistério. Se você colocar um ponto de interrogação, o ponto de interrogação se torna mais importante; então a pergunta encobre todo o mistério. E se você pensa que, quando você tiver resolvido a pergunta, vai viver o mistério, você nunca vai vivê-lo.

O questionamento é irrelevante na religião. A confiança é relevante. Confiar significa avançar para a experiência, rumo ao desconhecido, sem perguntar muito – passar por ela para conhecê-la.

Digo a você que está uma bela manhã lá fora, e você começa a me questionar sobre isso aqui, fechado numa sala, enclausurado, e você gostaria que todas as suas perguntas fossem respondidas antes de dar um passo lá para fora. Como posso lhe dizer se você nunca soube o que é uma manhã? Como posso dizer? Só pode ser dito em palavras o que você já conhece. Como posso dizer que há uma luz, uma bela luz se infiltrando entre as árvores, e todo o céu está cheio de luz, o Sol nasceu, se você sempre viveu na escuridão? Se os seus olhos estão acostumados apenas com o escuro, como eu posso explicar a você que o Sol nasceu?

Você vai perguntar: "O que você quer dizer? Você está tentando nos enganar? Vivemos a vida toda e nunca conhecemos nada sobre a luz. Primeiro responda nossas perguntas, e então, se estivermos convencidos, podemos sair com você, caso contrário parece que você está nos desviando do caminho, nos desviando de nossa vida protegida".

Mas como a luz pode ser descrita se você não sabe nada sobre ela? Mas isso é o que você está pedindo: "Convença-nos sobre a divindade, então vamos meditar, então vamos orar, então vamos buscar. Como podemos buscar antes dessa convicção? Como podemos sair em busca, quando não sabemos para onde estamos indo?"

Isso é desconfiança — e por causa dessa desconfiança você não consegue avançar rumo ao desconhecido. O conhecido se apega a você, e você se apega ao conhecido — e o conhecido é o passado morto. Ele pode parecer aconchegante porque você viveu nele, mas ele está morto, ele não está vivo. A vida é sempre o desconhecido batendo à sua porta. Siga com ela. Mas como você pode seguir sem confiança? E mesmo pessoas que duvidam pensam que têm confiança.

Uma vez aconteceu:

O Mulá Nasrudin me disse que ele estava pensando em se divorciar da esposa. Eu perguntei, "Por quê? Por que tão de repente?"
Nasrudin disse: "Eu duvido da fidelidade dela".
Então eu lhe disse: "Espere, eu vou perguntar à sua esposa".
Então eu disse à esposa dele, "Nasrudin está falando para todo mundo e espalhando boatos de que você não é fiel, e ele está pensando em divórcio, então o que houve?"
A esposa disse: "Isso é demais. Ninguém nunca me insultou assim — e digo a você, eu já fui fiel a ele dezenas de vezes!".

Não é uma questão de dezenas de vezes — você também confia, mas dezenas de vezes? Essa confiança não pode ser muito profunda, é apenas utilitária. Você confia sempre que sente valer a pena. Mas sempre que o desconhecido bate você nunca confia, porque você não sabe se ele vai valer a pena ou não. A fé e a confiança não são uma questão de utilidade — elas não são utilitárias, você não pode usá-las. Se você quiser usá-las, você as mata. Elas não são de modo algum utilitárias. Você pode apreciá-las, pode usufruir delas, mas elas não valem a pena.

Elas não valem a pena nos termos deste mundo, pelo contrário, o mundo inteiro vai olhar para você como um tolo, porque o mundo acha uma pessoa sábia se ela duvida, o mundo acha que uma pessoa é sábia se ela questiona, o mundo acha que uma pessoa é sábia só quando ela avança um passo com convicção, e antes de estar convencida ela não dá nenhum passo. Essa é a astúcia e a inteligência do mundo — e o mundo chama essas pessoas de sábias!

Elas são tolas, pelo menos no que diz respeito ao Buda, porque através da sua chamada sabedoria elas perdem o mais grandioso, e o mais grandioso não pode ser utilizado. Você pode se fundir com ele, você não pode usá-lo. Ele não tem nenhuma utilidade, não é uma mercadoria; é uma experiência, é um êxtase. Você não pode vendê-lo, você não pode fazer negócio com ele — pelo contrário, você se perde nele completamente. Você nunca mais será o mesmo novamente. Na verdade, você nunca pode voltar — é um ponto sem volta: se você for, você vai. Você não pode voltar atrás, não há como voltar atrás. É perigoso.

Assim, apenas as pessoas muito corajosas podem entrar no caminho. A religião não é para os covardes. Mas você vai encontrar nas igrejas, nos templos, nas mesquitas — covardes: eles destruíram a coisa toda. A religião é apenas para os muito, mas muito corajosos, para aqueles que podem dar o passo mais perigoso — e o passo mais perigoso é do conhecido para o desconhecido; o passo mais perigoso é o da mente para a não mente, do questionamento para o não questionamento, da dúvida para a confiança.

Antes de entrar nesta pequena, mas bela história — ela é como um diamante, muito pequeno, mas muito valioso —, mais algumas coisas devem ser entendidas. Primeira: você só será capaz de compreender quando conseguir dar um salto, quando conseguir construir uma ponte, de alguma forma, do conhecido para o desconhecido, da mente para a não mente. Segunda coisa: a religião não é uma questão de pensar; não é uma questão de pensar corretamente, que se você pensar corretamente você vai se tornar religioso — não! Se você acha certo ou errado, você permanecerá não religioso. As pessoas pensam que, se você pensar corretamente, você vai se tornar religioso; as pessoas pensam que, se você pensar equivocadamente, você vai se desviar.

Mas eu digo a você que, se você *pensar*, você vai errar — de modo certo ou errado não importa. Se você não pensar, só então você estará no caminho. Pense e você se perderá. Você já partiu numa viagem longa, você não está mais aqui, agora; o presente está perdido — e a realidade está apenas no presente.

Com a mente, você continuará se perdendo. A mente tem um mecanismo — ela se move em círculos, círculos viciosos. Tente observar a sua própria mente:

tem sido uma jornada ou ela está apenas se movendo em círculos? Você está realmente avançando, ou apenas se movendo em círculos? Você repete a mesma coisa, vezes e vezes sem conta. Anteontem você estava com raiva, ontem você estava com raiva, hoje você está com raiva — e existe uma grande possibilidade de que amanhã você vá ficar com raiva, e você sente que a raiva é diferente? Anteontem foi a mesma coisa, ontem foi a mesma coisa, hoje é a mesma coisa — a raiva é a mesma. As situações podem ser diferentes, as desculpas podem ser diferentes, mas a raiva é a mesma coisa! Você está avançando? Você está indo a algum lugar? Há algum progresso? Você está chegando mais perto de algum objetivo? Você está andando em círculos, chegando a lugar nenhum. O círculo pode ser muito grande, mas como você pode avançar, se anda em círculos?

Ouvi uma vez, andando uma tarde, ouvi de dentro de uma pequena casa, uma criança choramingando e dizendo: "Mãe, eu estou farto de andar em círculos". A mãe disse: "Ou você cala a boca ou eu prego no chão o seu outro pé também".

Mas você ainda não está farto. Um pé está pregado na terra e, como essa criança, você está se movendo em círculos. Você é como um disco de vinil quebrado. O mesmo verso se repete, ele continua se repetindo. Alguma vez você já ouviu um disco de gramofone quebrado? Ouça! É como a TM, a meditação transcendental do yogue Maharishi Mahesh. Você repete uma coisa, *Ram, Ram, Ram, Ram, Ram...* você continua repetindo. Você se cansa; através do tédio você fica sonolento. O sono é bom! Depois do sono você se sente revigorado, mas isso não vai na direção da verdade, absolutamente; está apenas começando uma boa noite de sono, por meio de um truque. Mas essa TM você está fazendo continuamente, toda a sua vida é uma TM, repetindo, passando na mesma ranhura de novo e de novo e de novo.

Aonde você vai? Sempre que você se tornar consciente disso, você vai pensar simplesmente: O que está acontecendo? Você vai se sentir muito estranho, chocado, que toda a sua vida esteja sendo mal aproveitada. Você não avançou um único centímetro. Quanto mais cedo melhor — se você perceber isso, quanto mais cedo melhor, porque através dessa percepção algo é possível.

Por que essa repetição? A mente é repetitiva, é um disco quebrado; a própria natureza disso é justamente como um disco quebrado. Você não pode mudá-la.

Um disco quebrado pode ser reparado, a mente não pode, porque a própria natureza da mente é repetir; a repetição é a natureza da mente. No máximo, você pode fazer círculos maiores, e com círculos maiores, você pode sentir que há alguma liberdade; com círculos maiores você pode enganar a si mesmo de que as coisas não estão se repetindo.

O círculo de uma pessoa compreende apenas 24 horas. Se você é inteligente, você pode fazer um círculo de 30 dias; se você é ainda mais inteligente, você pode fazer um círculo de um ano; se você é ainda mais inteligente, você pode fazer um círculo de uma vida inteira, mas o círculo permanece o mesmo. Não faz nenhuma diferença. Maior ou menor, você anda no mesmo sulco, você volta para o mesmo ponto.

Devido a esse entendimento, os hindus chamaram a vida de uma roda — sua vida, é claro, não a vida de um buda. Buda é aquele que saltou para fora da roda. Você se apega à roda, você se sente muito seguro lá — e a roda se move; desde o nascimento até a morte ela completa um círculo. Nascimento novamente, morte novamente. A palavra *sansar*, a palavra que os hindus usam para este mundo significa roda. Ela se move no mesmo sulco. Você vai e vem, e você faz muita coisa — sem sucesso. Onde você se perde? Você se perde no primeiro passo.

A natureza da mente é a repetição, e a natureza da vida não é a repetição. A vida é sempre nova, sempre. A novidade é a natureza da vida, Tao; nada é velho, não pode ser. A vida nunca se repete, ela simplesmente se torna a cada dia nova, a cada momento nova — e a mente é velha, por isso a mente e a vida nunca se encontram. A mente simplesmente se repete, a vida nunca se repete — como podem a mente e a vida se encontrar? É por isso que a filosofia nunca compreende a vida.

Todo o esforço da religião é: como descartar a mente e passar para a vida, como abandonar o mecanismo repetitivo e entrar no mesmo sempre novo, sempre vivo fenômeno da existência. Esse é o ponto principal desta bela história, os Dois Quilos de Tozan.

> *O mestre Tozan estava pesando linho no armazém.*
> *Um monge aproximou-se dele e perguntou: "O que é Buda?".*
> *Tozan disse: "Este linho pesa dois quilos".*

Muitas coisas: primeiro, um mestre zen não é um recluso, ele não renunciou à vida; sim, ao contrário, ele renunciou à mente e entrou na vida.

Existem dois tipos de *sannyasins* no mundo: um tipo renuncia à vida e entra na vida da mente completamente — estas são as pessoas contrárias à vida, que fogem do mundo e vão para o Himalaia, para o Tibete. Eles renunciam à vida para serem completamente absorvidos pela mente; são a maioria, porque renunciar à vida é fácil, renunciar à mente é difícil.

Qual é a dificuldade? Se você quer fugir daqui, você pode fugir! Você pode deixar a esposa, os filhos, a casa, o trabalho — na verdade, você vai se sentir aliviado, porque a mulher tornou-se um fardo, os filhos tornaram-se um fardo, e essa coisa toda, trabalhar todos os dias, ganhar dinheiro... você está farto! Você vai se sentir aliviado.

E o que você vai fazer no Himalaia? A energia toda vai se tornar mente: você vai repetir Ram, Ram, Ram, você vai ler os Upanishads e os Vedas, e você vai pensar verdades profundas. Você vai pensar de onde veio o mundo, para onde o mundo vai, quem criou o mundo, por que ele criou o mundo, o que é bom e o que é mau. Você vai contemplar e pensar grandes coisas! A energia de toda a sua vida que estava envolvida em outras coisas será liberada delas agora e será absorvida na mente. Você vai se tornar uma mente.

E as pessoas vão respeitá-lo porque você renunciou à vida. Você é um grande homem! Os tolos irão reconhecê-lo como um grande homem: os tolos podem reconhecê-lo somente se você for o maior deles e eles vão lhe prestar respeitos, eles vão se prostrar aos seus pés — você fez um grande milagre!

Mas o que aconteceu? Você renunciou à vida apenas para ser a mente. Você renunciou o corpo inteiro só para ser a cabeça — e a cabeça era o problema! Você salvou a doença, e renunciou a tudo. Agora, a mente vai se tornar um tumor canceroso. Ela vai fazer *japa*, mantra, austeridades — vai fazer tudo, e então vai se tornar um ritual. É por isso que as pessoas religiosas fazem rituais: ritual significa um fenômeno repetitivo. Todos os dias pela manhã elas tem que fazer a sua oração: um muçulmano faz cinco orações por dia — onde ele estiver, ele faz a oração cinco vezes; um hindu continua fazendo o mesmo ritual todos os dias durante toda a vida, os cristãos têm de ir à igreja todos os domingos... apenas um ritual! Porque a mente gosta de repetição, a mente cria um ritual.

Em sua vida cotidiana, também, a mente cria um ritual. Você ama, você se encontra com amigos, você vai a festas... tudo é um ritual, tem que ser feito, repetido. Você tem um programa para todos os sete dias, e o programa é fixo – e isso tem sido assim desde sempre. Você se tornou um robô, não vivo. A mente é um robô. Se você der muita atenção à mente ela vai absorver toda a sua energia; ela é um câncer, ela vai crescer, vai se espalhar por toda parte.

Mas um mestre zen pertence a outra categoria de *sannyasins*. Ela pertence à minha categoria de *sannyasins*. Um mestre zen sempre foi um neo*sannyasin* – por isso, eu adoro falar sobre eles, e tenho uma profunda afinidade com eles. Eles renunciam à mente e vivem a vida; eles não renunciam à vida e vivem a mente – justamente o contrário. Eles simplesmente renunciam à mente; porque ela é repetitiva – e vivem a vida. Eles podem estar vivendo a vida de um chefe de família, pois podem ter uma esposa, podem ter filhos, vão trabalhar na fazenda, vão cuidar do jardim, vão cavar buracos, vão pesar o linho no armazém...

Um hindu não pode entender por que um homem iluminado deve pesar o linho – por quê? Por que uma atividade tão comum? Mas um mestre zen renuncia à mente, vive a vida em sua totalidade. Ele abandona a mente e se torna simples existência.

Então a primeira coisa a lembrar: se você renuncia à mente e vive a vida, você é um verdadeiro *sannyasin*, se você renunciar à vida e vive a mente você é um *sannyasin* falso, você é um pseudo*sannyasin*. E lembre-se bem, ser pseudo é sempre mais fácil; ser real é sempre difícil. Viver com uma mulher e ser feliz é muito difícil; viver com os filhos e ser feliz é realmente difícil. Trabalhar numa loja, num escritório, numa fábrica e viver extasiado é a verdadeira dificuldade.

Deixar tudo e apenas se sentar debaixo de uma árvore e se sentir feliz não é difícil. Qualquer um vai se sentir assim. Nada para fazer, você pode ser desapegado; tudo para fazer, você fica conectado. Mas quando você faz tudo e permanece desapegado, quando você se move com a multidão, no mundo, e ainda assim sozinho, então algo real está acontecendo.

Se você não sente raiva quando está sozinho, isso não é grande coisa. Quando você está sozinho, você não vai sentir raiva, pois a raiva é uma relação, ela precisa de alguém em quem descarregar. Sozinho, a menos que você seja louco, você não vai sentir raiva, ela vai estar dentro, mas não vai encontrar nenhuma maneira de sair. Quando o outro está presente, então a questão é não ficar com raiva. Se você não tem nenhum dinheiro, coisa nenhuma, casa nenhuma — se você estiver desapegado, que dificuldade tem isso? Mas se você tem tudo e você continua desapegado — um mendigo num palácio — então algo muito profundo foi atingido.

Então, lembre-se, e guarde isso sempre no seu coração: verdade, amor, vida, meditação, êxtase, felicidade, tudo o que é verdadeiro, belo e bom, sempre existe como um paradoxo: no mundo, e não do mundo; com as pessoas, ainda assim sozinho; fazendo tudo, e viver inativo; movendo-se e não se movendo, vivendo uma vida normal, e no entanto não se identificar com ela; trabalhar como todo mundo está trabalhando, mas permanecendo distante lá no fundo. Estar no mundo e não ser do mundo, eis o paradoxo. E quando você atinge esse paradoxo, o maior pico acontece com você: a experiência de pico.

É muito fácil transitar para uma existência simples, seja no mundo e apegado, seja fora do mundo e desapegado — ambos os casos são simples. Mas a maior só vem quando se é um fenômeno complexo. Se você se mudar para o Himalaia e estiver desapegado, você é uma única nota musical; se você vive no mundo e está apegado, mais uma vez você é uma única nota musical. Mas quando você está no mundo e além dele, e você carrega seu Himalaia no coração, você é uma harmonia, não uma única nota. Um acorde acontece, incluindo todas as notas discordantes, uma síntese dos opostos, uma ponte entre duas margens. E a mais alta só é possível quando a vida é mais complexa; só na complexidade a mais alta acontece.

Se você quer ser simples, você pode escolher uma das alternativas — mas você vai perder a complexidade. Se você não pode ser simples na complexidade, será como um animal; um animal ou alguém no Himalaia vivendo uma vida de renúncia. Eles não vão a uma loja, eles não trabalham numa fábrica, eles não têm esposa, não têm filhos...

Observei muitas pessoas que renunciaram à vida. Eu convivi com elas, observei-as profundamente; elas se tornaram como animais. Eu não vejo nelas algo de supremo acontecendo; pelo contrário, elas voltaram a cair. A vida delas é menos tensa, claro, porque a vida de um animal é menos tensa, elas não têm preocupações, porque nenhum animal tem preocupações. Na verdade, elas continuam caindo, elas regridem; tornam-se como vegetais — elas vegetam. Se falar com elas, você verá que são simples; nenhuma complexidade existe. Mas traga-as de volta ao mundo e você vai descobrir que são mais complexas do que você, porque, quando a situação surge, elas ficam em dificuldade. Então, tudo o que é reprimido vem à tona. Esse é um tipo de repressão. Não regrida, não retroceda — siga em frente.

A criança é simples, mas não se torne uma criança — torne-se maduro. Claro que, quando você se torna absolutamente maduro, uma infância acontece de novo, mas que é qualitativamente diferente. Um sábio é novamente uma criança, mas não infantil. Um sábio tem mais uma vez a flor, o perfume, a novidade de uma criança, mas existe também uma diferença profunda: a criança tem muitas coisas reprimidas dentro dela e sempre que a oportunidade aparece elas afloram. O sexo vai aflorar, a raiva vai aflorar — ela vai sair para o mundo e se tornar apagada e perdida. Ela tem essas sementes dentro dela. Um sábio não tem sementes, ele não pode se perder. Ele não pode se perder porque não existe mais. Ele não carrega nada dentro dele.

Os mestres zen vivem uma vida muito comum — muito etérea, espiritual, mas no mundo. Eles são pessoas mais belas do que qualquer hindu *sannyasin*, são mais belos do que qualquer monge católico. Na verdade, nada como o Zen existe sobre a Terra, porque eles atingiram o mais elevado paradoxo.

O mestre Tozan estava pesando linho no armazém.

Uma pessoa iluminada, um buda, pesando linho? Você teria simplesmente virado as costas. Por que fazer uma pergunta a esse homem? Se ele soubesse alguma coisa não estaria pesando linho. Porque você tem um conceito de um santo, um sábio, como algo extraordinário, muito além de você, em algum lugar no céu, sentado num trono de ouro, sem que você possa alcançá-lo. Ele é muito diferente — tudo o que você é, ele é exatamente o oposto.

Um mestre zen não é assim. Ele não é de forma alguma extraordinário — e ainda assim ele é extraordinário. Ele vive uma vida muito comum assim como você, e ainda assim ele não é você. Ele não está em algum lugar no céu, ele está aqui, mas ainda assim além de você. Pesando linho, mas exatamente como

Buda sob a árvore Bodhi. Na Índia, ninguém pode conceber a ideia de Mahavira pesando linho ou Buda pesando linho — impossível! Isso seria quase profano. O que Buda está fazendo num armazém? Então, qual é a diferença entre você e ele? Você também pesa linho, ele também está pesando linho, então qual é a diferença?

A diferença não está fora — e diferenças interiores não produzem nenhuma diferença. Você pode ir e se sentar sob uma árvore bodhi — nada vai acontecer. E quando o interior muda, para que se preocupar com o exterior? Continue a fazer o que você estava fazendo. Continue a fazer o que se apresenta a você. Continue a fazer o que quer que seja a vontade do todo.

> *O mestre Tozan estava pesando linho no armazém.*
> *Um monge aproximou-se dele e perguntou: "O que é Buda?".*

No Budismo, essa é a maior pergunta a se fazer — assim como "o que é verdade?" ou "o que é Deus?" Porque no Budismo Deus não é um conceito, Buda é Deus, nenhum outro deus existe. Buda é a mais elevada realidade, o pico mais alto, nada existe além dele. A verdade, Deus, o absoluto, brahman — seja qual for o nome que você dê a ele, Buda é isso.

Assim, quando um monge pergunta: "O que é Buda?", ele está perguntando o que é a verdade? O que é o Tao? O que é brahman? O que é esse um entre muitos? Qual é a realidade básica? Qual é o núcleo central da existência? Ele está perguntando tudo isso.

> *Tozan disse: "Este linho pesa dois quilos".*

Absurdo. Irrelevante. Parece ser completamente inútil porque o homem estava perguntando: "O que é Buda?". E esse Tozan parece louco. Ele não está falando sobre Buda absolutamente, ele não respondeu à pergunta absolutamente — e no entanto respondeu. Esse é o paradoxo. Se você começar a viver esse paradoxo a sua vida se tornará uma sinfonia; ela irá se tornar uma síntese cada vez maior de todos os opostos. Em você, então, todos os opostos se dissipam.

Tozan disse: "Este linho pesa dois quilos."

Uma coisa ele disse: que esta vida muito comum é Buda, essa vida muito comum é a verdade, essa vida muito comum é brahman, o reino de Deus. Não há outra vida senão essa; não existe *aquilo*, apenas *isto*. Os hindus dizem "*aquilo* existe, isto é ilusão"; Tozan disse: "Isto é verdade, aquilo é ilusão. Este momento é a verdade, e não peça por nada extraordinário."

Os buscadores sempre pedem algo extraordinário, porque o ego só se sente realizado quando algo extraordinário é dado. Você procurou um mestre e fez perguntas, e se ele diz essas coisas você vai pensar que ele é louco, ou está brincando, ou não é um homem digno de responder às suas perguntas. Você simplesmente vai fugir. Por quê? Porque ele despedaça o seu ego completamente. Você estava perguntando sobre Buda, você estava desejando Buda, você gostaria de ser o próprio Buda, daí a pergunta. E esse homem diz: Que absurdo você está perguntando! Nem vale a pena responder! Este linho pesa dois quilos. Isso é mais importante do que qualquer buda. Este momento, este linho, é toda a existência. Nesses dois quilos de linho está centrado todo o ser do mundo — aqui e agora. Não se desvie, não faça perguntas filosóficas. Olhe para este momento.

Tozan fez uma coisa maravilhosa. Tozan é um buda. Tozan pesando o linho é Buda pesando o linho — e a realidade é uma só! Tozan é Buda, e o linho também é Buda, e naquele momento ele pesava dois quilos. Essa era a verdade, a facticidade do momento. Mas se você está cheio de filosofia, vai achar que esse homem é louco e você vai embora.

Isso aconteceu com Arthur Koestler, um dos intelectos mais sagazes do Ocidente. Ele se perdeu completamente. Quando ele foi para o Japão estudar o Zen, ele pensou: Essas pessoas são simplesmente loucas — ou então estão brincando, não levam nada a sério. Ele escreveu um livro, *Contra o Zen*. O Zen parece absurdo. Ele é. Koestler está errado e no entanto está certo. O Zen é um absurdo. Se você não sabe a linguagem do Zen, ele é absurdo; se você se identificou demais com o pensamento lógico, ele é absurdo. É ilógico — que coisa mais ilógica você pode achar: alguém está perguntando: "O que é Buda?" e a pessoa responde: "Este linho pesa dois quilos?".

Você pergunta sobre o céu e eu respondo sobre a terra, você pergunta sobre Deus e eu falo sobre uma rocha — não acontece um encontro. E ainda assim há uma reunião — mas muitos olhos perspicazes são necessários, não intelectualmente argutos, mas sentindo-se totalmente perceptivos; não identificados com o raciocínio, mas esperando olhar, observar, testemunhar o que está acontecendo; não já com preconceito, mas abertos. Koestler é preconceituoso... um intelecto muito sagaz pode resolver as coisas de forma muito lógica na tradição de Aristóteles, mas não sabe de nada, não sabe que existe o mundo absolutamente não aristotélico do Zen, onde dois mais dois não são necessariamente quatro; às vezes eles são cinco, às vezes eles são três — tudo é possível. Nenhuma possibilidade é descartada, todas as possibilidades permanecem em aberto, infinitamente abertas. E cada vez que dois e dois se encontram, algo mais acontece. O mundo continua aberto, desconhecido; não se pode esgotá-lo.

Veja, superficialmente esse homem é louco, mas, lá no fundo, não dá para encontrar um homem mais saudável do que esse Tozan. Mas Koestler não vai perceber, e Koestler é um intelecto arguto, muito lógico; apenas algumas pessoas podem competir com ele em inteligência, mas ele não percebe. Neste mundo, a inteligência é um meio; naquele mundo a inteligência torna-se uma barreira. Não seja muito sábio, caso contrário você vai perder a sabedoria real. Olhe para este Tozan, sem nenhum preconceito, sem nenhuma mente própria. Simplesmente olhe o fenômeno, o que está acontecendo?

Um monge discípulo pergunta: "O que é Buda?". E um mestre zen vive no momento, ele está sempre no aqui e agora, ele está sempre em casa — sempre que você vier vai encontrá-lo presente, ele nunca está ausente — ele permanece neste momento. As árvores, o céu, o Sol, as pedras, os pássaros, as pessoas — o mundo inteiro está concentrado neste momento! Este momento é vasto. Não é apenas uma marca no seu relógio; o momento é infinito, porque neste momento, tudo existe. Milhões de estrelas, muitas novas estrelas estão nascendo, muitas estrelas antigas vão morrer, toda essa extensão infinita de tempo e espaço se encontra neste momento. Assim, como indicar este momento? — e Tozan estava pesando linho — como indicar este momento, como trazer este monge para o aqui e agora? Como colocar esse filosófico questionamento de lado? Como chocá-lo e despertá-lo para este momento, e neste momento?

Isso é um choque — porque ele devia estar se questionando sobre Buda em sua mente, pensando: "Qual é a realidade de um buda? O que é a verdade?". E ele deve estar esperando alguma resposta profunda, algo muito soberbo: "Este mestre é iluminado, então ele deve dizer algo muito valioso". Ele nunca esperou que seria uma coisa tão comum, uma pergunta tão comum e absurda. Ele deve ter ficado chocado.

Nesse choque você pode acordar por um instante, por uma fração de segundo. Quando você está chocado não consegue continuar pensando. Se a resposta não é nada relevante, o pensamento pode continuar, porque é isso que a mente pede — relevância. Se algo é dito que é relevante para a pergunta, o pensamento pode continuar, se algo é dito que é absolutamente absurdo, descontínuo, não é absolutamente o que se espera, a mente não pode continuar. De repente, a mente fica chocada, e a continuidade rompida. Logo ela vai começar de novo, porque a mente vai dizer: "Isto é um absurdo!".

O Mulá Nasrudin estava sendo analisado por um psiquiatra. Depois de muitos meses de análise, muitos encontros, o psiquiatra disse, enquanto o Mulá estava deitado no divã:

"Isso é o que eu sinto, é isso o que eu concluo: você precisa se apaixonar, você precisa de um belo objeto feminino. O amor é a sua necessidade."

O Mulá disse: "Entre mim e você, você não acha que o amor é uma tolice?".

O psiquiatra disse: "Entre mim e você? Seria um absurdo!".

Por um instante, ele deve ter ficado chocado, mas apenas por um instante. Se você não consegue encontrar relevância, imediatamente a mente vai dizer: "Isso é um absurdo!" Se você encontra relevância, a continuidade continua. Se há algo de absurdo, por uma fração de segundo existe uma descontinuidade, a mente não é capaz de lidar com o que foi dito. Mas logo se recupera, ela vai dizer que é um absurdo; a continuidade se reinicia.

Mas o choque, e a afirmação da mente de que é um absurdo, não são simultâneos; há uma lacuna. Nesse intervalo, o *satori* é possível. Nesse intervalo, você pode ser despertado, você pode ter um vislumbre. Teria sido maravilhoso se a oportunidade pudesse ter sido aproveitada; maravilhoso é esse homem Tozan, incomparável. Você não consegue encontrar um homem desses em qualquer outro lugar. E que resposta espontânea! Não é pré-fabricada, não é de modo algum uma resposta pronta; ninguém nunca tinha dito isso, e não há por que dizer isso agora. Ninguém jamais disse: "Este linho pesa dois quilos", em resposta a uma pergunta sobre o estado de Buda: "O que é Buda?".

Tozan é espontâneo, ele não está respondendo a partir da memória; pelo contrário, ele conhece as escrituras, ele era um grande estudioso antes de se iluminar... Ele sabe de cor e entoava todas as palavras de Buda, discutiu sobre a filosofia por muitos anos, ele sabe o que o monge está pedindo, ele sabe o que ele está esperando, mas ele é simplesmente espontâneo, pesando o linho.

Basta tentar imaginar e ver Tozan pesando o linho. Nesse momento o que pode ser mais espontâneo do que indicar a realidade do momento, a facticidade da existência? Ele simplesmente disse: *"Este linho pesa dois quilos"* e pronto!

Ele não diz nada sobre o Buda, não há necessidade. Esse é o estado de Buda. Este ser espontâneo é o estado de Buda. Esse ser verdadeiro com o momento é a condição de Buda.

O que ele diz é apenas uma parte; o que ele deixa de dizer é o todo. Se você despertar nesse momento você vai ver Buda pesando o linho – e o linho pesa dois quilos. O que ele está indicando? Ele não está dizendo muito, mas ele está mostrando muito, e por não dizer muito ele está criando uma possibilidade: você pode, por um único instante, ficar consciente de toda a existência que está lá concentrado neste Tozan.

Sempre que um buda acontece no mundo, toda a existência encontra um centro ali. Então todos os rios caem nele, e todas as montanhas se curvam para ele, e todas as estrelas se movem em torno dele. Onde quer que haja um homem iluminado, toda a existência converge para o seu ser. Ele se torna o centro.

Tozan pesando o linho nesse momento era o Buda: toda a existência convergindo, fluindo para Tozan, e Tozan pesando o linho – e o linho pesando dois quilos. Esse momento é tão real: se você acordar, se você abrir os olhos, o *satori* é possível. Tozan é espontâneo, ele não tem respostas prontas, ele responde ao momento.

Da próxima vez, se você procurar Tozan a mesma resposta não poderá ser dada, não será dada, porque Tozan pode não estar pesando linho, ou pode estar pesando algo diferente, ou pode até estar pesando linho, mas o linho pode não pesar dois quilos. Da próxima vez a resposta vai ser diferente. Se você procurá-lo

193

várias vezes, cada vez a resposta será diferente. Essa é a diferença entre um sábio e um homem de conhecimento. O estudioso tem respostas fixas, sempre que você procurá-lo, ele tem uma resposta pronta para você. Você pergunta, e ele lhe dá a resposta, e a resposta será sempre a mesma — e você vai sentir que ele é muito coerente. Ele é.

Houve uma vez um caso contra o Mulá Nasrudin no tribunal, e o juiz perguntou a idade dele. Ele disse: "40 anos".

O juiz pareceu surpreso e disse: "Nasrudin, há quatro anos você esteve aqui, e daquela vez eu também perguntei a sua idade e você me disse 40 anos. Agora, isso é absolutamente incoerente — como você pode ainda ter 40 anos?".

Nasrudin disse: "Eu sou um homem coerente. Depois dos 40 anos, eu continuo com 40 para sempre. Quando eu respondi daquela vez, eu respondi para sempre! Você não pode me levar a me desviar. Tenho 40 anos, e sempre que você perguntar vai obter a mesma resposta. Eu sou um homem sempre coerente".

Um homem coerente está morto. Se você está morto, só então você pode permanecer com 40 anos. Então, não há necessidade de mudar. Um homem morto não cresce — e você não pode encontrar pessoas mais mortas do que os especialistas, os acadêmicos, os homens de informação.

Um homem iluminado vive no momento: você pergunta, ele responde — mas ele não tem respostas fixas. Ele *é* a resposta. Então, qualquer coisa que aconteça naquele momento acontece; ele não manipula isso, ele não pensa sobre isso, sobre o que você está perguntando. Você simplesmente pergunta, e todo o ser dele responde. Neste momento aconteceu de Tozan estar pesando linho, e nesse momento aconteceu de o linho pesar dois quilos e, quando o monge perguntou: "O que é Buda?", no ser de Tozan dois quilos eram a realidade. Ele estava pesando; no ser de Tozan dois quilos eram o fato. Ele simplesmente disse: dois quilos de linho.

Parece absurdo na superfície. Se você vai cada vez mais fundo, você descobre uma relevância que não é uma relevância lógica, e você encontra uma coerência que não é da mente, mas do ser. Entenda, tente entender a diferença. Se na próxima vez que você procurar Tozan, ele estiver cavando um buraco no jardim, e você perguntar: "O que é Buda?", ele vai lhe dar a resposta. Ele vai dizer: "Olhe para esse buraco", ele vai dizer: "Ele está pronto; agora a árvore pode ser plantada". Da próxima vez, se você voltar, e se ele estiver saindo para um passeio com seu cajado, ele pode dizer: "Este cajado é de se fazer caminhada".

Qualquer coisa que esteja ali no momento será a resposta, porque um buda vive momento a momento — e se começar a viver momento a momento, você se torna um buda. Esta é a resposta: viva momento a momento e você se torna um buda. Buda é aquele que vive momento a momento, que não vive no passado, que não vive no futuro, que vive aqui e agora. Buda é uma qualidade de estar presente no aqui e agora — e a condição de buda não é um objetivo, você não precisa esperar, você pode se tornar simplesmente aqui e agora.

Falando, eu sou um buda, porque só o falar está acontecendo. Se só o ouvir estiver acontecendo aí do outro lado, com você, você é um buda ao ouvir. Tente captar um vislumbre do momento, neste momento. Este momento não é Tozan pesando linho; Tozan está falando com você. Neste momento você não perguntou: "O que é Buda?", mas a pergunta está ali, se você perguntar a ele ou não, a pergunta vai e volta na mente: o que é a verdade? O que é Buda? O que é Tao? Perguntar a ele ou não, não é a questão. *Você* é a questão.

Neste momento você pode despertar. Você pode olhar, você pode agitar a mente um pouco, criar uma descontinuidade, e de repente você entende... o que Arthur Koestler não entendeu. Se você também é muito inteligente, você não vai entender. Não seja muito inteligente, não tente ser muito inteligente, porque há uma sabedoria que é atingida por aqueles que se tornam tolos; há uma sabedoria que é alcançada por aqueles que se tornam como loucos; há uma sabedoria que só é alcançada quando você perde o juízo.

Tozan é belo. Se você pode ver, e se você pode ver que a resposta não é um absurdo, você já viu, você entendeu. Mas se o entendimento permanece intelectual, não vai ser de muita utilidade. Eu expliquei isso a você, você entendeu, mas se o entendimento permanece intelectual — você entende com a mente —, mais uma vez você não vai entender. Koestler pode ser contra o Zen e você pode ser a favor dele, mas nenhum de vocês dois vai entender. Não é uma questão de ser a favor ou contra, é uma questão de **entendimento não mental**. Se ele surge do coração, se você sente isso, não pense, se ele toca todo o seu ser, se ele penetra, não é apenas uma coisa verbal, não é uma filosofia, mas torna-se uma experiência, isso vai transformá-lo.

Eu estou falando sobre essas histórias apenas para chocá-lo e tirá-lo da sua mente, apenas para levar você para um pouco mais perto do coração — e se você está pronto, então vá ainda mais abaixo, em direção ao umbigo.

Quanto mais para baixo você for, mais fundo vai chegar... e, em última instância, a profundidade e a altura são a mesma coisa.

Basta por hoje.

CAPÍTULO 9

Um jeito diferente de ser

Gensha queixou-se aos seus seguidores um dia: "Outros mestres estão sempre falando da necessidade de salvar a todos — mas suponha que você encontre uma pessoa que seja surda, muda e cega: ela não vai poder ver seus gestos, ouvir a sua pregação ou fazer perguntas a respeito. Incapaz de salvá-la, você vai provar a si mesmo que é um budista sem valor". Incomodado com essas palavras, um dos discípulos de Gensha foi consultar o mestre Ummon que, como Gensha, era discípulo de Seppo. "Curve-se, por favor", disse Ummon.

O monge, embora tomado de surpresa, obedeceu à ordem do mestre — então, aprumou-se na expectativa de ter a sua pergunta respondida.

Mas, em vez de uma resposta, recebeu um golpe de cajado. Ele saltou para trás.

"Bem", disse Ummon, "você não é cego. Agora se aproxime".

O monge fez como lhe foi ordenado. "Bom", disse Ummon, "você também não é surdo. Bem, entendeu?" "Entendeu o quê, senhor?", disse o monge. "Ah, você também não é burro!", disse Ummon.

Ao ouvir essas palavras, o monge despertou de um sono profundo.

Jesus disse aos seus discípulos, e não apenas uma vez, mas várias vezes: "Se você tem olhos — veja! Se você tem ouvidos, então ouça-me!". Eles tinham olhos como você e eles tinham ouvidos como você. Então Jesus deve ter se referido a outra coisa — não a estes ouvidos, nem a estes olhos.

Há uma maneira diferente de ver o mundo e uma maneira diferente de ouvir. Uma maneira diferente de ser. Quando você tem essa qualidade diferente de ver, Deus é visto; quando você tem esse jeito diferente de ouvir, Deus é ouvido; e quando você tem essa qualidade diferente de ser, você se torna o próprio Deus. Do jeito como é, você é surdo, mudo, cego — quase morto. Surdo para Deus, mudo para Deus, cego para Deus, morto para Deus.

Nietzsche declarou que Deus está morto. Na verdade, se *você* está morto, como Deus pode estar vivo para você? Deus está morto porque você está morto. Você só pode conhecer Deus quando você vive em abundância, quando sua vida se torna um transbordar, quando é uma inundação. Naquele momento transbordante de felicidade, vida e vitalidade, pela primeira vez você sabe o que Deus é, pois Deus é o mais luxuriante fenômeno de transbordamento.

Deus não é uma necessidade neste mundo. As leis científicas são uma necessidade — sem elas o mundo não pode existir. Deus não é uma necessidade dessa maneira. Sem ele o mundo pode existir, mas será inútil. Sem ele você pode existir, mas a sua existência será apenas uma existência vegetativa. Sem ele você pode vegetar, você não pode estar realmente vivo.

Deus não é uma necessidade — você pode existir, mas o seu ser, não terá nenhum significado, não vai carregar nenhum significado. Ele não terá poesia, não terá nenhuma música, não terá dança. Não vai ser um mistério. Pode ser uma aritmética, pode ser um negócio, mas não pode ser um caso de amor.

Sem Deus, tudo o que é belo desaparece, porque a beleza vem apenas como um transbordar — é um luxo. Observe uma árvore: se você não regou direito, se a árvore não está recebendo nutrição do solo, a árvore pode existir, mas flores não surgirão. A existência vai estar lá, mas será inútil! Seria melhor não existir, pois será uma constante frustração. As flores só surgem na árvore apenas quando a árvore tem tanto que ela pode compartilhar, e a árvore tem tanto alimento que ela pode florescer — o florescimento é um luxo! A árvore tem tanto que ela tem condições para isso.

E eu lhe digo que Deus é a coisa mais luxuosa do mundo. Deus não é necessário — você pode viver sem ele. Você pode viver muito bem, mas você vai perder alguma coisa, você vai sentir um *vazio* no coração. Você vai ser mais como uma ferida do que como uma força viva. Você vai sofrer, não pode haver nenhum êxtase em sua vida.

Mas como encontrar esse significado, esse êxtase? Você vai precisar de uma forma diferente de olhar. Agora você é cego. Claro que você pode ver a matéria, mas a matéria é uma necessidade. Você pode ver a árvore muito bem, mas você perde as flores; e até mesmo se você puder ver as flores, você perde a fragrância. Seus olhos podem ver apenas a superfície — você perde o centro, o âmago. Por isso Jesus continua dizendo que você é um homem cego, você é surdo — e você tem que ser burro, porque se você não o viu o que há para dizer? Se você ainda não o ouviu o que tem para transmitir e comunicar? Se a poesia não aconteceu o que há para cantar? Você pode fazer gestos com a boca, mas nada vai sair, porque não há nada ali para começar.

Quando um homem como Jesus fala que ele está possuído, algo maior do que ele fala por ele. Quando um homem como Buda fala que ele não é Sidarta Gautama, que nasceu como filho de um rei; não, ele não é mais isso. Ele não é mais o corpo que você pode ver e tocar, ele não é nem mesmo a mente que você pode compreender e entender. Algo do além interveio, algo que não é do tempo e do espaço interveio no tempo e no espaço. Um milagre aconteceu. Ele não está falando com você, ele é apenas um veículo, algo além está fluindo através dele, ele é apenas um meio. Ele leva até você algo da margem desconhecida. Só então você pode cantar — quando o êxtase acontecer. Caso contrário, você pode continuar cantando, mas será superficial. Você pode fazer muito barulho, mas o barulho não está falando. Você pode usar muitas palavras, mas elas vão estar vazias. Você pode falar muito, mas na verdade como você pode *falar*?

Quando aconteceu a Maomé, o primeiro dia em que ele entrou em contato com o divino, ele caiu no chão, abalado, começou a tremer e transpirar — e a manhã estava fria como esta manhã. Ele estava sozinho, e dos próprios poros das solas dos seus pés ele começou a transpirar, ele estava com medo. Algo desconhecido o havia tocado, e ele estava morrendo de medo. Ele foi correndo para casa e foi para a cama. Sua esposa ficou com muito medo. Muitos cobertores foram colocados sobre ele, mas ainda assim ele continuou tremendo e sua esposa perguntou: "O que aconteceu? Seus olhos parecem atordoados — e por que você não fala? Por que você ficou assim, como um idiota?".

E contam que Maomé disse: "Pela primeira vez há algo a dizer. Até agora eu tenho sido um homem idiota; não havia nada a dizer, eu estava fazendo os gestos com a boca. Eu estava falando, mas só os meus lábios estavam em movimento, não havia nada a dizer. Agora, há uma coisa que eu tenho a dizer — é por isso que eu estou tremendo tanto. Fui fecundado com o desconhecido, com o divino. Algo tem que nascer".

E isso traz sofrimento, como toda mãe sabe. Se você tiver de dar à luz uma criança, você tem que passar por muitos dias de dor e, quando o nascimento acontece, há muito sofrimento. Quando a vida entra, é uma luta.

Durante três dias, contam, Maomé permaneceu em sua cama, absolutamente mudo. Então, aos poucos, assim como uma criancinha começa a falar, ele começou a falar. E assim o Corão nasceu.

Você é idiota. Você pode dizer muitas coisas, mas lembre-se — você fala muito apenas para esconder essa idiotice. Você fala não para se comunicar, você fala apenas para esconder — para ocultar o fato de que você é idiota. Da próxima vez que você começar a falar com alguém, cuidado: por que você está falando? Por que está tão verbal? Qual é a necessidade? De repente, você vai se tornar ciente de que: "Se eu permanecer em silêncio os outros vão pensar que 'Você é idiota'". Então você fala só para esconder esse fato — e você sabe que não há nada para dizer, mas você continua falando.

Uma vez eu fiquei hospedado na casa de uma família e eu estava sentado com o homem da casa, o meu anfitrião, quando o filho chegou, uma criança pequena, e perguntou ao pai se ele poderia responder a algumas perguntas. O pai disse: "Eu estou ocupado; vá e pergunte à sua mãe".

A criança disse: "Mas eu não quero saber tanto! Porque se ela começar a falar, não vai parar nunca, e eu tenho que fazer a lição de casa — e eu não quero saber tanto!".

As pessoas continuam falando e falando e falando e sem saber por que elas estão falando — para quê? O que há para saber? É apenas para esconder a sua idiotice. As pessoas continuam andando daqui e dali, de cidade em cidade; continuam viajando, e continuam tirando férias para o Himalaia e a Suíça... Por que viajar tanto, se movimentar tanto? Elas querem sentir que estão vivas.

Mas movimento não é vida. É claro que a vida tem um movimento muito profundo, mas movimento não é vida. Você pode se mudar de uma cidade para outra, e você pode conhecer todo o planeta, mas esse movimento não é vida. A vida é, naturalmente, um movimento muito sutil — o movimento de um estado de consciência para outro.

Quando as pessoas ficam estagnadas, elas começam a se mover para fora. Agora o americano tem se tornado o autêntico viajante, ele viaja o mundo todo de canto a canto — porque a consciência americana está tão presa em algum lugar que, se você permanecer num lugar só, vai sentir que morreu. Então se mexa! Mude de mulher, mude de emprego, mude de bairro, mude de cidade — nunca na história do homem isso aconteceu. Nos Estados Unidos, o tempo médio que uma pessoa fica numa cidade é três anos; as pessoas se mudam no prazo de três anos — e essa é apenas a média; há pessoas que se mudam todo mês. Elas vivem mudando — roupas, carros, casas, esposas, maridos — tudo.

Ouvi dizer que uma vez uma atriz de Hollywood estava apresentando o filho a um novo marido. Ela disse: "Agora você vai conhecer seu novo pai".

A criança disse: "Olá, eu estou feliz em conhecê-lo! Gostaria de deixar sua assinatura no meu livro de visitas?". Porque ele tinha conhecido tantos novos pais!

Tudo tem que ser mudado apenas para você sentir que está vivo. A busca caótica pela vida. Claro que a vida é um movimento, mas não de um lugar para outro; é um movimento de um estado para outro. Trata-se de um movimento interior profundo de uma consciência para outra consciência, para os reinos mais elevados do ser. Caso contrário, você está morto. Do modo como você está, você está morto. Assim, Jesus continua dizendo: "Ouça! Se você tem ouvidos. Veja! Se você tem olhos". Isso tem que ser entendido primeiro, então essa história vai se tornar mais fácil.

Então, a segunda coisa: por que você está tão morto? Por que está tão mudo, cego, surdo? Deve haver alguma coisa, deve haver algum investimento nisso — do contrário tantas pessoas, milhões delas, não viveriam nesse estado. Elas devem estar ganhando alguma coisa, você deve estar recebendo algo em troca, caso contrário, como é possível que os Budas e Krishnas e Cristos continuem dizendo, "Não seja cego, não seja surdo, não seja idiota, não fique morto! Viva! Fique alerta, acordado!" — E ninguém os ouve? Mesmo que eles façam esse apelo intelectualmente, você nunca os ouve. Mesmo que sinta em certos momentos sublimes da vida que eles estão certos, você nunca os segue. Mesmo que às vezes você decida seguir, você sempre adia para amanhã — e então o amanhã nunca chega. Por que o profundo investimento nisso?

Na noite passada eu estava conversando com um amigo. Ele é um homem muito instruído, culto; viajou o mundo todo, morou na União Soviética, no

Reino Unido e nos Estados Unidos; esteve na China e em outros lugares. Ouvindo-o falar eu senti que ele está completamente morto! E então ele me perguntou, "Que solução você me sugeriria? Porque a vida tem tanto sofrimento e dor, tantas injustiças, tantas coisas que nos ferem... Como viver a vida de maneira que não se sinta dor, de maneira que a vida não possa criar tantas feridas no nosso ser – o que fazer?"

Então eu disse a ele que existem dois caminhos: um, que é mais fácil, mas tem um preço alto e que é ficar morto, se tornar tão insensível quanto possível... Porque se você é insensível, se você tiver desenvolvido uma carapaça ao seu redor, uma armadura, então você não se preocupa muito, ninguém pode feri-lo. Insultam você e você tem uma pele tão grossa que nunca é afetado. Existe injustiça, mas você simplesmente nunca se dá conta disso.

Este é o mecanismo da sua apatia, da sua condição de morto. Se você é mais sensível, você vai se machucar mais. Então, cada coisinha vai se tornar uma dor, um sofrimento, e será impossível viver – e a pessoa tem que viver. *Existem* problemas e milhões de pessoas – há violência por toda parte, há sofrimento em todo lugar. Você passa na rua e mendigos estão lá, você tem que ser insensível, caso contrário, vai se tornar um sofrimento, um fardo pesado sobre você. Por que esses mendigos? O que eles fizeram para sofrer isso? E de alguma forma, lá no fundo, você vai se sentir: "Eu também sou responsável". Você simplesmente passa pelo mendigo como se fosse surdo, mudo, cego – você não olha.

Alguma vez você já *olhou* para um mendigo? Você pode ter visto um mendigo, mas você nunca olhou para ele. Você nunca se encontrou com ele, você nunca se sentou com ele, você nunca pegou a mão dele na sua – seria demais. Tão aberto... Há perigo. E você tem que pensar em sua esposa, e não nesse mendigo; você tem que pensar em seus filhos – e você não está preocupado! Assim, sempre que há um mendigo, observe: o seu ritmo acelera, você anda mais rápido e não olha para os lados. Se você realmente olhar para um mendigo, você vai sentir toda a injustiça da vida, você vai sentir todo o sofrimento – e vai ser demais. Vai ser impossível tolerar; você vai ter que fazer alguma coisa e o que você pode fazer? Você se sente tão impotente, tem seus próprios problemas também, e tem que resolvê-los.

Você vê um homem morrendo, o que pode fazer? Você vê uma criança aleijada, o que pode fazer? Ainda um outro dia um *sannyasin* veio até mim e disse que ele estava muito perturbado, porque na estrada, quando ele passava, um caminhão quase matou um cachorro. O cão já não estava em boa forma, duas pernas já deviam ter sido esmagadas antes. Com apenas duas pernas o cão estava tentando sobreviver, e então este caminhão o atropelou de novo. O *sannyasin* teve pena, sentiu compaixão, pegou o cachorro nos braços — e então viu que havia um buraco nas costas dele e milhões de vermes. Ele queria ajudar, mas como? E ele ficou tão perturbado que não conseguia dormir, tinha pesadelos e continuamente o cão o assombrava: "Eu não fiz nada... Eu tinha que fazer alguma coisa. Mas o que fazer?". Ocorreu a ele a ideia de matar o cão, porque essa era a única coisa que podia ser feita agora. Com tantos vermes, larvas, o cão não poderia viver. E a vida do animal seria um sofrimento, por isso era melhor matá-lo. Mas matar — isso não seria uma violência? Isso não seria crime? Isso não seria um karma? Então o que fazer? Você não pode ajudar. Então, a melhor maneira é ficar insensível.

Existem cães e existem caminhões, e as coisas continuam acontecendo, você continua no seu caminho, você não olha em volta. É perigoso olhar, então você nunca usa os olhos cem por cento — os cientistas dizem que apenas dois por cento. Noventa e oito por cento, você fecha os olhos. Noventa e oito por cento, você fecha seus ouvidos — você não dá ouvidos a tudo que está acontecendo ao redor. Noventa e oito por cento, você não vive.

Você já observou que sempre sente medo quando está numa relação de amor, ou sempre que o amor se mantém? De repente, o medo toma conta, porque, sempre que você ama uma pessoa, você se entrega para essa pessoa. E se entregar a uma pessoa é perigoso, porque o outro pode machucá-lo. Sua guarda está baixa. Você não tem nenhuma armadura. Sempre que você ama você está aberto e vulnerável, e, quem sabe, como acreditar no outro?... porque o outro é um estranho. Você pode ter conhecido o outro há muitos anos, mas isso não faz diferença. Você nem mesmo conhece a si mesmo, como pode conhecer o outro? O outro é um estranho. E permitir que o outro entre em sua vida íntima significa permitir que ele o machuque.

As pessoas ficam com medo do amor, é melhor procurar uma prostituta do que ter um amor. É melhor ter uma esposa do que ter um amor, porque uma esposa é uma instituição. Sua esposa não pode prejudicá-lo mais, porque você nunca a amou. Foi tudo arranjado: seu pai e sua mãe e o astrólogo... todo mundo estava envolvido, exceto você. É um acordo, um arranjo social. Não há muita coisa envolvida. Você cuida dela, você lhe dá alimento e abrigo. Ela cuida; ela arruma a casa, faz comida, cuida das crianças... É um arranjo, como um negócio. O amor é perigoso, não é um negócio, não é uma barganha. Você dá poder à outra pessoa no amor, poder completo sobre você. O medo... o outro é um estranho e quem sabe? Sempre que você confia em alguém, o medo surge em você.

As pessoas vêm a mim e dizem: "Nós nos entregamos a você", mas eu sei que elas não podem se entregar. É quase impossível. Elas nunca amaram, como podem se entregar? Elas estão falando sem saber o que estão dizendo. Elas estão quase dormindo. Estão falando em seu sono, não querem dizer isso, porque entrega significa que, se eu disser: "Subam até o alto da montanha e saltem!", você não pode dizer não. Entrega significa dar poder total ao outro: como você pode dar isso?

A entrega é como o amor. É por isso que eu digo que só os amantes podem se tornar *sannyasins*, porque eles sabem um pouco sobre como se entregar. O amor é o primeiro passo para o divino, a entrega é o último. E dois passos são a jornada inteira.

Mas você está com medo. Você gostaria de ter seu próprio controle sobre a sua vida. Não só isso, você gostaria de controlar a vida do outro também. Por isso, a contínua briga entre maridos e esposas e amantes, discussão constante, conflitos. Qual é o conflito? O conflito é: quem vai dominar quem? Quem vai possuir quem? Ele tem de ser resolvido primeiro. Isso não é uma entrega, é uma dominação — justamente o oposto. Sempre que você domina uma pessoa, não há medo. Sempre que você ama uma pessoa existe o medo, porque no amor você se entrega e dá poder total ao outro. Agora o outro pode ferir você, o outro pode rejeitá-lo, o outro pode dizer não. É por isso que você vive apenas dois por cento, não cem por cento. Noventa e oito por cento você está morto, insensível.

E a insensibilidade, a apatia, é muito respeitada na sociedade. Quanto mais insensível você é, mais a sociedade vai respeitá-lo.

Dizem que aconteceu na vida de Lokmanya Tilak — um dos grandes líderes indianos. Ele morava em Puna, nesta cidade, e antes de Gandhi assumir e dominar a cena ele era o homem mais importante da Índia — dizem que ele era um homem de disciplina, e os homens de disciplina estão sempre mortos, porque a disciplina não passa de uma forma de você se insensibilizar. A esposa dele morreu, e ele estava sentado em seu escritório, onde ele publicava um jornal, o *Kesari* — ainda publicado —, quando alguém disse: "Sua esposa morreu, volte para casa!". Ouvindo isto, ele olhou para o relógio na parede de trás e disse: "Mas ainda não é hora. Eu só deixo meu escritório às cinco horas".

Olhe para a coisa toda. Que tipo de intimidade, que tipo de amor, que tipo de carinho e compartilhamento havia ali? Esse homem se preocupa com o seu trabalho, esse homem se preocupa com o tempo, mas não com o amor. Parece quase impossível que, quando alguém diz que sua esposa está morta, você olhe para o relógio e, então, diga: "Não é hora ainda. Deixo meu escritório apenas às cinco". E a maravilha das maravilhas é que todos seus biógrafos apreciam muito esse episódio. Eles dizem: "Isso é devoção ao país! É assim que um homem disciplinado deve ser". Eles acham que isso é desapego. Isso não é desapego, isso não é devoção a nada. Isso é simplesmente apatia, insensibilidade. E se o homem é insensível à sua esposa, como ele pode ser sensível a todo o país? Impossível.

Lembre-se, se você não pode amar uma pessoa, você não pode amar a humanidade. Isso pode ser um truque. Aqueles que não conseguem amar as pessoas — porque é muito perigoso amar uma pessoa — sempre acham que amam a humanidade. Onde está a humanidade? Você pode encontrá-la em algum lugar? É apenas uma palavra. A humanidade não existe em lugar nenhum. Onde quer que você vá, você só vai encontrar pessoas. A vida são as pessoas, e não a humanidade. A vida é sempre personificada, ela existe como um indivíduo. Sociedade, país, humanidade, são apenas palavras. Onde está a sociedade? Onde está o país, a pátria? Você não consegue amar a mãe, e você ama a pátria? Você deve estar se enganando. Mas a palavra é boa, bonita: pátria. Você não precisa se preocupar com a pátria, porque a pátria não é uma pessoa, é uma ficção em sua mente. É seu próprio ego.

Você pode amar a humanidade, você pode amar a pátria, você pode amar a sociedade, e você não é capaz de amar uma pessoa — porque uma pessoa cria dificuldades. A sociedade nunca vai criar dificuldades, porque é apenas uma palavra. Você não precisa se entregar a ela. Você pode dominar a palavra, a ficção, mas não pode dominar uma pessoa. Mesmo com uma criança pequena é impossível, você não pode dominá-la porque ela tem seu próprio ego, ela tem sua própria mente, ela tem seus próprios caminhos. É quase impossível dominar a vida, mas as palavras podem ser facilmente dominadas, porque você está sozinho ali.

Pessoas que não podem amar outra pessoa começam a amar a Deus. Elas não sabem o que estão fazendo. Falar com uma pessoa, se comunicar com uma pessoa, é uma tarefa difícil. É preciso habilidade, é preciso de um coração muito amoroso, é preciso um coração muito sábio, cheio de compreensão. Só então você pode tocar uma pessoa, porque tocar uma pessoa é mover-se por uma área perigosa — a vida está pulsando ali também. E cada pessoa é tão única que você não pode ser mecânico quanto a isso. Você tem que estar muito atento e vigilante. Você tem que se tornar mais sensível se você ama uma pessoa; só então a compreensão surge.

Mas amar um Deus que está sentado em algum lugar no céu é um monólogo. Vá às igrejas — as pessoas não estão falando com ninguém. Elas são tão loucas quanto as pessoas que você encontra nos manicômios, mas aquela loucura é aceita pela sociedade e esta loucura não é aceita, essa é a única diferença. Vá a um hospício; você vai encontrar pessoas falando sozinhas, não há ninguém ali. Elas falam, e não só dizem coisas como também respondem. Elas fazem com que pareça um diálogo; é um monólogo. Então vá às igrejas e aos templos; lá pessoas estão falando com Deus. Isso também é um monólogo, e se elas realmente enlouquecem, começam fazendo as duas coisas: dizem uma coisa e respondem também, e sentem que Deus respondeu.

Você não pode fazer isso a menos que tenha aprendido a amar uma pessoa. Se você ama uma pessoa, aos poucos a pessoa torna-se a porta para o todo. Mas tem que começar com uma pessoa, com o pequeno, com o atômico. Você não pode dar um salto. O Ganges não pode simplesmente saltar para o mar, tem que começar no Gangotri, apenas um pequeno riacho; então ele fica cada vez mais largo e maior e maior, até que finalmente ele se funde com o oceano.

O Ganga, o Ganges do amor, também tem de começar como um pequeno riacho, com as pessoas, então ele vai ficando cada vez maior e maior. Depois de conhecer a beleza dele, a beleza da entrega, a beleza da insegurança, a beleza de se estar aberto a tudo que a vida dá – felicidade e sofrimento, ambos – então você fica maior e maior e maior e se expande, e, finalmente, a consciência torna-se um oceano. Então você cai na divindade, na existência. Mas, por causa do medo você cria insensibilidade – e a sociedade respeita. A sociedade não quer que você seja muito vivo porque as pessoas vivas são rebeldes.

Olhe para uma criança pequena: se ela está realmente viva, ela vai ser rebelde, vai tentar trilhar o seu próprio caminho. Mas se ela tem algum tipo de deficiência mental, está de alguma forma bloqueada em algum lugar, sem crescer, ela vai se sentar no canto e ser perfeitamente obediente. Diga-lhe para ir, ela vai; diga-lhe para vir, ela vem. Diga-lhe para se sentar, ele se senta; diga-lhe para ficar, ela fica. Ela é perfeitamente obediente, porque não tem personalidade própria. A sociedade, a família, os pais, vão gostar dessa criança.

Eles vão dizer: "Olha, ela é tão obediente!".

Eu ouvi uma vez...

O Mulá Nasrudin estava conversando com o filho; ele tinha trazido o boletim da escola. O Mulá estava esperando que ele fosse receber um A, e ele tinha tirado um D; na verdade ele foi o último da classe. Então, Nasrudin disse: "Olhe, você nunca me obedece, tudo que eu digo você desobedece; agora deu nisso. E olhe o filho dos vizinhos – ele sempre tira 10, sempre está em primeiro lugar na classe". O filho olhou para Nasrudin e disse: "Mas a questão é outra – ele tem pais talentosos". Essa criança é muito viva, mas ele tem seu jeito próprio.

A obediência tem uma certa burrice; a desobediência, uma inteligência afiada. Mas a obediência é respeitada porque a obediência causa menos inconvenientes. Claro que isso é verdade – a desobediência causa inconvenientes. Você gostaria de ter um filho morto porque não iria causar nenhum inconveniente. Você não gostaria de ter um filho vivo – quanto mais vivo, mais perigo existe.

Pais, sociedades, escolas, todos eles forçam a obediência, eles entorpecem você; e então respeitam essas pessoas. É por isso que na vida você nunca vê as pessoas que estão em primeiro lugar nas escolas, nas universidades; na vida elas estão simplesmente perdidas. Você nunca as encontra na vida, onde elas vão... elas provam ser muito talentosas na escola, mas de alguma forma na vida elas estão perdidas. Parece que os caminhos da escola são diferentes dos caminhos da vida. De alguma forma, a vida ama as pessoas vivas — quanto mais vivas, mais rebeldes: pessoas com a sua própria consciência, ser e personalidade; pessoas que têm os seus próprios caminhos para trilhar; pessoas que não estão mortas. As escolas preferem justamente o oposto. Toda a sociedade ajuda você a se tornar mudo, surdo, cego, morto.

Nos mosteiros você vai encontrar pessoas mortas reverenciadas como santos. Vá a Varanasi: você vai encontrar pessoas deitadas em camas de espinhos, pregos — e elas são adoradas como deuses. E o que conseguiram? Se você olhar para o rosto delas não vai encontrar rostos mais obtusos em lugar nenhum. Uma pessoa deitada numa cama de pregos ou espinhos tem que ser burra. Em primeiro lugar, para escolher esse modo de vida a pessoa tem que ser burra. E então o que ela vai fazer, o que ela pode fazer se deitando sobre pregos? Ela tem de fazer todo o seu corpo ficar insensível. Essa é a única maneira que ela tem para não sentir isso. Aos poucos a pele dela se torna mais grossa, então ela não sente mais nada. Então, ela se torna uma pedra, completamente morta. E toda a sociedade cultua esse homem: ele é um sábio, alcançou alguma coisa. O que ele alcançou? Está mais amortecido que você. Agora, os pregos não o afetam, porque o corpo está morto.

Você pode não saber, mas, se você perguntar, os fisiologistas vão dizer que já existem muitos pontos no corpo que não estão vivos; eles os chamam de pontos mortos. Nas suas costas há muitos pontos mortos. Basta dar uma agulha a um dos seus amigos, ou para a sua esposa ou marido, e pedir a eles que espetem a agulha em alguns pontos das suas costas. Você vai sentir alguns pontos e outros você não vai sentir. Alguns pontos já estão mortos, por isso, quando a agulha é enfiada, você não sente. Essas pessoas, elas fizeram uma coisa: elas tornaram todo o corpo um ponto morto. Mas isso não é crescer, isso é regressão. Elas estão se tornando cada vez mais materiais e menos divinas, porque, ser divino significa ser perfeitamente sensível, estar perfeitamente vivo.

Então eu disse a esse homem que existe um caminho, e que é ser morto: isso é mais fácil, isso é o que todo mundo está fazendo. As pessoas diferem em graus, mas à sua própria maneira elas estão fazendo isso.

Você retorna para a casa com medo da sua esposa; você se torna surdo, você não ouve o que ela diz. Você começa a ler o jornal, e coloca o jornal de tal forma que não a vê. O que ela diz você simplesmente não ouve; caso contrário, você se sente, "Como posso viver se eu ouvi-la?" Você não vê que ela está chorando ou se lamentando. Só quando ela faz com que fique quase impossível para você, então você olha — e esse olhar é cheio de raiva.

Você vai para o escritório, você pega trânsito, em toda parte você tem que criar uma certa apatia em torno de você. Você acha que isso o protege — não protege, só mata. Claro que você vai sofrer menos, mas menos bênçãos virão para você, menos felicidade também. Quando você se torna morto, o sofrimento é menor, porque você não pode sentir; a felicidade é menor porque você não pode senti-la. Uma pessoa que está em busca de mais felicidade tem que estar pronta para sofrer.

Isso pode parecer um paradoxo para você: que um homem no estado de um buda, um homem que já despertou, é feliz — absolutamente feliz — e também sofre da mesma maneira. É claro que ele está feliz por dentro, as flores continuam se derramando, mas ele sofre por todos ao seu redor. Ele tem que sofrer, porque, se você tem sensibilidade para que as bênçãos estejam disponíveis para você, o sofrimento também estará disponível para você. É preciso escolher. Se você optar por não sofrer, se escolher que não quer sofrer, então você também não vai conquistar a felicidade — porque ambos entram pela mesma porta, esse é o problema. Você pode fechar a porta com medo do inimigo, mas o amigo também entra pela mesma porta. E se você trancá-la completamente e bloqueá--la completamente, por medo do inimigo, então o amigo também não pode entrar. Deus não está vindo até você, as portas estão fechadas. Você pode tê-las fechado para não deixar o Diabo entrar, mas quando as portas estão fechadas, elas estão fechadas. E aquele que precisa, que sente a fome, a sede de conhecer a verdade, tem de encontrar o Diabo também. Você não pode escolher um, você tem que encontrar os dois

Se você está vivo, a morte será um grande fenômeno para você. Se você vive totalmente, você vai morrer totalmente; se você vive dois por cento, você vai morrer dois por cento. Assim como a vida, será a morte. Se a porta está aberta para Deus, ela está aberta para o Diabo também.

Você já ouviu muitas histórias, mas eu não sinto que você tenha entendido: sempre que Deus acontece, o Diabo acontece um pouco antes dele, porque sempre que a porta está aberta, o Diabo apressa-se para entrar primeiro. Ele está sempre com pressa. Deus não está com pressa.

O mesmo aconteceu com Jesus — antes que ele atingisse a iluminação final, o Diabo o tentou por quarenta dias. Quando ele estava meditando, jejuando em sua solidão, quando Jesus estava desaparecendo e ele estava criando um lugar para Cristo vir, o Diabo o tentou. Nesses quarenta dias o Diabo ficou continuamente ao lado dele. E ele tentou muito bem e muito politicamente; ele é o maior político de todos; todos os outros políticos são seus discípulos. Muito diplomaticamente ele disse: "Certo, então agora você se tornou o profeta, e você sabe que as Escrituras dizem que, quando Deus escolhe um homem, e um homem torna-se um messias, um profeta, ele se torna infinitamente poderoso. Agora você é poderoso. Se você quiser, pode pular desta colina e os anjos vão coloca-lo de pé no vale. E se você é realmente um messias, comprove tudo o que é dito nas escrituras — salte!".

A tentação era grande e ele estava citando as escrituras. Os demônios sempre citam, pois para convencer você é preciso citar uma escritura. Os demônios sabem todas as escrituras de cor.

Jesus riu e disse: "Você está certo, mas a mesma escritura diz que você não deve testar Deus".

Então, um dia, quando ele estava com muita fome... trinta dias de jejum, o Diabo sempre sentado ao seu lado... Antes que Deus venha, o Diabo vem; no momento em que você abre a porta ele está ali de pé, e ele é sempre o primeiro na fila. Deus sempre fica para trás porque ele não está com pressa, lembre-se: Deus tem a eternidade para trabalhar, o Diabo não tem a eternidade para trabalhar — apenas momentos. Se ele perde, ele perde, e depois que um homem se torna divino, ele não vai mais ser ferido... então ele tem que encontrar momentos de fraqueza, quando Jesus está desaparecendo e Cristo ainda não entrou. Essa lacuna é o momento onde ele pode entrar. Então, o Diabo disse: "Mas é dito nas escrituras que, quando um homem é escolhido por Deus, ele pode transformar até mesmo pedras em pão. Então, por que você está sofrendo? E prove isso, porque o mundo vai ser beneficiado com isso". Essa é a diplomacia. Ele disse: "O mundo vai ser beneficiado com isso".

Parece que é assim que o Diabo convenceu seu Satya Sai Baba. O mundo será beneficiado por isso, porque, quando você transformar pedras em pão, as pessoas vão saber que você é o homem de Deus. Elas virão correndo, então você pode ajudá-las. Caso contrário, quem vai vir e quem vai ouvir você?

Jesus disse: "Você está certo. Eu posso transformar — mas não eu, Deus pode transformar pedras em pão. Mas sempre que ele precisar disso, ele vai me dizer, você não precisa se preocupar. Por que você está se dando a tanto trabalho?".

Sempre que você entra em meditação, o primeiro homem que você vai encontrar no portão, no momento em que abrir a porta, será o Diabo, porque é por causa do medo dele que você fechou a porta. E lembre-se... mas primeiro vou contar uma história, então você vai entender:

Numa loja, tinham anunciado um desconto especial para o Natal, especialmente para roupas e vestidos femininos, por isso havia uma multidão de senhoras. Um homem teve que ir porque a esposa dele estava doente, e ela o obrigou a ir, porque essa era uma chance que não se podia desperdiçar. Então ele ficou ali de pé, como um cavalheiro, por uma hora, mas não conseguiu chegar ao balcão. Você conhece as mulheres, o jeito delas — gritando, gritando umas com as outras, aparecendo do nada, sem fazer fila, e o homem estava pensando que era uma fila, então ele ficou ali de pé. Depois que uma hora se passou e ele não estava nem perto do balcão, ele começou a empurrar e gritar e gritar, e começou a forçar para abrir caminho na multidão e chegar ao balcão.

Uma senhora idosa gritou: "O que é isso?! O que você está fazendo? Seja um cavalheiro!" O homem disse: "Por uma hora eu fui um cavalheiro. Agora preciso me comportar como uma dama! Chega!".

Lembre-se, o Diabo nunca se comporta como um cavalheiro, ele se comporta como uma dama. Ele está sempre em primeiro lugar na fila. E Deus é um cavalheiro. É difícil para ele ser o primeiro da fila e no momento em que você abre a porta, o Diabo entra. E por causa do seu medo dele, você a mantém fechada. Mas, se o Diabo não pode entrar, Deus também não pode. Quando você fica vulnerável, você fica vulnerável tanto para Deus quanto para o Diabo — para a luz e para a escuridão, para a vida e para a morte, para o amor e para o ódio — você se torna disponível para ambos os opostos.

Você optou por não sofrer, então você está fechado. Você pode não estar sofrendo mas sua vida é um tédio, porque, apesar de você não sofrer tanto quanto poderia sofrer se estivesse aberto, não há bênção também. A porta está fechada — nenhuma manhã, nem o Sol, nem a Lua entram; não entra o céu, nem ar fresco, todo o ar fica viciado. E por medo você está escondido aí. Não é uma casa onde você está vivendo; você já a converteu num túmulo. Suas cidades são cemitérios, suas casas são sepulturas. Todo o seu modo de vida é a de um homem morto.

É preciso coragem para ser aberto — coragem para sofrer, porque só assim a bênção torna-se possível.

Agora nós devemos tentar compreender esta bela história: Surdo, Mudo e Cego.

> *Gensha queixou-se aos seus seguidores um dia: "Outros mestres estão sempre falando da necessidade de salvar a todos — mas suponha que você encontre uma pessoa que seja surda, muda e cega: ela não vai poder ver seus gestos, ouvir a sua pregação ou fazer perguntas a respeito. Incapaz de salvá-la, você vai provar a si mesmo que é um budista sem valor".*

Mestres geralmente não se queixam, mas quando eles se queixam isso significa alguma coisa. Aqui não é apenas Gensha reclamando, são todos os mestres reclamando. Mas essa é a experiência deles, e onde quer que você vá você encontra pessoas surdas, mudas e cegas, porque toda a sociedade é assim. E como salvá-las? Elas não podem ver, não podem ouvir, não podem sentir, não podem compreender nenhum gesto. Se você tentar demais salvá-las, elas vão fugir. Elas vão pensar: Este homem está atrás de alguma coisa, ele quer me explorar ou ele quer aplicar algum golpe. Se você não faz muito por elas, elas sentem: Este homem não é para mim, porque ele não está ligando o suficiente. E qualquer coisa que se faça, elas não conseguem entender.

Esta não é a queixa de Gensha, pois pessoas iluminadas nunca reclamam por si mesmas. Essa queixa é geral, é assim que acontece. Alguém como Jesus sente da mesma maneira, alguém como Buda se sente da mesma maneira. Onde quer que você vá, você tem que encontrar pessoas que são surdas, mudas e cegas. Você faz gestos — não podem ver, ou pior ainda, elas veem outra coisa. Você conversa com elas — elas não conseguem entender, e ainda pior, elas compreendem mal. Você diz algo, elas entendem outra coisa, porque o significado não pode ser transmitido através de palavras. Apenas as palavras podem ser comunicadas, o significado tem de ser fornecido pelo ouvinte.

Eu digo uma palavra; eu quero dizer uma coisa. Mas se dez mil pessoas estão ouvindo, haverá dez mil significados, porque cada uma irá ouvir conforme sua cabeça, o seu preconceito, o seu conceito e filosofia e religião. A pessoa vai ouvir a partir do seu condicionamento e seu condicionamento vai fornecer o significado.

É muito difícil, praticamente impossível. É como se você fosse a um hospício e conversasse com as pessoas. Como você vai se sentir? Isso é o que Gensha sente, essa é a queixa.

Essa é a minha reclamação também. Trabalhando com você, eu sempre sinto um bloqueio. Ou seus olhos estão bloqueados, ou os seus ouvidos estão bloqueados, ou o seu nariz está bloqueado, ou seu coração está bloqueado; num lugar ou noutro, algo está bloqueado, está petrificado. E é difícil penetrar, porque se eu forçar demais para penetrar nesse bloqueio, você fica com medo — por que estou tão interessado? Se eu não faço muito, você se sente negligenciado. É assim que funciona uma mente ignorante. Faça isso e ela interpretará mal, faça aquilo e ela entenderá mal. Uma coisa é certa: ela vai entender mal.

Gensha queixou-se aos seus seguidores um dia: "Outros mestres estão sempre falando da necessidade de salvar a todos".

Buda disse que, quando você é salvo, a única coisa a fazer é salvar os outros. Quando você atingiu a iluminação, a única coisa a fazer é espalhar isso para os outros, porque todo mundo está lutando. Todo mundo está avançando aos tropeços no caminho, todo mundo está avançando sabendo ou não sabendo, e você atingiu. Ajude os outros.

E isso é uma necessidade também, uma necessidade interior de energias, porque um homem que se tornou iluminado terá de viver alguns anos, porque a iluminação não é um destino; ela não é fixa, não é causada. Quando ela acontece, nem sempre é, necessariamente, no momento em que o corpo morre. Não há necessidade de que esses dois acontecimentos ocorram juntos. Na verdade, é quase impossível, porque a iluminação é um fenômeno súbito sem causa. Você se empenha para atingi-la, mas isso nunca acontece através de seu empenho. Seu empenho ajuda a criar a situação, mas isso acontece por meio de outra coisa — essa outra coisa é chamada "graça". É um presente da existência, não é produto de seus esforços; eles não causam isso. É claro que eles criam uma situação: eu abro a porta e a luz entra. Mas a luz é uma dádiva do Sol. Eu não posso criar luz apenas abrindo a porta. A abertura da porta não é motivo para isso. A não abertura da porta era um obstáculo, mas a abertura da porta não é a causa. Eu não posso causar. Se você abrir a porta e for noite, a luz não entrará. Abrir a porta não é criar luz, mas fechando a porta você atrapalha.

Assim, todos os esforços que você fizer para a realização consistem apenas em abrir a porta. A luz vem quando vier. Você tem que ficar com a porta aberta de modo que, sempre que ela vier, sempre que ela bater à sua porta, você estará lá e a porta estará aberta para que ela possa entrar. É sempre uma dádiva — e tem que ser assim, porque se você puder alcançar o supremo através dos seus esforços será um absurdo. A mente limitada se esforçando — como ela pode encontrar o infinito? A mente finita se esforçando — todos os esforços vão ser finitos. Como pode o infinito acontecer através de esforços finitos? A mente ignorante está se esforçando — esses esforços são feitos na ignorância; como eles podem mudar, transformar-se em iluminação? Não, não é possível.

Você se esforça; os esforços são necessários, eles preparam você, eles abrem a porta — mas a coisa acontece quando acontece. Você permanece disponível. Deus bate várias vezes à sua porta, o Sol nasce todos os dias. E lembre-se, em nenhum outro lugar se diz o que eu gostaria de dizer a você, embora vá ajudar. Isso não se diz, porque, se você não entender, isso pode se tornar um obstáculo. Existe um dia para Deus e existe uma noite também. Se você abrir a porta à noite, a porta permanecerá aberta, mas Deus não virá. Há um dia — se você abrir a porta no momento certo, imediatamente Deus vem.

E tem que ser assim, porque toda a existência tem opostos. Deus também está num período de descanso quando ele dorme. Se você abrir a porta, então ele não vai vir. Há um momento em que ele está acordado, quando ele está em movimento — tem que ser assim, porque toda a energia se move através de dois opostos, descanso e movimento, e Deus é energia infinita! Ele tem movimentos e tem um descanso. É por isso que um mestre é necessário.

Se você fizer isso por conta própria, você pode estar trabalhando duro e nada estar acontecendo, porque você não está trabalhando no momento certo. Você está trabalhando durante a noite; você abre a porta e só entra escuridão. Com medo, você a fecha novamente. Você abre a porta e não há nada, só um imenso vazio ao redor. Você fica com medo, você a fecha novamente, e depois que você vê esse vazio, você nunca se esquece — e você vai ter tanto medo que vai demorar muitos anos para reunir coragem novamente para abri-la. Porque... depois de ver o abismo infinito, quando Deus está dormindo, quando Deus está em repouso, se você vê esse momento de negatividade infinita e abismo e escuridão, você vai ficar com medo — tanto que por muitos anos você não vai fazer outra tentativa.

E eu sinto que muitas pessoas têm medo de ir para a meditação — e eu sei que em algum lugar em sua vida passada, elas fizeram algum esforço e tiveram um vislumbre do abismo no momento errado. Elas podem não saber, mas inconscientemente o medo está lá, então sempre que chegam perto da porta e põem a mão na maçaneta e torna-se possível abrir a porta, elas ficam com medo. Elas voltam exatamente nesse momento, correm de volta — elas não a abrem. Um medo inconsciente as aflige. Tem que ser assim, porque há muitas vidas você vem lutando e se esforçando.

Daí a necessidade do mestre, que sabe, que atingiu a iluminação, e que conhece o momento certo. Ele irá dizer a você para fazer todos os esforços quando for a noite de Deus. E não vai lhe dizer para abrir a porta. Ele irá lhe dizer para se preparar no meio da noite, prepare-se, tanto quanto possível, para estar pronto, e quando a manhã romper e os primeiros raios surgirem, ele irá lhe dizer para abrir a porta. De repente, a iluminação! Então, é totalmente diferente, porque quando existe luz é totalmente diferente.

Quando Deus está acordado, o vazio não existe. É uma realização; é perfeita plenitude. Tudo está preenchido, mais do que preenchido, é perfeição sempre fluindo. É o pico e não o abismo. Se você abrir a porta no momento errado, é o abismo. Você vai ficar tonto, tão tonto que, por muitas vidas, você nunca vai tentar abri-la. Mas só aquele que sabe, só aquele que se tornou uno com Deus, só aquele que sabe quando é noite e quando é dia, pode ajudar, porque agora dia e noite acontecem nele também — ele tem uma noite, ele tem um dia.

Os hindus tiveram um vislumbre disso e eles têm uma bela hipótese: chamam isso de dia de Brahma, o dia de Deus. Quando a criação acontece eles chamam de dia de Deus. Mas a criação tem um limite de tempo, e a criação se dissipa e a noite de Brahma, a noite de Deus, se inicia. Doze horas de dia de Brahma é toda a criação. Depois, exaurida, toda a existência desaparece na inexistência. Então, por doze horas é noite de Brahma. Para nós é de milhões e milhões de anos; para Deus é de doze horas — o seu dia.

Os cristãos também tinham uma teoria, ou uma hipótese — porque eu chamo todas as teorias religiosas de hipóteses, pois nada é provado, nada pode ser provado pela própria natureza da coisa. Dizem que Deus criou o mundo em seis dias, em seguida, no sétimo dia, descansou. É por isso que o domingo é um dia de descanso, de férias. Durante seis dias ele criou, e no sétimo dia descansou. Eles tinham uma visão de que mesmo Deus devia descansar.

Essas são duas hipóteses, ambas lindas, mas você tem que encontrar a essência disso. O essencial é que todos os dias Deus também tem um dia e uma noite. E todos os dias há um momento certo para entrar e um momento errado; no momento errado você dá de cara com a parede; no momento certo você simplesmente entra. Por causa disso, aqueles que bateram no momento errado dizem que atingir a iluminação é uma coisa gradual, você a atinge em etapas; e aqueles que vieram até a porta no momento certo dizem que a iluminação é súbita, acontece num instante. Um mestre é necessário para decidir quando é o momento certo.

Contam que Vivekananda começou o seu discipulado e então um dia alcançou o primeiro vislumbre. Você pode chamar isso de *satori*, a palavra zen para *samadhi*, porque é uma visão, não é uma coisa permanente. É como se as nuvens não estivessem lá no céu – o céu está claro e de uma distância de mil quilômetros você tem um vislumbre do Everest em toda a sua glória, mas, em seguida, o céu fica nublado e o vislumbre se vai. Não é realização, não se atingiu o Everest, você ainda não alcançou o topo; de milhares de quilômetros você teve um vislumbre – isso é *satori*. *Satori* é um vislumbre do *samadhi*. Vivekananda teve um *satori*.

No ashram de Ramakrishna havia muitas pessoas, muitas pessoas estavam trabalhando. Um homem, seu nome era Kalu, um homem muito simples, muito inocente, também estava trabalhando em seu próprio caminho – e Ramakrishna aceitou todos os caminhos. Ele era um homem raro, ele aceitou todas as técnicas, *todos* os métodos, e ele disse que todo mundo tem que encontrar seu próprio caminho, não existe uma superestrada. E isso é bom, caso contrário haveria um engarrafamento! Portanto isso é bom, você pode trilhar o seu próprio caminho. Não há mais ninguém lá para criar problema ou deixar tudo lotado.

Aquele Kalu era um homem muito simples. Ele tinha pelo menos cem deuses – como os hindus são amantes de muitos deuses, um não é suficiente para eles. Então, eles vão colocando em seu altar este deus, aquele deus, todos que podem encontrar; pois colocam até mesmo calendários lá. Não há nada de errado nisso; se você o ama, tudo bem. Mas Vivekananda era um intelectual lógico, muito arguto. Ele sempre discutia com esse homem inocente e ele não conseguia responder. Vivekananda disse: "Por que esse absurdo? Um é suficiente, e as escrituras dizem que é ele, então por que centenas de deuses?". E eles eram de todos os tipos e formas e Kalu tinha que trabalhar com esses deuses, pelo menos durante três horas pela manhã e três à noite – e isso tomava o dia todo, porque com todos os deuses ele tinha que trabalhar, e por mais rápido que ele trabalhasse levava três horas pela manhã e três horas à noite. Mas ele era um homem muito, muito silencioso e Ramakrishna o amava.

Vivekananda sempre discutia, "Jogue esses deuses fora!" Quando teve um vislumbre de *satori* ele se sentiu muito poderoso. De repente, surgiu-lhe a ideia de que, com esse poder, se ele simplesmente enviasse uma mensagem telepática para Kalu — ele estava prestando culto em seu quarto, era a hora da adoração — para que ele pegasse todos os seus deuses e os jogasse no Ganges, isso iria acontecer.

Ele simplesmente enviou uma mensagem. Kalu era realmente um homem simples. Ele reuniu todos os seus deuses num lençol e levou-os para o Ganges.

Do Ganges, Ramakrishna estava chegando, e ele disse: "Espere! Não é você quem vai jogá-los. Volte para o seu quarto e coloque-os no lugar". Mas Kalu disse: "Chega! Acabou!".

Ramakrishna disse: "Espere e venha comigo!".

Ele bateu na porta de Vivekananda. Vivekananda abriu a porta e Ramakrishna disse: "O que você fez? Isso não é bom e esse não é o momento certo para você. Então eu vou tirar a sua chave de meditação e mantê-la comigo. Quando chegar o momento certo eu vou dá-la a você". E, por toda a sua vida, Vivekananda tentou de milhões de maneiras atingir a iluminação, mas ele não conseguiu esse vislumbre de novo.

Pouco antes de morrer, três dias antes, Ramakrishna apareceu em sonho e deu-lhe a chave. Ele disse: "Agora você pode pegar a chave. Agora, chegou o momento certo e você pode abrir a porta".

E no dia seguinte de manhã ele teve o segundo vislumbre.

Um mestre sabe quando é a hora certa. Ele ajuda você, prepara-o para o momento certo, e ele vai lhe dar a chave quando o momento certo chegar; então você simplesmente abre a porta e o divino entra — porque, se você abrir a porta e entrar a escuridão, isso será parecido com a morte, não com a vida. Não há nada de errado nisso, mas você vai ficar com medo, e você pode ficar tão assustado que pode carregar esse medo para todo o sempre.

Buda diz que sempre que uma pessoa atinge a iluminação, começa a ajudar os outros, porque todas suas energias que estavam se movendo para o desejo... agora essa porta está aberta, essa jornada não existe mais, essa viagem não existe mais; agora deixe que todas as suas energias, que antes estavam se movendo para o desejo, *vasana*, tornem-se compaixão, deixe que se tornem *karuna*. E só existe uma compaixão — como ajudar o outro a alcançar o supremo, porque não há nada mais a ser alcançado. Tudo o mais é besteira. Só o divino vale a pena alcançar. Se conseguir alcançar isso, você alcançou tudo; se você perder isso terá perdido tudo.

Quando uma pessoa se torna iluminada, ela vive por alguns anos antes de o corpo completar o seu ciclo. Buda viveu por quarenta anos, porque o corpo tinha chegado a um momento especial: dos pais o corpo tinha conseguido os cromossomos; do seu próprio karma passado o corpo tinha começado um ciclo de vida. Ele deveria viver oitenta anos, iluminado ou não. Se a iluminação tornou-se possível, ou se ela aconteceu, mesmo assim ele tinha de viver oitenta anos. Aconteceu quando ele tinha em torno de 40 anos, ele viveu mais quarenta anos. O que fazer com as energias agora? Agora não há desejo, não há ambição. E você tem energias infinitas fluindo. O que fazer com essas energias? Elas podem ser aplicadas na compaixão. Agora também não há nenhuma necessidade de meditação; você atingiu, você está transbordando — agora você pode compartilhar. Você pode compartilhar com milhões de pessoas, você pode dar isso a elas.

Então Buda fez essa parte do seu ensino básico. Ele chama a primeira parte *dhyana*, meditação, e a segunda parte *pragya*, atingir a sabedoria. Por meio da meditação, você chega à *pragya*. Estes são os seus fenômenos interiores, duas partes: você meditou, agora você atingiu. Agora, para equilibrar com o exterior — porque um homem de iluminação é sempre equilibrado. Fora, quando não havia meditação interior, havia o desejo. Agora que há sabedoria interiormente, deve haver compaixão. As energias externas devem se tornar compaixão; as energias internas se converteram em sabedoria, iluminação. Iluminação dentro, compaixão fora. O homem perfeito é sempre equilibrado. Por isso Buda diz continue e ajude a salvar as pessoas.

Gensha queixava-se: como fazer isso se você encontra alguém que é surdo, mudo e cego? E você quase sempre se depara com pessoas assim, porque elas simplesmente existem. Você não se depara com um buda e um buda não precisa de você. Você se depara com uma pessoa ignorante, sem saber o que fazer, sem saber para onde ir. Como ajudá-la?

Incomodado com essas palavras, um dos discípulos de Gensha foi consultar o mestre Ummon.

Ummon era um discípulo irmão para Gensha; eles eram discípulos do mesmo professor, Seppo. Então o que fazer? Gensha disse uma coisa tão preocupante para esse homem: como ajudar as pessoas? Ele foi procurar Ummon.

Ummon é um mestre muito famoso. Gensha era um mestre muito silencioso. Mas Ummon tinha milhares de discípulos e ele tinha muitos recursos para trabalhar com eles. E ele era um homem como Gurdjieff – ele criava situações, porque só as situações podem ajudar. Se as palavras não podem ajudar, porque você é burro, você é surdo – as palavras não podem ajudar. Se você é cego, os gestos são inúteis. Então o que fazer? Somente as situações podem ajudar.

Se você é cego, não posso lhe mostrar a porta apenas por gestos, porque você não pode ver. Eu não posso lhe contar sobre a porta, porque você é surdo e não pode ouvir. Na verdade, você não pode mesmo fazer a pergunta: "Onde está a porta?". Porque você é burro. O que fazer? Eu tenho que criar uma situação.

Eu posso ter de segurar a sua mão, eu posso pegar você pela mão e levá-lo em direção à porta. Nenhum gesto, nenhuma palavra. Eu tenho que *fazer* alguma coisa; eu tenho que criar uma situação em que os mudos, os surdos e os cegos possam avançar.

Incomodado com essas palavras, um dos discípulos de Gensha foi consultar o mestre Ummon.

...Porque ele sabia muito bem que Gensha não diria muito; ele não era um homem de muitas palavras e ele nunca criou nenhuma situação; ele diria coisas e ficaria quieto. As pessoas tinham que procurar outros mestres para perguntar o que ele queria dizer. Ele era um tipo diferente, um tipo silencioso de homem, como Ramana Maharshi; ele não diria muito. Ummon era como Gurdjieff. Ele também não era um homem de palavras, mas ele criaria situações, e usaria palavras apenas para criar situações.

Ele foi consultar o mestre Ummon que, como Gensha, era discípulo de Seppo.

E Seppo foi totalmente diferente de ambos. Dizem que ele nunca falava. Ele permaneceu completamente silencioso. Portanto, não havia problema para ele – ele nunca se deparara com um homem surdo, mudo e cego, porque ele nunca saía dali. Somente as pessoas que estavam em busca, apenas as pessoas cujos olhos estavam ligeiramente abertos, apenas as pessoas que eram surdas, mas que ouviam se você falasse alto... assim... é por isso que muitas pessoas tornavam-se iluminadas perto de Seppo, porque somente aqueles que eram casos limítrofes atingiam a iluminação.

Esse Ummon e esse Gensha, esses dois discípulos tornaram-se iluminados com Seppo, um homem totalmente silencioso; eles simplesmente se sentavam, e se sentavam e não faziam nada. Se queria aprender, você poderia ficar com ele; se você não queria, você podia ir embora. Ele não dizia nada. Você tinha que aprender, ele não iria ensinar. Ele não era um professor, mas muitas pessoas aprenderam.

O discípulo foi até Ummon.

"Curve-se, por favor", disse Ummon.

Ele começou imediatamente, porque as pessoas que são iluminadas não perdem tempo, elas simplesmente vão direto ao ponto imediatamente.

"Curve-se, por favor", disse Ummon.

O monge, embora tomado de surpresa...

Porque... não é assim! Você não pede a ninguém para se curvar. E não há necessidade; se alguém quer se curvar, vai se curvar, se quer lhe prestar respeito, vai prestar. Se não quer, então não vai. Que tipo de homem é esse Ummon? Ele diz: "Curve-se, por favor" antes de o monge perguntar qualquer coisa; ele apenas entrou em seu quarto, e Ummon diz "Curve-se, por favor".

O monge, embora tomado de surpresa, obedeceu à ordem do mestre – então, aprumou-se na expectativa de ter a sua pergunta respondida.
Mas, em vez de uma resposta, recebeu um golpe de cajado. Ele saltou para trás.
"Bem", disse Ummon, "você não é cego. Agora se aproxime".

Ele disse: Você pode ver o meu cajado, então uma coisa é certa, você não é cego.

Agora se aproxime.

O monge fez como lhe foi ordenado. "Bom", *disse Ummon,* "você também não é surdo."

Você pode ouvir: Eu digo aproxime-se e você se aproxima.

"Bem, entendeu?" "Entendeu o quê, senhor?", disse o monge.

O que ele está dizendo? Ele diz:

"Bem, entendeu?" "Entendeu o quê, senhor?", disse o monge. "Ah, você também não é burro!", *disse Ummon. Ao ouvir essas palavras, o monge despertou de um sono profundo.*

O que aconteceu? O que Ummon está apontando? Primeiro, ele está dizendo que, se não é um problema seu, por que se preocupar? Há pessoas que vêm a mim...

Um homem muito rico veio, um dos mais ricos da Índia, e disse: "E os pobres, como você vai ajudar os pobres?". Então, eu disse a ele: "Se você é pobre, então, pergunte; caso contrário, deixe que os pobres perguntem. Por que isso é um problema para você? Você não é pobre, então por que criar um problema por causa disso?".

Uma vez o filho de Mulá Nasrudin perguntou a ele — eu estava presente, e a criança estava se esforçando muito, resmungando é claro, para fazer o dever de casa, e, então de repente ele olhou para Nasrudin e disse: "Pai, o que é essa coisa de educação? De que serve toda essa educação, afinal?".

Nasrudin disse: "Bem, não há nada como a educação. Ela torna você capaz de se preocupar com todos os outros no mundo, exceto com você mesmo".

Não há nada como a educação. Toda a sua educação simplesmente torna você capaz de se preocupar com situações em todo o mundo, relativas a todos exceto a você mesmo — com todos os problemas que existem no mundo. Eles sempre existiram, eles sempre vão existir. Não é porque você está aqui que os problemas estão lá. Você não estava aqui e eles estavam lá; logo você não vai estar mais aqui e eles continuarão lá. Eles mudam de cor, mas permanecem. O próprio esquema do universo é tal que parece que por meio dos problemas e da miséria algo está crescendo. Parece ser um passo, parece ser uma instrução necessária, uma disciplina.

A primeira coisa que Ummon está apontando é: Você não é cego, nem mudo, nem surdo, então por que está preocupado e por que está aborrecido? Você tem olhos – porque perder tempo pensando nos cegos? Por que não olha para o seu mestre? Porque os cegos vão sempre existir, seu mestre não vai existir para sempre. E você pode pensar nos cegos e surdos e se preocupar com eles, em como salvá-los, mas o homem que pode salvar você não vai estar aí para sempre. Então se preocupe consigo mesmo.

Minha experiência também diz que as pessoas estão preocupadas com os outros. Uma vez um homem me fez exatamente a mesma pergunta. Ele disse: "Nós podemos ouvir você, mas o que acontece com aqueles que não podem vir e ouvir, o que fazer? Podemos ler sobre você, disse ele, mas o que acontece com aqueles que não podem ler?".

Eles parecem relevantes, mas são absolutamente irrelevantes. Porque, qual a razão de você estar preocupado? E se você está preocupado assim, então você nunca pode se tornar iluminado, porque uma pessoa que vive desperdiçando e dissipando sua energia com os outros, nunca olha para si mesma. Esse é um truque da mente para escapar de si mesma. Você pensa nos outros e se sente muito bem, porque está se preocupando com os outros. Você é um grande reformador social ou revolucionário ou um utopista, um grande servo da sociedade, mas o que você está fazendo? Você está simplesmente evitando a questão básica: é com *você* que algo tem que ser feito.

Esqueça toda a sociedade, e só então algo pode ser feito a você. E quando você for salvo, pode começar a salvar os outros. Mas antes disso, por favor não pense – é impossível. Antes de estar curado, você não pode curar ninguém. Antes de estar cheio de luz, você não pode ajudar ninguém a inflamar o próprio coração. Impossível! Apenas uma chama acesa pode ajudar alguém. Primeiro se tornar uma chama acesa – esse é o primeiro ponto.

E o segundo ponto é: Ummon criou uma situação. Ele poderia ter dito isso, mas ele não está dizendo isso; ele está criando uma situação, pois somente numa situação você está totalmente envolvido. Se eu disser algo, só o intelecto está envolvido. Você escuta com a cabeça, mas suas pernas, seu coração, seus rins, seu fígado, sua totalidade não estão envolvidos. Mas quando o monge bateu nele com o cajado, ele saltou totalmente. Então foi ação total; então, não só a cabeça e as pernas, os rins, o fígado, mas todo o seu ser saltou.

Esse é o objetivo de minhas técnicas de meditação: o todo de você tem de tremer, saltar, todo o seu ser tem que dançar, todo o seu ser tem que se mover. Se você simplesmente se sentar com os olhos fechados, apenas a cabeça está envolvida. Você pode continuar por um longo período dentro da cabeça — e há muitas pessoas que continuam se sentando por anos juntas, apenas com os olhos fechados, repetindo um mantra. Mas o mantra circula na cabeça, sua totalidade não está envolvida — e sua totalidade está envolvida na existência. Sua cabeça está em Deus tanto quanto o seu fígado e os seus rins e os seus pés. Você está totalmente nele, e só a cabeça não pode perceber isso.

Qualquer coisa intensamente ativa será útil. Inativo, você pode apenas ficar dando voltas dentro da mente. E elas não têm fim, os sonhos, os pensamentos, eles não têm fim. Eles prosseguem infinitamente.

Kabir disse: Existem dois infinitos no mundo — um é a ignorância e o outro é Deus. Duas coisas são infinitas — Deus é infinito, e a ignorância. Você pode continuar repetindo um mantra, mas isso não vai ajudar a menos que toda a sua vida se torne um mantra, a menos que você esteja completamente envolvido nisso — sem se conter, sem divisão. Isso é o que Ummon fez. O monge bateu com o cajado nele.

> "Bem", disse Ummon, "*você não é cego. Agora se aproxime*".
> O monge fez como lhe foi ordenado. "Bom", disse Ummon, "*você também não é surdo*".

O que ele está enfatizando? Ele está enfatizando o seguinte: "Você pode entender, então por que perder tempo?". Então ele pergunta: "*Bem, entendeu?*". Ummon tinha acabado. A situação estava completa. Mas o discípulo ainda não estava pronto, não tinha chegado ao ponto. Ele perguntou: "*Entendeu o quê, senhor?"*. A coisa toda estava ali agora. Ummon tinha dito tudo o que havia para ser dito. E ele tinha criado uma situação onde os pensamentos não existiam: quando alguém bate em você com um cajado, você salta sem pensar. Se você acha que não pode saltar, no momento em que você decidisse saltar, o cajado teria batido em você. Não haveria tempo.

A mente precisa de tempo, o pensamento precisa de tempo. Quando alguém bate em você com um cajado, ou se de repente você encontrar uma cobra em seu caminho, você salta! Você não pensa, você não faz um silogismo lógico, você não diz: Aqui há uma cobra, a cobra é perigosa, a morte é possível, eu devo saltar. Você não segue Aristóteles ali. Você simplesmente coloca Aristóteles de lado — você salta! Você não se importa com o que Aristóteles diz, você é ilógico. Mas sempre que você é ilógico você é total.

Foi isso que Ummon disse. Você salta totalmente. Se você consegue saltar totalmente, por que não medita totalmente? Quando batem em você com um cajado, você salta sem se importar com o mundo. Você não pergunta: "Tudo bem, mas e quanto a um homem cego? Se você bater com o cajado, como isso vai ajudar um cego?. Você não faz uma pergunta — você simplesmente salta, você simplesmente evita a pancada. Naquele momento o mundo inteiro desaparece, só você é o problema. E o problema está ali — você tem que resolvê-lo e sair dele.

"Entendeu?" Foi isso o que Ummon perguntou. O ponto está completo.

"Entendeu o quê, senhor?", disse o monge.

Ele ainda não conseguiu.

"Ah, você também não é burro!", você pode falar também.

Ao ouvir estas palavras, o monge despertou de um sono profundo.

A situação toda — não verbal, ilógica, total. Como se alguém fosse sacudido até acordar do seu sono. Ele acordou; por um momento, tudo ficou claro. Por um momento houve um relâmpago, não havia escuridão. *Satori* aconteceu. Agora o sabor está lá. Agora, esse discípulo pode seguir o sabor. Agora, ele sabe;

ele jamais poderá se esquecer. Agora, a busca será totalmente diferente. Antes disso, era uma busca por algo desconhecido – e como você pode procurar por algo desconhecido? E como você pode renunciar a toda a sua vida por isso? Mas agora ela vai ser total, agora não é algo desconhecido – um vislumbre foi dado a ele. Ele provou o oceano, talvez de uma xícara de chá, mas o gosto é o mesmo. Agora ele sabe. Foi realmente uma pequena experiência – uma janela aberta, mas todo o céu estava lá. Agora, ele pode sair de casa, sair sob o céu e viver nele. Agora ele sabe que a questão é individual.

Não faça dela algo social. A questão é você, e quando eu digo você, eu quero dizer *você*, cada um individualmente; não como um grupo, não você como sociedade. Quando eu digo você, eu me refiro a você simplesmente, ao indivíduo – e o truque da mente é fazer desse eu algo social. A mente quer se preocupar com os outros, então não há nenhum problema. Você pode adiar o seu próprio problema; é assim que você vem perdendo a sua vida há muitas vidas. Não a desperdice mais.

Estou travando essas conversas, mais sutis do que as de Ummon, mas se você não me ouvir, talvez eu tenha que encontrar coisas mais grosseiras.

Não pense demais. Primeiro resolva o *seu* problema, então você vai ter clareza para ajudar os outros também. E ninguém pode ajudar a menos que tenha iluminado a si mesmo.

Basta por hoje.

CAPÍTULO 10

Está bem diante dos seus olhos

Um mestre foi questionado por um monge curioso: "Qual é o caminho?". "Ele está bem diante dos seus olhos", disse o mestre. "Por que eu não o vejo?", perguntou o monge. "Porque você está pensando em si mesmo", disse o mestre. "E você?", perguntou o monge, "Você o vê?"

O mestre disse: "Enquanto você vê dualidade, dizendo eu não vejo, você vê, e assim por diante, seus olhos estão anuviados". "Quando não existe nem eu nem você, pode-se vê-lo?", perguntou o monge. "Quando não existe nem eu nem você, quem é que quer vê-lo?", respondeu o mestre.

Sim, o caminho está bem diante dos seus olhos. Mas seus olhos não estão diante do caminho — eles estão fechados, fechados de modo muito sutil. Eles estão anuviados. Milhões de pensamentos os estão fechando, milhões de sonhos estão pairando sobre eles; tudo o que você vê está ali, tudo o que você pensou está ali. E você já viveu muito — muitas vidas, e você já pensou muito, e tudo isso está acumulado em seus olhos. Mas, como não se pode ver pensamentos, você acha que seus olhos estão cristalinos. A clareza não está lá. Milhões de camadas de pensamento e de sonhos estão em seus olhos. O caminho está bem diante de você. Tudo o que existe está bem diante de você. Mas você não está aqui. Você não está naquele momento de quietude em que os olhos estão totalmente vazios, sem nuvens, e você *vê*, e você vê aquilo que existe.

Então, a primeira coisa a ser entendida é: como conseguir olhos desanuviados? Como tornar os olhos vazios, de modo que eles possam refletir a verdade? Como não viver continuamente numa corrida louca interiormente, como não viver continuamente pensando e pensando e pensando, como relaxar o pensamento? Quando o pensamento não existe, a visão acontece; quando o pensamento existe, você vive interpretando e se equivocando.

Não seja um intérprete da realidade, seja um visionário. Não pense, veja!

O que fazer? Uma coisa: sempre que você olhar, seja simplesmente o olhar. Experimente. Vai ser difícil, difícil só porque é um velho hábito. Mas tente. Acontece. Aconteceu com muitos, por que não com você? Você não é exceção. A lei universal está tão disponível para você como para um buda ou a qualquer um. Basta fazer um leve esforço.

Você vê uma flor: então simplesmente a veja, não diga nada. O rio está fluindo: sente-se na margem e veja o rio, mas não diga nada. As nuvens estão se movendo no céu: deite-se no chão e veja, e não diga nada. Só não verbalize!

Esse é o hábito mais profundo que temos, o de verbalizar; esse é todo o seu treinamento — saltar imediatamente da realidade para as palavras, começar imediatamente a traduzir em palavras: "Que bela flor!","Que belo pôr do Sol!". Se é bonito, deixe que seja bonito! Por que mencionar essa palavra? Se algo é bonito, você acha que a sua palavra "belo" irá torná-lo mais bonito? Pelo contrário, você perdeu um momento de êxtase. A verbalização interferiu. Antes que você pudesse ter visto, você se moveu, passou a devanear interiormente. Se for muito longe nessa divagação, você fica louco.

O que é um louco? Aquele que nunca vem para a realidade, que sempre divaga em seu próprio mundo de palavras — e ele foi tão longe em sua divagação que você não pode trazê-lo de volta. Ele não está com a realidade, mas você está com a realidade? Você também não está. A diferença é apenas de grau. Um louco divagou para muito longe, você nunca divagou para tão longe — apenas na vizinhança — e você sempre volta e novamente toca a realidade e vai novamente.

Você tem um pequeno toque, um pequeno contato em algum lugar, desarraigado, mas ainda assim uma raiz parece existir na realidade. Mas essa raiz é muito frágil; a qualquer momento ela pode ser quebrada, qualquer acidente — a mulher morre, o marido a abandona, você vai à falência no mercado — e aquela raiz frágil se quebra. Então você passa a divagar e divagar; então não há volta, então você nunca toca a realidade. Esse é o estado do louco, e o homem normal é diferente apenas em grau.

E qual é o estado de um buda, de um homem iluminado, de um homem de Tao, de entendimento, de consciência? Ele está profundamente enraizado na realidade, ele nunca se afasta dela ao divagar — exatamente o oposto de um louco.

Você está no meio. A partir desse meio, ou você pode mover-se na direção de ser um louco ou você pode mover-se no sentido de ser um buda. Depende de você. Não dê muita energia aos pensamentos, isso é suicida; você está envenenando a si mesmo. Sempre que os pensamentos começam, se forem desnecessários — e noventa e nove por cento deles são desnecessários — imediatamente volte para a realidade. Qualquer coisa vai ajudar: até mesmo o toque da cadeira onde você está sentado, ou o toque da cama onde você está deitado. Sinta o toque — é mais real do que os seus pensamentos a respeito de Deus, é mais piedoso do que os seus pensamentos a respeito de Deus, porque é uma coisa real.

Toque aquilo, sinta o toque, seja o toque, fique no aqui e agora. Você está comendo? Saboreie bem a comida, o sabor. Cheire-a bem, mastigue-a bem — você está mastigando a realidade! Não fique perdido em pensamentos. Você está tomando banho? Divirta-se! A água está caindo em você? Sinta-a! Torne-se mais e mais um centro de sentimentos em vez de um centro de pensamentos.

E sim, o caminho está bem diante dos seus olhos. Mas o sentimento não é muito permitido. A sociedade vê você como um ser que pensa e não como um ser que sente, porque o sentimento é imprevisível, ninguém sabe aonde ele vai levar, e a sociedade não pode deixar você por conta própria. Ela lhe dá todos os pensamentos: todas as escolas, colégios e universidades existem como centros para treiná-lo para o pensamento, a verbalizar mais. Quanto mais palavras você tem, mais talentoso você é considerado; quanto mais articulado você é com as palavras, mais educado você é considerado. Será difícil, porque trinta, quarenta, cinquenta, sessenta anos de treinamento... mas quanto mais cedo você iniciar, melhor. Volte para a realidade.

Esse é o significado de todos os grupos de sensitivos. No Ocidente, eles se tornaram um ponto focal, e todos aqueles que estão interessados na consciência, na extensão da consciência, estão interessados em grupos de sensitivos, em treiná-los para ser mais sensitivos. E você não precisa ir a lugar nenhum para aprender, a vida toda é sensibilidade. Vinte e quatro horas por dia, a realidade está diante de você, ao seu redor — ela rodeia você; você a respira, você a come. Tudo o que você faz tem a ver com a realidade.

Mas a mente se move para longe. Existe uma lacuna entre o seu ser e a sua mente — eles não estão juntos, a mente está em outro lugar. Você tem que estar aqui, na realidade, porque, quando você come, você tem que comer pão de verdade; pensar no pão não vai ajudar. Quando você toma banho, você tem que tomar um banho de verdade; pensar sobre ele é inútil. Quando você respira você tem que respirar ar de verdade; só pensar nele não vai adiantar. A realidade nos rodeia de todos os lados, ela colide contra nós de todos os lados — onde quer que você vá, você a encontra.

Esse é o significado de "O caminho está bem diante dos seus olhos". Ele está em toda parte, porque nada mais pode existir — apenas o real existe.

Então qual é o problema? Por que então as pessoas continuam procurando, procurando, procurando e nunca encontram? Onde é que está o problema? Qual é o cerne de todo problema? O problema é que a mente pode estar nos pensamentos. A possibilidade de a mente estar nos pensamentos existe. O corpo está na realidade, mas a mente só pode estar em pensamentos — e essa é a dualidade. E todas as suas religiões têm sido a favor da mente e não a favor do corpo. Esse tem sido o maior impedimento que já existiu neste mundo. Elas envenenam toda a mente da humanidade, pois elas são para a mente, não para a realidade.

Se eu disser a você: quando estiver comendo, coma com gosto, e coma tão profundamente que o comer seja esquecido, simplesmente torne-se o processo de comer — você vai se surpreender porque nenhum homem religioso vai dizer uma coisa dessas. As pessoas religiosas têm ensinado: coma sem gosto — *aswad*; eles fizeram uma grande coisa com relação a isso, o treinamento para não se sentir o gosto.

No ashram de Gandhi, havia onze regras. Uma delas era *aswad*, não sentir o gosto de nada — coma, mas sem sentir o gosto da comida, mate o sabor completamente. Beba — mas sem sentir o gosto. Torne a sua vida tão insensível quanto possível. Amorteça o seu corpo completamente, de modo que você se torne uma mente pura... você vai se tornar assim — mas é assim que as pessoas ficam loucas.

Eu vou ensinar exatamente o contrário a você, exatamente o oposto. Eu não sou contra a vida — e a vida é o caminho. Eu afirmo a vida em sua totalidade. Eu não sou um negador. Eu quero que você traga sua mente de volta à realidade. Seu corpo é mais real do que a sua mente. Você pode enganar a mente, você não pode enganar o corpo. O corpo é mais enraizado no mundo, o corpo é mais existencial do que a sua mente. Sua mente é apenas mental. Ela pensa, ela fia palavras, ela cria um sistema — e todos os sistemas são uma tolice.

Uma vez isso aconteceu:

Mulá Nasrudin estava apostando numa corrida de raças de cavalos. A primeira corrida ele perdeu; a segunda, ele perdeu; a terceira, ele continuou a perder, e duas senhoras ao lado dele, sentadas numa caixa, estavam ganhando todas as corridas.

Então, na sétima, ele não conseguiu conter a curiosidade. Que sistema elas estariam seguindo? Todas as raças, e o cavalo era agora o sétimo, elas tinham sido as vencedoras e ele tinha sido o perdedor, e ele vinha trabalhando muito duro para isso. Então, ele reuniu coragem, inclinou-se e perguntou às mulheres: "Vocês estão indo bem?". Elas disseram: "Sim", muito felizes; elas estavam radiantes de felicidade.

Então, ele sussurrou: "Vocês podem me dizer qual é o seu sistema? Apenas uma sugestão."

Uma senhora disse, rindo: "Nós temos um monte de sistemas! Mas hoje decidimos só apostar nos de rabo comprido".

Mas todos os sistemas e todas as filosofias são assim — rabos compridos. Nenhum sistema é fiel à realidade, porque nenhum sistema pode ser fiel à realidade. Eu não estou dizendo que alguns sistemas não podem ser — não. Nenhum sistema pode ser fiel à realidade, porque todos os sistemas são invenções da mente, verbalizações, suas interpretações, suas projeções — a mente trabalhando sobre a realidade. É assim que um sistema nasce; todos os sistemas são falsos.

A realidade não precisa de sistema. A realidade necessita de mais clareza de visão. Ela não precisa de filosofia para olhar, é aqui e agora. Antes que você começasse a se mover em direção a uma filosofia, ela estava lá; quando você voltar ela vai estar lá e sempre esteve lá com você — e você estava pensando nela. Pensar nela é a maneira de perdê-la.

Se você é hindu, você vai perdê-la; se você é cristão, você vai perdê-la; se você é muçulmano, você vai perdê-la; cada "ismo" é uma maneira de perdê-la. Se você tem o Alcorão na cabeça, você vai perdê-la, se você tiver o Gita na cabeça, você vai perdê-la, qualquer escritura que você carregue — escritura é mente, e a realidade não está de acordo com a mente, a realidade não se preocupa com a sua mente e com as suas invenções.

As belas teorias que você cria, os belos argumentos que você dá, as racionalizações lógicas que você encontra. Você trabalha duro. Você continua aprimorando as suas teorias, sofisticando-as, mas elas são como tijolos — você continua dilapidando-as, polindo-as, mas elas nunca poderão se tornar um espelho. Digo que tijolos talvez possam se tornar um espelho, mas a mente nunca pode se tornar um espelho da realidade. A mente é um destruidor. No momento em que ela entra, tudo se torna turvo.

Por favor, não seja um filósofo, e não seja um viciado em nenhum sistema. É fácil trazer de volta um alcoólatra, é fácil trazer de volta uma pessoa que tenha ido muito fundo nas drogas, é difícil trazer um viciado em sistemas de volta. As organizações existem como os Alcoólicos Anônimos para os alcoólatras e outras organizações para viciados em drogas, mas não existe nenhuma organização para pessoas que se tornaram viciadas em sistemas — e não pode haver, porque sempre que há uma organização, ela própria é um sistema.

Eu não estou lhe dando um sistema. Todo o meu esforço é para trazê-lo para fora da sua mente sistematizada. Se você puder se tornar novamente uma criança, se você puder olhar para a realidade sem nenhum preconceito com relação a ela, você vai conseguir. É simples, é comum, não há nada de especial nisso. A realidade não é nada de especial e extraordinário — ela está lá, ela está em toda parte. Apenas sua mente é uma coisa irreal. A mente cria a ilusão, *maya*, a mente cria sonhos — e então você é anuviado por eles. E você está tentando fazer o impossível, aquilo que não pode ser feito: você está tentando encontrar o real através da mente. Você perde o real através da mente, você não pode encontrá-lo através da mente. Você tem que deixar a mente completamente.

Sim, o caminho está bem diante dos seus olhos, mas você não está lá.

Primeira coisa: a mente não vai ajudar. Tente entender isso: a mente não vai ajudar, ela é a barreira. E a segunda coisa: o excesso de preocupação consigo mesmo é a maior barreira. Tem sido a minha observação constante que as pessoas que meditam não conseguem porque estão preocupadas demais consigo mesmas. Elas são muito egocêntricas. Elas podem fingir humildade e até querer saber como viver sem ego, mas são as pessoas mais egocêntricas que existem, pois estão preocupadas apenas com elas mesmas, estão apenas ocupadas com elas mesmas.

Ficar preocupado com os outros é idiotice; se preocupar consigo mesmo é mais idiotice ainda, porque se preocupar é idiotice; não faz diferença com quem você está preocupado. E as pessoas que ficam preocupadas com os outros, você vai sentir que elas são sempre mais saudáveis.

Assim, no Ocidente, os psicanalistas ajudam as pessoas a pensar nos outros e parar de pensar em si mesmas. Os psicólogos continuam a ensinar as pessoas a serem extrovertidas e não a ser introvertidas, porque um introvertido fica doente, um introvertido torna-se, na realidade, pervertido. Ele pensa continuamente em si mesmo, ele cria um muro em torno de si. Ele fica com suas frustrações, preocupações, ansiedades, angústia, depressão, raiva, ciúme, ódio, isso e aquilo — e ele só se preocupa. Pensa em que tipo de angústia ele vive, vive continuamente preocupado com as coisas: Por que estou com raiva? Como posso me tornar uma pessoa sem raiva? Por que eu odeio? Como posso transcender esse ódio? Por que estou deprimido? Como alcançar a felicidade? Ele está continuamente preocupado, e através dessa preocupação, ele cria as mesmas coisas com que está preocupado. Torna-se um círculo vicioso.

Você já observou que sempre que você quer superar uma depressão, a depressão se aprofunda? Sempre que você quer não ficar com raiva, você fica com mais raiva ainda. Sempre que você está triste e não quer mais ficar triste, mais tristeza o abate? Você não observou isso? Isso acontece por causa da lei do efeito contrário. Se você está triste e não quer ficar triste, o que vai fazer? Você vai olhar para a tristeza, você vai tentar reprimi-la, vai prestar atenção nela — e a atenção é o alimento.

Os psicanalistas encontraram uma pista. Essa pista não é muito significativa no final das contas; ela não pode levá-lo à realidade, pode, no máximo, fazer com que você seja normalmente doente. Pode torná-lo ajustado — é uma espécie de ajuste com relação às pessoas ao seu redor. Elas dizem: preocupe-se com as preocupações dos outros, ajude as pessoas, sirva as pessoas.

Rotarianos, sócios do Lions Clubes e outros, eles sempre dizem: Nós servimos. Esses são os extrovertidos. Mas você vai sentir que as pessoas que fazem serviço social, aquelas que estão preocupadas com os outros e estão menos preocupadas com elas próprias são mais felizes do que as pessoas que se preocupam demais com elas mesmas.

Muita preocupação consigo mesmo é uma espécie de doença. E então, quanto mais fundo você vai... você está abrindo uma caixa de Pandora: muitas coisas borbulham e não parece haver fim para aquilo. Você está cercado pelas suas próprias ansiedades e continua brincando com suas feridas, continua tocando-as para ver se elas estão curadas ou não. Você se tornou um pervertido.

O que fazer? Parece haver apenas duas maneiras: ou ser uma pessoa extrovertida – sendo uma pessoa extrovertida, você nunca pode se tornar um buda, porque, se você ficar preocupado com os outros, essa preocupação com os outros pode ser uma fuga. É uma fuga. Você não consegue olhar para suas próprias preocupações quando está preocupado com os outros. Seu foco é outro, você está numa sombra. Mas como o seu ser interior cresce dessa forma? Você vai parecer mais feliz, você pode ter a aparência de quem está aproveitando mais a vida, mas como é que você vai crescer? Como o seu interior chegará a esse ponto onde se torna luz? Se você não está preocupado com isso de maneira alguma, ele não vai crescer. Ser uma pessoa extrovertida é bom no sentido de que você permanece saudável – você não se torna um pervertido. Ser introvertido é perigoso. Se você se mover de forma errada, vai se tornar um pervertido e o movimento errado consiste em você se tornando muito preocupado. Então o que fazer? Trate-se como se você também fosse o outro; não fique muito preocupado.

E você é o outro. Seu corpo é outro, por que não o meu próprio corpo também? Sua mente é outra, por que não a minha própria mente? A questão é apenas a distância: o seu corpo está a dois metros de distância de mim, meu corpo está um pouco mais, isso é tudo. Sua mente está aí, minha mente está aqui – a diferença é de distância. Mas a minha mente é tão outra quanto a sua mente, e meu corpo está tão longe de mim quanto o seu corpo. E se este mundo todo não é uma preocupação para mim, por que fazer de mim mesmo uma preocupação? Por que não deixar de lado as duas coisas e não ser nem extrovertido nem introvertido? Esta é a minha mensagem.

Se você não pode seguir isso, então é melhor seguir os psicanalistas. Seja extrovertido, seja indiferente, você não vai crescer, mas pelo menos não vai sofrer tanto quanto um introvertido sofre. Mas não seja um introvertido e não brinque com suas feridas. Não se preocupe demais. Não seja tão egoísta e nem seja tão autocentrado. Olhe para si mesmo de uma certa distância; a distância está lá, você só tem que tentar uma vez e você vai sentir. Você também é o outro.

Quando seu corpo estiver doente, é como se o corpo de outra pessoa estivesse doente: faça tudo o que for necessário, mas não se preocupe muito, porque a preocupação excessiva é uma doença maior do que a doença do corpo. Se tem febre, você vai ao médico, toma um remédio, cuida do corpo, e isso é tudo. Por que se preocupar demais? Por que criar uma outra febre — algo que nenhum médico pode tratar? Essa febre no organismo pode ser tratada, mas se você ficar muito preocupado outra febre surgirá. Essa febre é mais profunda, nenhum médico pode ajudar com isso.

E este é o problema: o corpo logo pode ficar bem, mas a outra febre pode continuar; e a outra febre pode continuar por muito tempo, e você pode sentir que o corpo ainda está doente. Isso acontece todos os dias: a doença desaparece do corpo, mas não da mente e a mente a mantém. Isso já aconteceu muitas vezes.

Uma vez alguém estava me contando sobre um amigo que estava bêbado — ele anda com muletas, não pode andar sem elas. Há muitos anos ele anda de muletas — um acidente cerca de vinte anos antes. Então, um dia ele tinha bebido muito, esqueceu as muletas e saiu andando. Depois de uma hora ele voltou correndo, em pânico, e disse: "Onde estão minhas muletas? Eu não posso andar sem elas! Devo ter bebido muito". Mas se enquanto você está bêbado você pode caminhar, porque não quando não está bêbado?

No mundo todo muitos casos são relatados acerca de paralisia. Alguém está paralisado e, então, a casa pega fogo e todo mundo corre para fora, e o homem que estava paralisado e que não podia sair da cama — e tudo era feito na cama —, ele também corre, porque se esquece. A casa está em chamas, ele se esquece completamente de que está paralisado. Nesse esquecimento ele não está paralisado. E do lado de fora da casa a família olha para ele e diz: "O que você está fazendo? Como você pode correr" — e ele cai; a lembrança volta.

Você pode estar criando muitas doenças, e não porque o corpo está doente, mas porque a mente carrega a semente. Então, depois que a doença acontece, a mente carrega a semente e continua projetando-a de novo e de novo e de novo. Muitas doenças, noventa por cento, têm a sua origem na mente.

Preocupação excessiva consigo mesmo é a maior doença possível. Você não pode ser feliz, não pode se divertir. Como você pode desfrutar? Tantos problemas aí dentro! Problemas e problemas e problemas e nada mais! E não parece haver solução. O que fazer? Você enlouquece. Todo mundo dentro de você, é uma loucura.

Eu ouvi – aconteceu em Washington –, um homem de repente subiu num poste, num mastro. A multidão se aglomerou em torno, os policiais chegaram, o homem gritou tão alto quanto pôde, proferiu palavras profanas, então desceu.

Imediatamente ele foi pego pela polícia e perguntaram a ele: "O que você estava fazendo lá?".

O homem disse: "Não me perturbe. Se de vez em quando eu não fizer uma loucura eu vou enlouquecer, vou pirar. Estou dizendo, não tentem me deter. Se de vez em quando eu fizer uma coisa dessas, então tudo vai correr bem. E eu não pensei que alguém ficaria sabendo, porque tanta loucura está acontecendo por todo lado, quem vai se preocupar?".

De vez em quando você também precisa enlouquecer – é assim que a raiva acontece: a raiva é uma loucura temporária. Se você não permitir um extravasamento de vez em quando, você vai acumular tanta coisa que vai explodir, vai enlouquecer. Mas se você fica continuamente preocupado com isso, você já está louco.

Esta tem sido a minha observação: as pessoas que meditam, oram, buscam a verdade são mais propensas à neurose do que outras pessoas. E a razão é: elas estão muito preocupadas com elas próprias, são muito egocêntricas, estão continuamente pensando nisso e naquilo, neste bloqueio, naquele bloqueio, nesta raiva, naquela tristeza, dor de cabeça, dor nas costas, estômago, pernas... elas estão continuamente indo para dentro. Nunca estão bem, não podem estar, porque o corpo é um grande fenômeno e muitas coisas acontecem.

E se nada está acontecendo, então também elas estão preocupadas: por que nada acontece? E logo elas têm de criar alguma coisa, porque esse se tornou seu constante negócio, sua ocupação, caso contrário elas se sentem perdidas. O que fazer? Nada está acontecendo! Como é possível que nada esteja acontecendo comigo?

Elas só sentem seu ego quando algo está acontecendo — talvez seja depressão, tristeza, raiva, uma doença, mas se existe alguma coisa elas estão bem, elas podem sentir a si mesmas.

Você já viu as crianças? Elas se beliscam para sentir que existem. Essa criança continua em você — você gostaria de se beliscar e ver se você existe ou não. Dizem sobre Mark Twain que, uma vez num jantar, de repente ele entrou em pânico e disse: "Desculpe, eu vou ter que sair, e vocês vão ter que chamar um médico. Parece que minha perna direita está paralisada".

A senhora sentada ao lado dele começou a rir e disse: "Não se preocupe, você está beliscando a *minha* perna".

Então Mark Twain disse: "Uma vez há vinte anos atrás um médico me disse: 'Um dia o seu lado direito vai ficar paralisado', então desde então tenho me beliscado, sempre me sinto, vinte ou trinta vezes por dia, para ver se perdi a sensibilidade. Agora mesmo eu estava me beliscando e"... ele estava beliscando a perna de outra pessoa.

Mas por que ficar se beliscando? Por que se preocupar com a paralisia? É mais uma doença, se você tem que beliscar a perna trinta vezes por dia, durante vinte anos. Isso é pior do que a paralisia! A paralisia acontece uma vez; isso está acontecendo trinta vezes por dia durante vinte anos. Dizem que um homem corajoso morre de uma vez e os covardes morrem milhões de vezes — porque eles ficam se beliscando e sentindo se estão mortos ou não.

Suas doenças ajudam você a manter o seu ego. Você sente que alguma coisa está acontecendo. Claro que não a felicidade, não o êxtase, mas tristeza e "Ninguém é tão triste quanto eu", e "Ninguém é tão bloqueado quanto eu", e "Ninguém tem tanta enxaqueca quanto eu". Você se sente superior nisso, todo mundo é inferior.

Se você está preocupado demais consigo mesmo, lembre-se, você não vai atingir a iluminação. Esse excesso de preocupação vai cercar você, e o caminho está bem diante dos seus olhos. Você tem que abrir os olhos, e não fechá-los.

Agora tente entender essa parábola.

Um mestre foi questionado por um monge curioso: "Qual é o caminho?".

A primeira coisa é entender que o monge é um curioso, não um buscador. Se você é um buscador, pergunta de uma maneira diferente. Você pergunta com o seu ser, você se coloca em risco, você se torna um jogador. Se você está simplesmente curioso, é como uma coceira, você sente uma coceira sutil na mente, mas isso não é nada, você não está realmente preocupado com isso, não é sincero sobre isso — seja qual for a resposta você não vai se incomodar. Isso não vai mudar. E um homem curioso é um homem superficial. Você não pode fazer tais perguntas por curiosidade, você tem que perguntar sobre isso em decorrência de uma busca autêntica. E quando você procura um mestre, você sente que tem que perguntar alguma coisa; caso contrário você vai ser considerado um tolo.

Muitas pessoas vêm até mim e eu sei o que as faz perguntar. Às vezes, elas estão simplesmente curiosas: porque vieram, agora elas têm que perguntar; caso contrário vão parecer tolas. E perguntando elas provam que são tolas, porque se a pergunta não surgiu realmente em você, se a pergunta não se tornou uma investigação profunda, se a questão não coloca tudo em jogo, se a questão não é um problema de vida ou morte, se você não está pronto para ser transformado pela resposta, você é um tolo se perguntar. E se você não está questionando isso de coração, é difícil dar qualquer resposta, e até mesmo se uma resposta for dada você vai interpretar mal.

O monge era um monge curioso, é por isso que nessa parábola ele não está acordado. Caso contrário... estamos estudando muitas parábolas; quando a pesquisa é verdade, no final, *satori* acontece, uma certa iluminação vem. De repente, um discípulo se torna alerta, como se alguém o tivesse sacudido de seu sono. Vem uma clareza. Talvez apenas por uma fração de segundo, mas as nuvens se dispersam e o vasto céu é visto. As nuvens virão novamente — isso não é problema, mas agora você conhece o céu de verdade e vai levar essa semente dentro de você. Se bem cuidada, essa semente se tornará uma árvore, e milhares poderão encontrar descanso e abrigo em você. Mas se você está curioso, nada vai acontecer. Se você está curioso, a pergunta não saiu do coração. É uma coceira intelectual — e, na mente, as sementes não podem ser semeadas.

Jesus tem uma parábola — ele falou muito sobre isso. Um lavrador foi plantar sementes. Ele só as jogou aqui e ali. Algumas caíram na estrada; elas nunca brotaram, porque a estrada era de terra dura e as sementes não conseguiram penetrar no solo, não puderam ir mais para o fundo, no reino mais escuro da terra... porque ali o nascimento pode acontecer, só na profunda escuridão Deus começa a trabalhar. O trabalho é um trabalho secreto, ele está escondido.

E a outra parte caiu à beira da estrada, elas brotaram, mas os animais as destruíram. Apenas uma parte caiu no solo certo, não só brotaram, como cresceram até adquirir a sua altura total, floresceram, chegaram à sua plenitude, e uma semente se tornou milhões de sementes.

Se você perguntar por curiosidade, você está perguntando da estrada. A cabeça é apenas uma estrada — tem que ser, ela tem um tráfego tão constante! Tem de ser muito dura, quase um concreto. Mesmo em suas estradas, o tráfego não é tão grande quanto na sua cabeça. Tantos pensamentos indo e vindo em alta velocidade! Nós ainda não fomos capazes de inventar um veículo mais rápido do que o pensamento — os nossos veículos mais rápidos não são nada diante do pensamento. Seus astronautas podem chegar à Lua, mas eles não podem alcançá-la com a velocidade do pensamento, eles vão levar muito mais tempo; você pode alcançar a Lua imediatamente em seus pensamentos. Para o pensamento, é como se o espaço não existisse: neste momento você pode estar aqui; no momento seguinte, em Londres e no seguinte, em Nova York, e dar a volta ao mundo muitas vezes dentro de um segundo. Tanto tráfego... A estrada é quase concreto; jogue alguma coisa lá e isso nunca vai brotar.

A curiosidade vem da cabeça. É como perguntar a um mestre algo como se você o tivesse encontrado no mercado e perguntado a ele. Eu conheço pessoas assim. Eu estava viajando tanto que era um problema evitar tais pessoas. Até mesmo na plataforma da estação. Vou pegar um trem e elas vêm me acompanhar e perguntar: "E o que você diz de Deus? Deus existe ou não?". Essas pessoas são curiosas e elas são tolas! Nunca faça uma pergunta por curiosidade, porque é inútil, você está perdendo o seu tempo e o dos outros.

Se a pessoa fizesse uma pergunta a um mestre a partir do coração, o final seria diferente. O homem teria florescido em *satori*, teria sido um preenchimento. Mas não há um fim como esse porque o próprio início estava errado. Um mestre dá a você uma resposta por compaixão, sabendo muito bem que você está curioso, mas talvez, quem sabe, até mesmo acidentes acontecem; às vezes as pessoas curiosas também se tornam interessadas de fato, ninguém sabe.

> *Um mestre foi questionado por um monge curioso: "Qual é o caminho?". "Ele está bem diante dos seus olhos", disse o mestre.*

Isso é um absurdo, porque se ele está realmente bem diante dos olhos, então por que as pessoas o procuram, por que as pessoas perguntam? E por que elas não podem ver por si mesmas?

Algumas coisas a serem entendidas. Primeiro: quanto mais perto está uma coisa, mais difícil é vê-la; o que está mais próximo é quase impossível, porque os olhos precisam de um certo espaço, de uma perspectiva, para ver. Eu posso vê-lo, mas se eu continuar chegando cada vez mais perto e mais perto, tudo vai ficar desfocado; seu rosto vai ficar embaçado, as linhas vão perder sua forma. E se eu continuar indo e vindo, e só fixando os olhos no seu rosto, nada será visto — o seu rosto vai se tornar uma parede. Mas ainda assim eu posso ver um pouco, porque vai haver uma certa distância.

Nem essa distância existe entre você e o real. Ele está quase tocando os seus olhos. Está simplesmente tocando sua pele — e não só isso, ele está penetrando a pele. Ele está circulando em seu sangue. Ele está batendo em seu coração. É você. O caminho não está apenas diante dos seus olhos, o caminho é você. Você é um com ele. O viajante não é diferente do caminho, nem da realidade; eles são uma coisa só.

Então, como vê-lo? Sem perspectiva, sem espaço...? A menos que você atinja uma inteligência clara, uma clareza de entendimento, você não será capaz de vê-lo. A não ser que você se torne intensamente consciente, você não será capaz de vê-lo. A distância não existe, portanto, maneiras comuns de olhar não vão adiantar, você precisa de uma extraordinária consciência, estar tão extraordinariamente alerta que nada esteja adormecido dentro de você. De repente, a porta se abre. O caminho está lá – você é o caminho. Mas você não o vê porque ele já está lá. Ele sempre esteve lá – antes de você nascer. Você nasceu no caminho, dentro do caminho, para o caminho, do caminho – porque o caminho é a realidade.

Lembre-se, esse caminho não segue para um objetivo, o caminho é o objetivo. Na verdade, não existe um viajar, apenas um ficar alerta, apenas um ficar quieto, em silêncio, sem fazer nada. Apenas um tornar-se uma clareza, uma consciência, uma silenciosa e renovada compreensão.

"Ele está bem diante dos seus olhos", disse o mestre. *"Por que eu não o vejo por mim mesmo?", perguntou o monge.*

Quando você está curioso, cada resposta vai criar uma outra pergunta, porque a curiosidade nunca pode ser satisfeita. A investigação pode ser satisfeita, a investigação pode chegar a um fim, a uma conclusão; nunca a curiosidade, porque você traz novamente a mesma mente curiosa para a resposta, mais uma vez uma nova pergunta vem. Você pode satisfazer uma pessoa que está realmente investigando, não pode satisfazer aquela que está simplesmente perguntando: *"Por que eu não vejo isso por mim mesmo?"*

Outra coisa: uma pessoa curiosa, no fundo, não está preocupada com a realidade; está preocupada apenas consigo mesma. Ela diz: *"Por que eu não vejo isso por mim mesma? Por que você pode ver e eu não posso? Eu não posso acreditar em você, eu não posso confiar, e, se está bem diante dos meus olhos, então por que não consigo ver?"*.

"Porque você está pensando em si mesmo", disse o mestre.

O caminho está lá, e você está pensando em si mesmo: *"Por que eu não posso vê-lo?"*. Ninguém que está tão cheio de ego pode ver. Coloque-o de lado, porque o ego significa que todo o seu passado, tudo o que você vivenciou, tudo para o que você foi condicionado, tudo o que você conheceu, estudou, coletou, reuniu — informação, escrituras, conhecimento —, tudo isso é o seu ego, esse pacote todo, e se você está preocupado com isso, você não pode vê-lo.

"E você?", disse o monge.

Seja o que for que o mestre diga, toda resposta pode se tornar um *satori* — se for a pessoa certa. Assim, a primeira coisa, quando ele disse: *"Está bem diante dos seus olhos"* teria se tornado uma iluminação, se a pessoa certa estivesse lá. Ela não captou; a próxima resposta teria se tornado o entendimento.

"Por que eu não o vejo por mim mesmo?", perguntou o monge. "Porque você está pensando em si mesmo."

Mas não. A curiosidade não pode ser satisfeita, ela nunca chega ao fim. De repente, sempre que você toca o "eu" de alguém, ela de repente pula em você. Ele disse:

"E você?", disse o monge, "Você o vê?"

O ego sempre sente: Se eu não posso vê-lo, como outra pessoa pode vê-lo? O ego nunca pode sentir que outra pessoa pode não ter ego: impossível. E se você puder sentir que outra pessoa pode não ter ego, ele já começa a morrer. Se você puder sentir que alguém pode ficar sem ego, já está afrouxando o aperto. O ego não vai permitir que você sinta que alguém jamais teve um ego. E por causa do seu ego você continua projetando egos sobre os outros.

Muitos livros foram escritos sobre Jesus — mais do que sobre qualquer outra pessoa — e muitos livros tentam provar que Jesus deve ter sido extremamente egoísta, porque ele sempre dizia: "Eu sou o filho de Deus, eu e meu pai somos um". Ele está dizendo: Eu sou Deus. Muitos psicanalistas têm tentado explicar que ele era neurótico. Como você pode dizer que você é Deus? Você deve ser um egoísta.

E é assim que os judeus se sentiam quando Jesus estava vivo. Eles também sentiam: este homem só pode ser louco com esse seu ego! O que ele está dizendo? Que ele é Deus, ou o filho único de Deus? Reivindicando tanto para si mesmo! E eles zombavam. Zombavam, eles riam.

E quando eles crucificaram Jesus, o comportamento deles com ele é simplesmente incompreensível. Eles colocaram uma coroa de espinhos na cabeça dele e disseram: "Você, Rei dos Judeus, filho de Deus, você e seu pai são um – lembre-se de nós quando também formos para o seu Reino de Deus". Eles o forçaram a carregar a cruz. Ele estava fraco, a cruz era muito pesada – eles tinham feito uma cruz muito pesada de propósito, e o obrigaram assim como a um criminoso comum a carregar a sua própria cruz. E ele estava sentindo sede, porque era uma colina onde Jesus foi crucificado, o morro é conhecido como Gólgota. Era difícil, ele estava carregando sua grande e pesada cruz, ele transpirava, sentia sede, e as pessoas estavam zombando dele e fazendo piadas sobre ele, e diziam: "Vejam, o Rei dos Judeus! Vejam! O homem que afirma que é o filho de Deus".

Muitos haviam se reunido lá apenas para se divertir – era uma espécie de diversão, uma folia. A cidade inteira se reuniu ali apenas para jogar pedras no homem. Por que eles armaram tamanha vingança? Porque eles sentiam que esse homem tinha ferido seus egos. Ele afirmava que era o próprio Deus. Eles não conseguiam entender que esse homem não tinha ego; por isso a alegação. A alegação não era proveniente do ego, a alegação era simplesmente uma realidade. Quando o seu ego é abandonado você também é um deus.

Mas pode-se afirmar a partir do ego. Todas as nossas afirmações são do ego, de modo que não vemos como uma pessoa pode afirmar algo sem o ego. Krishna no Gita diz a Arjuna: "Caia aos meus pés. Deixe tudo e se entregue a mim". Os hindus não são tão ousados, e eles são muito educados; não escreveram que esse homem é um egoísta. Mas no Ocidente muitos sentiram o mesmo com relação a Jesus: que homem é esse que diz: "Caia aos meus pés!". Nosso ego não consegue sentir que, quando Krishna diz a Arjuna: "Caia aos meus pés", não há ninguém ali dentro. É cair aos pés de ninguém. Mas o ego não pode ver isso. Você pode ver somente o que você é, você não pode ver o que você não é.

Imediatamente, o monge disse: "E você?" Ele se sente magoado porque o mestre disse: "Porque você está pensando em si mesmo, é por isso que você não está vendo o caminho — e ele está bem diante de você". Agora, este homem está reagindo. Ele gostaria de ferir o mestre também. Ele diz:

"*E você? Você o vê?*"

Ele queria, ele esperava — por causa de seu próprio ego — que esse homem dissesse: "Sim, eu o vejo", e então tudo teria sido mais fácil. Ele poderia dizer: "Então você também está preocupado com o seu eu; como você pode vê-lo? Você também afirma o seu ego — como você pode vê-lo? Nós somos iguais". E ele teria ido embora feliz, porque estaria quite com esse homem.

Mas você não pode ficar quite com um mestre. Ele nunca preenche as suas expectativas. Ele é simplesmente imprevisível. Você não pode pegá-lo na sua armadilha porque os caminhos dele sempre mudam. Sua mente não pode adivinhar a resposta que ele vai dar.

O mestre disse: "Enquanto você vê dualidade, dizendo eu não vejo, você vê, e assim por diante, seus olhos estão anuviados".

O mestre não disse nada sobre si mesmo. Se tivesse um Arjuna ali, o mestre teria dito: "Sim, eu sei — e por favor, não fique dando voltas, caia aos meus pés". Mas esse homem não era Arjuna. Era apenas um homem curioso, não realmente interessado. Era apenas um problema, não uma pergunta. Ele não ia mudar a si mesmo de qualquer maneira. No máximo, ele ia obter um pouco mais de informação, ele ia se tornar um pouco mais culto.

É por isso que o mestre diz: "*Enquanto você vê dualidade, dizendo eu não vejo, você vê, e assim por diante, seus olhos estão anuviados*". Porque os olhos do monge estão obscurecidos pelo "eu" e "você". Eles são um fenômeno, tente entender isso. "Eu" e "você" são dois aspectos da mesma moeda: este lado "eu", aquele lado "você". Se o "eu" cai, o "você" cai. Se o "eu" não existe mais, o "você" não existe mais, porque quando a moeda cai ambos os aspectos caem juntos. Eu — esse é um polo, você — esse é um outro polo; ambos caem ou ambos permanecem. Se você existe, então tudo ao seu redor é uma multidão, uma multidão de "eus", de "vocês"; se você não existe, toda a multidão desaparece, como se fosse apenas um pesadelo — e era — e existe simplesmente silêncio, em que não há divisão, nem mesmo essa de eu e você.

É por isso que as pessoas zen nunca falam de Deus, porque, dizem, "se falarmos a respeito de Deus, teremos que dizer você". Buda nunca falou sobre Deus, e ele disse: "Não ore, pois a sua oração vai continuar sendo uma divisão, uma dualidade, uma visão dual — eu e você".

Quando estiver no pico, você também vai carregar a mesma doença, de forma sutil: você vai dizer eu, você vai dizer você. Por mais amorosamente que você diga isso, a divisão existe, e com a divisão o amor não é possível. Essa é a diferença entre o pensamento judaico e a maneira de pensar de Jesus.

Martin Buber escreveu um livro, *Eu e Tu*. Ele é um dos mais profundos pensadores judeus, mas ele continua a ser um pensador. Ele pode falar sobre misticismo, mas essa conversa é também uma conversa de um pensador e filósofo, porque no final ele mantém a velha divisão, eu e tu. Agora, o tu não está mais aqui, neste mundo, mas Deus tornou-se o tu, mas a velha divisão persiste.

Os judeus, os muçulmanos sempre negaram a ideia de que você pode se tornar uno com Deus. Só por causa desse medo de que o eu possa afirmar que se tornou Deus. Eles mantiveram a divisão. Eles dizem que você pode chegar mais e mais perto, mas você vai continuar sendo você e ele permanecerá sendo ele. Você continuará a ser um eu e ele tem que ser tratado como tu.

E esse é o problema que Jesus criou, porque ele disse: "Eu e o meu pai celestial somos um só". Ele abandonou a divisão entre eu e tu. Esse é o problema com os muçulmanos na Índia — eles não conseguiam entender os Upanishads, eles não conseguiam entender o ensinamento hindu de que você é como ele. Abandone o eu e ele não é mais um tu. Na verdade, de repente, os polos desaparecem e a energia é uma só. Aqui eu desapareço, lá você desaparece, e a energia é uma só.

Às vezes, no amor profundo acontecem vislumbres quando nem você é um "eu" nem o seu amante ou amado é um tu — mas às vezes somente quando, é muito raro, duas energias simplesmente se encontram e você não consegue encontrar a divisão, onde elas estão divididas. Elas se misturam e se encontram e se fundem e tornam-se uma só; você não consegue sentir onde é o limite, de repente o limite desaparece. É por isso que o amor gera medo.

O amor profundo gera um medo profundo. Parece a morte, porque o eu desaparece, o você desaparece – e é uma espécie de morte. E quando você morre, só então você entra no divino. Mas, então, o divino não é mais um deus, você não pode se dirigir a ele; portanto, não existe oração no budismo. Assim, os cristãos não podem acreditar que tipo de religião o budismo é: sem oração?

"Como você pode orar?", disse Buda. "Porque a oração só pode ser possível com uma divisão – eu oro, você escuta – como você pode orar?"

No Budismo existe apenas a meditação. Tente entender a diferença: a oração continua com a velha divisão do eu e você, na meditação não há mais divisão. A oração tem de conduzir por fim à meditação. A oração não pode ser o produto final. Ela é bonita, mas não é o supremo. O supremo só pode ser isto: quando ambos desaparecem e só a unidade existe. Tremenda... vasta! Você fica até com medo dela! Todas as divisões confortáveis entre o eu e o você desaparecem. Todo relacionamento desaparece – esse é o medo; é disso que Buber tem medo. Ele teme que, se não houver nem eu nem tu, todo o fenômeno será tão tremendo e tão terrível e apavorante... porque nenhum relacionamento é possível.

O relacionamento dá a você uma casa; o relacionamento lhe dá uma sensação de aconchego; o relacionamento lhe dá algo que não se parece com um *tremendum*, algo que não apavora. A meditação tem que ser o supremo, porque a oração nunca pode levar ao não dual – e é isso que o mestre está dizendo. Ele diz:

> "Enquanto você vê dualidade, dizendo eu não vejo, você vê, e assim por diante, seus olhos estão anuviados".

A divisão é o que anuvia. A divisão é a névoa nos olhos, a divisão é a poeira nos olhos; por causa da divisão seus olhos estão obscurecidos, nublados, distorcidos. Abandone a divisão e o caminho está lá.

Mas uma mente curiosa continua indefinidamente. O monge poderia ter se tornado iluminado naquele momento, porque a iluminação não é senão uma clareza, um entendimento. Essas verdades profundas – e as sementes continuam se perdendo, porque o homem é apenas uma estrada, o homem não é um solo bom. Ele disse novamente:

"Quando não existe nem eu nem você, quem é que quer vê-lo?".

Olhe: evite essa tendência de ser curioso. Ele não está escutando nada, ele não entendeu uma única palavra, ele não sentiu nada — ele continua sem parar, e na mesma superfície, no mesmo nível, sem se aprofundar sequer um centímetro. Seu questionamento não é uma investigação agora, é mais uma reação: tudo o que o mestre diz, ele reage. Sempre que isso acontece, significa que, enquanto o mestre está falando, ele está pensando, preparando a próxima pergunta. Ele não está ouvindo.

"Quando não existe nem eu nem você, quem é que quer vê-lo?"

Ele está novamente esperando. Sempre que você faz uma pergunta a alguém você já tem uma resposta. Se ela se encaixa com a resposta que você espera, então o homem está certo; se ela não se encaixa, então esse homem está falando bobagem.

Não me venha com suas respostas esperadas, porque, se você já tem a resposta, então não há necessidade de perguntar. E esta é a diferença — se fizer uma pergunta sem uma resposta esperada, você será capaz de ouvir a resposta; se você tem uma expectativa sutil com relação à resposta, se a sua mente já lhe deu uma resposta, você não será capaz de ouvir. Você estará simplesmente ouvindo ou para confirmar que sua resposta está correta, ou para confirmar que esse homem está errado, mas em ambos os casos você está certo.

Nunca faça uma pergunta com a sensação de que você está certo. Se você está certo não há necessidade de perguntar. Sempre faça a pergunta a partir da posição de um homem que é ignorante, sabendo muito bem que "eu não sei", então como você pode esperar, como você pode criar uma resposta? Sabendo perfeitamente que "eu não sei", pergunte — e você é um solo bom, e as sementes vão cair nele e uma grande colheita será possível.

Perguntou o homem de novo:

"Quando não existe nem eu nem você, quem é que quer vê-lo?".

Ele está tentando acuar num canto esse mestre, como a mente sempre tenta — porque agora ele tem que dizer que sim. Se ele disser que sim, então a mente curiosa pode perguntar novamente: "Então, quem vai vê-lo se não houver nem eu nem você?". E se você diz: "Sim, então o caminho pode ser visto", então a pergunta vai surgir automaticamente, "Então, quem vai vê-lo? Se eu não estou lá e você não está lá, então quem vai vê-lo?"

Mas você não pode acuar num canto um homem iluminado. Você pode acuar num canto uma outra mente, então você pode jogar um jogo de xadrez, mas um homem que não tem mente — você não pode acuá-lo e você não pode derrotá-lo, porque ele não está lá. Sua vitória é absoluta. Com ele, ou você é derrotado ou você foge. A vitória dele é absoluta, porque ele não está mais lá — quem pode ser derrotado? Quem pode ser acuado num canto?

Este é um belo canto. Esse homem deve ter sido um professor ou um lógico ou um comentarista. Ele realmente acuou o mestre num canto com três perguntas — se um homem estivesse lá, ele teria sido acuado num canto. Mas com um mestre, como você pode acuá-lo num canto? Ele é o céu inteiro. Como você pode forçar todo o céu num canto? Todos os cantos existem nele, mas você não pode acuá-lo num canto.

"Quando não existe nem eu nem você, quem é que quer vê-lo?"

De fato, quando você vê... você vê somente quando você não está. Quando você não está, não existe a questão de tentar ver, querer ver, desejar ver. Quem vai desejar? Quando você não está, quem se importa com o caminho? O caminho já aconteceu. Quem se importa com Deus? Já é o caso!

Aqui você desaparece e lá está tudo pronto, tudo o que você sempre buscou, tudo o que você estava procurando, todas as investigações concluídas. Aqui você se dissolve e todas as respostas desaparecem e todas as perguntas se dissolvem. De repente, a verdade está lá.

Sua dissolução é a verdade. Seu "não estar lá" é o caminho. Sua ausência é a presença de Deus.

Basta por hoje.

CAPÍTULO 11

Nem a mente, nem Buda, nem as coisas

Um monge perguntou a Nansen: "Existe um ensinamento que nenhum mestre jamais pregou antes?"
Nansen disse: "Sim, existe". "Qual?", perguntou o monge.
Nansen respondeu: "Não é a mente, não é Buda, não são as coisas".

Os "ensinamentos" dos que despertaram não são ensinamentos absolutamente, porque não podem ser ensinados — assim, como chamá-los de ensinamentos? Um ensinamento é aquilo que pode ser ensinado. Mas ninguém pode lhe ensinar a verdade. É impossível. Você pode aprendê-la, mas ela não pode ser ensinada. Tem que ser aprendida. Você pode absorvê-la, você pode impregnar-se dela, você pode conviver com um mestre e permitir que isso aconteça, mas ela não pode ser ensinada. Trata-se de um processo muito indireto.

Ensinar é algo direto: algo é dito. Aprender é algo indireto: algo é indicado, não dito — pelo contrário, algo é mostrado. Um dedo é levantado na direção do Sol, mas o dedo não é o mais importante, você tem que deixar o dedo e olhar para o Sol, ou para a Lua. Um mestre ensina, mas o ensino é como o dedo: você tem que deixá-lo e olhar para onde ele indica — a dimensão, a direção, o além.

Um professor ensina, um mestre *vive* — você pode aprender com a vida dele, com o jeito como ele se move, como ele olha para você, como ele toca você, como ele é. Você pode absorver, você pode permitir que isso aconteça, você pode ficar disponível, você pode permanecer aberto e vulnerável. Não há nenhuma maneira de dizer isso diretamente, é por isso que os que são muito intelectuais não compreendem, porque eles sabem apenas uma forma de aprender e ela é direta. Eles perguntam: Qual é a verdade? E eles esperam uma resposta.

Foi isso que aconteceu quando Pôncio Pilatos perguntou a Jesus: "Qual é a verdade?" e Jesus permaneceu em silêncio — nem mesmo um lampejo, como se a pergunta nem tivesse sido feita, como se Pôncio Pilatos não estivesse diante dele, perguntando. Jesus manteve-se o mesmo quando a questão foi levantada, nada mudou. Pôncio Pilatos deve ter pensado que o homem era meio louco, porque ele havia feito uma pergunta direta: "Qual é a verdade?" e o homem permaneceu em silêncio como se não tivesse ouvido.

Pôncio Pilatos era um vice-rei, um homem culto, erudito, instruído; Jesus era filho de um carpinteiro, ignorante, inculto. Era como se os dois polos estivessem se encontrando, dois polos opostos. Pôncio Pilatos sabia toda a filosofia — ele tinha aprendido, ele conhecia todas as escrituras. Esse homem, Jesus, era absolutamente ignorante, na verdade, ele não sabia nada — ou, ele *só* sabia nada. De pé diante de Pôncio Pilatos, totalmente silencioso, ele respondeu, mas a resposta foi indireta: ele levantou um dedo. Esse silêncio total foi o dedo levantado para a verdade. Mas Pôncio Pilatos não entendeu. Ele pensou: Este homem é louco. Ou ele é surdo, não pode ouvir, ou ele não sabe, é ignorante — é por isso que ele é silencioso. Mas o silêncio pode ser um dedo levantado para a verdade — que era incompreensível para o intelectual Pôncio Pilatos.

Ele perdeu. A grande oportunidade! Ele pode ainda estar vagando em algum lugar em busca de "Que é a verdade?" Naquele dia a verdade estava de pé diante dele. Ele poderia ficar em silêncio por um instante? Ele poderia ficar na presença de Jesus sem perguntar? Apenas olhando, observando, esperando? Ele poderia absorver um pouco de Jesus? Ele poderia permitir que Jesus operasse nele? A oportunidade estava lá — e Jesus indicou. Mas Pôncio Pilatos perdeu a chance.

O intelecto sempre perde o ensinamento dos que despertaram, porque o intelecto acredita na forma direta, e você não pode atingir a verdade de maneira tão direta. É um fenômeno muito sutil, delicado, o mais delicado possível, você tem que se mover com muita cautela, você tem que se mover muito indiretamente. Você tem que senti-lo — ele vem através do coração, ele nunca vem através da cabeça. O ensino vem na cabeça, o aprendizado acontece através do coração.

Lembre-se da minha ênfase. Não é o mestre que ensina, é o discípulo que aprende. Cabe a você — aprender ou não aprender; não cabe a mim ensinar ou não ensinar. Um mestre, por causa do jeito que ele é, vive ensinando. Cada um dos seus momentos, cada uma das suas respirações é um ensinamento, todo o seu ser é um ensinamento, uma mensagem.

A mensagem não é diferente do mestre. Se for diferente, então o mestre é simplesmente um professor, não um mestre, então ele está repetindo as palavras dos outros.

Então ele não despertou, então ele tem um conhecimento emprestado; por dentro ele continua tão ignorante quanto o aluno. Não há nenhuma diferença no seu ser; eles só diferem em seus conhecimentos.

O professor e o aluno estão no mesmo nível, no que diz respeito ao ser; no que diz respeito ao conhecimento eles são diferentes: o professor sabe mais, o aluno sabe menos. Algum dia o aluno vai saber mais, ele mesmo vai se tornar um professor, ele pode até mesmo vir a saber mais do que o professor — porque é a linha horizontal de acumulação. Se você acumular mais conhecimento, informação, você pode se tornar um professor, mas não um mestre.

O mestre é verdade. Ele não sabe sobre a verdade, ele tornou-se a verdade; então ele não pode evitar. Não é uma questão de ensinar ou não ensinar, não é uma escolha. Mesmo se ele estiver dormindo, ele vai continuar ensinando. Buda profundamente adormecido — você simplesmente senta-se perto dele, você pode aprender muito, você pode até se tornar iluminado, porque o jeito como ele dorme é totalmente diferente. A qualidade difere porque o ser difere. Buda come — você apenas assiste, e ele está transmitindo uma mensagem. A mensagem não está separada, é por isso que eu digo que ele não pode ajudar a si mesmo. Ele é a mensagem.

Você não pode fazer a pergunta: "Que é a verdade?". De qualquer forma, ele não vai responder a você diretamente. Ele pode rir ou pode lhe oferecer uma xícara de chá, ou ele pode segurar a sua mão e sentar-se em silêncio, ou pode levá-lo para fazer uma caminhada matinal na floresta, ou pode dizer: "Veja! Esta montanha é linda!". Mas tudo o que ele está fazendo é uma forma indireta de indicar, indicar para o seu ser.

Tudo o que é belo, verdadeiro, bom, é como a felicidade – eu digo "como a felicidade" porque você pode ser capaz de entender isso. Você conhece um pouco da felicidade. Talvez você tenha vivido uma vida muito infeliz, como as pessoas vivem. Mas, às vezes, mesmo a despeito de si mesmo, momentos acontecem quando a felicidade entra em você – você é preenchido com um silêncio desconhecido, uma felicidade desconhecida; de repente, esses momentos vêm. Você não pode encontrar um homem que não tenha vivido alguns momentos de felicidade em sua vida.

Mas você já observou uma coisa? Sempre que eles vêm, eles vêm indiretamente. De repente, eles acontecem, de forma inesperada eles acontecem. Você não estava esperando por eles, você estava fazendo outra coisa, e de repente você se torna consciente. Se você está esperando por eles, está na expectativa, eles nunca vêm, se você está diretamente na busca, você vai perder.

Alguém diz: "Quando eu nado no rio eu me sinto muito feliz". Você também está em busca disso; você diz: "Então eu vou vir também", e você segue essa pessoa. Você está buscando a felicidade – você não está preocupado em nadar diretamente, você está preocupado diretamente com a felicidade. Nadar é apenas um meio. Você nada durante horas, você fica cansado, você espera, você espera – e fica frustrado. Nada está acontecendo, a felicidade não está lá, e você diz ao seu amigo: "Você me enganou. Eu fiquei nadando por horas, fiquei completamente exausto, e nem um único momento de felicidade aconteceu".

Não, ela não pode acontecer. Quando você estiver tão completamente absorto no nadar que não existir mais ninguém ali, o barco estiver vazio, não houver ninguém em casa, o anfitrião estiver silencioso, o nadar for tão profundo que o nadador estiver perdido nele e você simplesmente nadar, brincar com o rio, e com os raios do Sol e a brisa da manhã, e você estiver simplesmente perdido nele... e surge a felicidade! Nadando paralelo à margem, nadando pelo rio, se espalhando por toda existência, saltando de um raio para outro raio de luz – cada brisa a traz. Mas se você esperar, você perde a chance, porque a expectativa leva você para o futuro e a felicidade está no presente. Ela não é um resultado de uma atividade, ela é uma consequência, é um subproduto. Você está tão profundamente envolvido que ela acontece.

É uma consequência, lembre-se, não é um resultado; um resultado pode ser esperado. Se você juntar dois mais dois, depois quatro, o resultado pode ser esperado; já está lá nos dois mais dois, ele vai vir. O resultado pode ser esperado se as coisas forem mecânicas, matemáticas. Mas a consequência não é uma coisa mecânica, é um fenômeno biológico. Isso só acontece quando você não está esperando. O convidado vem à sua porta e bate quando você não estava pensando nele. Ele sempre vem como um estranho, ele sempre surpreende. Você de repente sente que alguma coisa aconteceu — e, se você começar a pensar sobre o que está acontecendo, você vai perder a chance imediatamente. Se você disser: "Que maravilha! Que bonito!" já se foi, a mente está de volta. Mais uma vez você está na mesma miséria, atirado de volta a ela.

A pessoa tem que aprender profundamente que tudo o que é bonito é indireto. Você não pode saltar em cima dele, você não pode ser agressivo com ele, você não pode lhe arrebatar a existência. Se você for violento e agressivo, não vai encontrá-lo.

Avance em direção a ele como um bêbado, sem saber para onde, sem saber por quê, como um bêbado — completamente perdido, você se move em direção a ele.

Todas as meditações são maneiras sutis de deixar você bêbado, maneiras sutis de tornar você bêbado do desconhecido, bêbado do divino. Então, você não está mais lá com a mente consciente funcionando, você não está lá esperando, não está lá planejando o futuro. Você não *está*. E quando você não está, de repente as flores começam a se derramar sobre você, flores de felicidade. Assim como Subhuti, vazio... você é surpreendido! Você nem estava esperando, você não sabia! Você nunca sentiu que algum dia mereceu; é assim que parece — como uma graça, porque não é algo que você provocou, é algo que aconteceu.

Então, uma coisa: a verdade não pode ser ensinada, a felicidade não pode ser dada a você, o êxtase não pode ser adquirido no mercado. Mas sua mente pensa continuamente em termos de obter, adquirir, coletar, encontrar; o seu espírito nunca pensa em termos de acontecer, porque você não pode controlar o acontecer — todo o resto você pode controlar.

Eu ouvi...

Uma vez um homem de repente ficou rico. Claro que, quando isso aconteceu, ele adquiriu todas aquelas coisas que sempre desejara — uma casa bem grande, um carrão, piscina, isso e aquilo. E, então, ele enviou a filha para a faculdade. Ele sempre quis se instruir, mas não pôde, agora ele queria realizar todos os seus desejos, e tudo o que ele não pôde fazer ele queria que os filhos fizessem. Mas, depois de alguns dias, o reitor da faculdade escreveu uma carta para ele, e na carta, escreveu: "Para ser franco, não podemos admitir a sua filha na faculdade porque ela não tem capacidade para aprender".

O pai disse: "Só falta capacidade? Não se preocupe! Eu vou comprar a melhor capacidade disponível no mercado para ela".

Como você pode comprar capacidade? Mas um homem que de repente ficou rico só pensa em termos de comprar. Você pensa em termos de poder — o poder de comprar, o poder de conseguir alguma coisa. Lembre-se, a verdade não pode ser obtida através do poder; ela vem quando você é humilde. Você não tem nada com que comprá-la, ela não pode ser adquirida. E é bom que não possa ser comprada, caso contrário ninguém seria capaz de pagar seu preço. É bom que ela *aconteça*, caso contrário, como você poderia comprá-la? Tudo o que você tem é lixo. Ela não pode ser comprada, é por isso que às vezes ela pode acontecer. É uma dádiva. É um compartilhar do divino com você, mas o divino pode compartilhar apenas quando você permite. Por isso eu digo que você pode aprender, mas ela não pode ser ensinada.

Na verdade, no mundo espiritual existem apenas discípulos, não mestres. Os mestres estão lá, mas são forças inativas, passivas. Eles não podem fazer nada, eles estão lá apenas como uma flor: se ninguém vier, a flor vai continuar espalhando sua fragrância no vazio. Ela não tem como evitar. A coisa toda é decidida pelo discípulo: como aprender? Como aprender com uma flor? E uma flor mostra alguma coisa, mas não diz. Não pode ser dito. Como pode a flor dizer o que é a beleza? A flor é a beleza. Você tem que conquistar, alcançar, ter olhos para ver, nariz para cheirar, ouvidos para ouvir o som sutil que vem da flor quando a brisa passa. E você precisa de um coração para sentir o pulsar da flor, porque ela pulsa também — tudo palpita com vida, toda a existência palpita.

Você pode não ter observado isso porque é impossível antes que você entre em profunda meditação; você não pode observar o fato de que todo o universo respira. E assim como você se expande e se contrai, toda a existência se contrai e se expande. Assim como você inspira e enche o peito, e depois você expira e o ar sai e o peito se contrai, o mesmo ritmo existe na existência. Toda a existência respira, se expande, inspira, expira — e se você conseguir encontrar o ritmo da existência e tornar-se um com esse ritmo, você atingiu a iluminação.

Toda a arte do êxtase, da meditação, *samadhi*, é: Como se tornar um com o ritmo do universo. Quando ele expira, você expira. Quando ele inspira, você inspira. Você vive nele, não está separado dele, é um só com ele. Difícil, porque o universo é vasto.

Um mestre é todo o universo em miniatura. Se você conseguir aprender a inspirar com o mestre e a expirar com o mestre, se você conseguir aprender simplesmente isso, vai aprender tudo.

No momento em que Pôncio Pilatos perguntou: "Que é a verdade?", se soubesse alguma coisa, nem que fosse o abecê do discipulado, a próxima coisa teria sido apenas fechar os olhos e inspirar e expirar com Jesus... apenas inspirar e expirar com Jesus. A maneira como ele inspira, você inspira, e no mesmo ritmo; a maneira como ele expira, você expira, e no mesmo ritmo — e de repente há unidade: o discípulo desapareceu, o mestre desapareceu. Nessa unidade você sabe o que é a verdade, porque nessa unidade você prova o mestre.

E agora você tem a chave — e ela não é dada a qualquer um, lembre-se, ela foi aprendida por você. Não foi dada a você, ela não pode ser dada, é muito sutil. E com essa chave agora toda fechadura pode ser aberta. É uma chave mestra, não uma chave comum — não abre uma fechadura, abre todas as fechaduras. Agora você tem a chave, e depois que tem a chave, pode usá-la com o universo.

Kabir disse: "Agora eu estou numa grande dificuldade. Deus e meu guru, toda a existência e meu mestre, estão em pé diante de mim, agora para quem eu me curvo primeiro? Aos pés de quem agora eu me jogo primeiro? Estou em apuros!". E então ele diz: "Perdoe-me, meu Deus. Vou ter que me jogar aos pés do meu mestre em primeiro lugar, porque ele mostrou-o para mim. Eu vim até você através dele. Assim, mesmo que você esteja em pé diante de mim, me desculpe, eu tenho que tocar os pés de meu mestre primeiro".

Lindo... isso tem que ser assim, porque o mestre torna-se a porta para o desconhecido, ele se torna a chave para toda a existência. Ele é a verdade.

Aprenda a estar na presença do mestre, a respirar com ele, a permitir silenciosamente que ele se mova em você, a se fundir silenciosamente com ele, porque o mestre não é nada a não ser Deus batendo à sua porta. É todo o universo concentrado. Não faça perguntas, viva com ele.

Agora tente compreender essa história – pequena, mas muito significativa.

> Um monge perguntou a Nansen: "Existe um ensinamento que nenhum mestre jamais pregou antes?".

Nada que foi pregado é ensinamento; o verdadeiro ensinamento nunca foi pregado, ele não pode ser dito.

Buda disse a Mahakashyapa: "Para todos os outros eu disse o que pode ser dito, e para você eu dou o que não pode ser dito, não pode ser transmitido". Agora, por dois mil anos os seguidores de Buda têm perguntado repetidas vezes: O que foi dado a Mahakashyapa? O que foi dado a Mahakashyapa? Qual foi o ensinamento que Buda nunca disse a ninguém, que Buda disse que não pode ser dito porque as palavras não são capazes de transmitir?

As palavras são muito limitadas, a vastidão da verdade não pode ser forçada através delas – e elas são tão superficiais, como podem transmitir a profundidade? É exatamente assim: como uma onda no oceano carrega a profundidade do oceano? Não pode. Pela própria natureza das coisas é impossível, porque, se existe uma onda, tem de existir na superfície. A onda não pode ir para as profundezas, porque se ela for para as profundezas não é mais uma onda. A onda só existe em contato com os ventos – ela tem que ficar sobre a superfície, não pode ir para as profundezas. E as profundezas não podem vir para a onda, porque no momento em que chegarem à superfície, tornam-se elas mesmas a onda, não são mais profundezas.

Esse é o problema. A verdade é que o centro e as palavras existem na superfície, na periferia – onde as pessoas se encontram, onde o vento e o mar se encontram, onde a pergunta e a resposta se encontram, onde o mestre e o discípulo se encontram, apenas lá na superfície existem palavras. A verdade não pode vir para a superfície, ela é a própria profundeza, e as palavras não podem ir para a verdade, elas são a própria superfície.

Então o que fazer? Tudo o que pode ser dito será apenas mais ou menos; não vai ser verdade, não vai ser falso, estará apenas no meio – e muito perigoso, porque se o discípulo não está em sintonia com o mestre, ele vai interpretar mal. Se ele estiver em sintonia com o mestre, só então ele vai entender, porque então existe uma afinidade.

A compreensão não é uma questão de inteligência aguçada, a compreensão é uma questão de afinidade profunda. A compreensão não é uma questão de razão, intelecto, lógica. A compreensão é uma questão de profunda simpatia, ou mesmo de empatia profunda; portanto, o significado central de confiança, fé. A compreensão se dá através da fé, porque na fé você confia, na confiança você se torna simpático, na confiança a sintonia é possível – porque você não está na defensiva, você deixa as portas abertas.

> *Esse monge perguntou a Nansen: "Existe um ensinamento que nenhum mestre nunca pregou antes?".*

Sim, há um ensinamento, na verdade todo o ensinamento está lá, algo que nenhum mestre já pregou antes. Então, por que os mestres continuam pregando? Por que Buda continuou falando por quarenta anos? Por que continuar falando, se você ouve ou não? Por que eles falam? Se o que está para ser aprendido não pode ser dito, então por que eles continuam falando?

Falar é apenas uma isca. Por meio desse falar você é capturado, você não consegue entender nada além disso. Falar é apenas dar doces para as crianças. Então elas começam a vir até você, alegremente inconscientes de que falar não é o principal; alegremente inconscientes de que vêm pelos doces, vêm pelos brinquedos. Elas estão felizes com os brinquedos. Mas o mestre sabe que, uma vez que elas comecem a chegar, pouco a pouco os brinquedos podem ser retirados, e aos poucos elas vão começar a amar o mestre sem os brinquedos – e quando isso acontecer, as palavras poderão ser descartadas.

Sempre que um discípulo está pronto, as palavras podem ser descartadas. Elas são apenas uma maneira de aproximá-lo, porque você não consegue entender nada além de palavras. Se alguém fala, você entende, se alguém está em silêncio você não pode entender.

O que você vai entender? O silêncio é apenas uma parede para você, você não consegue encontrar seu caminho nela. E o silêncio carrega um medo profundo também, porque é como a morte. As palavras são como a vida, o silêncio é como a morte. Se alguém está em silêncio você começa a sentir medo e fica assustado – se alguém fica em silêncio você tenta escapar de lá, porque é demais para você, o silêncio torna-se pesado demais para você.

Por quê? Porque você não pode ficar em silêncio, e se você não pode ficar em silêncio você não consegue entender o silêncio. Você é um tagarela, dentro de você há um macaco sentado, falando continuamente. Alguém definiu o homem como nada além de um macaco com metafísica, com um pouco de filosofia, isso é tudo. E essa filosofia nada mais é do que uma maneira melhor de tagarelar, mais sistemática e lógica, mas ainda um tagarelar.

Um mestre tem que falar para trazer você mais para perto. Quanto mais perto você chegar, menos ele vai falar. Quando você está no controle de seu silêncio, não há necessidade de falar. Quando você sabe o que é o silêncio, quando você se torna silencioso, um novo relacionamento existe. Agora as coisas podem ser ditas sem que sejam faladas, as mensagens podem ser dadas sem que ele nunca as dê – sem que ele as dê, você pode recebê-las. Agora, o fenômeno do discipulado aconteceu.

Um dos mais belos fenômenos do mundo é a de ser um discípulo, porque agora você sabe o que é relacionamento. Agora que você respira, inspira, expira com o mestre, agora você perde seus limites e se torna um com ele. Agora, algo do seu coração começa a fluir em direção a você, agora algo dele entra em você.

Um monge perguntou a Nansen: "Existe um ensinamento que nenhum mestre nunca pregou antes?".

Nansen é um dos mais famosos mestres zen. Muitas histórias são contadas sobre ele; uma delas eu já contei muitas vezes. Vou repeti-la mais uma vez, porque histórias como essa devem ser repetidas de vez em quando, de modo que se possa absorvê-las. Elas são um tipo de alimento. Todo dia você tem que ingerir alimento, você não vai dizer: "Ontem de manhã tomei café da manhã então agora não há mais necessidade". Todo dia você tem que comer, você não diz "Ontem eu comi, agora qual é a necessidade?"

Essas histórias — elas são um alimento. Existe uma palavra especial na Índia, que não pode ser traduzida. Em inglês existe a palavra *reading* [leitura], na Índia há duas palavras para isso: uma significa uma leitura, a outra significa a leitura da mesma coisa de novo e de novo. Você lê a mesma coisa várias e várias vezes — é como parte de uma leitura. Todo dia você lê o Gita pela manhã; então não é uma leitura, porque você leu muitas vezes. Agora é um tipo de alimento. Você não o lê, você se alimenta dele todos os dias.

É também uma grande experiência, porque a cada dia você vai chegar a novos matizes de significado, a cada dia novas nuances. O mesmo livro, as mesmas palavras, mas todos os dias você sente que uma nova profundidade se abriu para você. Todos os dias você sente que está lendo algo novo, porque o Gita, ou livros como esse, tem uma profundidade. Se você os lê uma vez você irá se mover na superfície, se você os ler duas vezes, irá um pouco mais fundo; três vezes — você vai ainda mais. Mil vezes, e então você vai entender que nunca pode esgotar esses livros, é impossível. Quanto mais você se torna alerta, consciente, mais a sua consciência se aprofunda — esse é o significado.

Vou repetir essa história de Nansen. Um professor veio até ele, um professor de filosofia... A filosofia é uma doença, e é como um câncer: não existe nenhum remédio para ela, mas você tem que passar por uma cirurgia, é necessária uma grande operação. E a filosofia tem um tipo semelhante de tumor, um tumor canceroso: depois que está em você vai crescendo, por si só, e leva todas as suas energias. É um parasita. Você continua se tornando cada vez mais fraco e ela se tornando cada vez mais forte e mais forte e mais forte. Cada palavra cria outra palavra — e isso pode seguir infinitamente.

Um filósofo foi até Nansen. Nansen vivia numa pequena colina e, quando o filósofo chegou ao topo, ele estava cansado e transpirando. No momento em que entrou na cabana de Nansen disse: "Qual é a verdade?".

Nansen disse: "A verdade pode esperar um pouco. Não há pressa. Agora você precisa de uma xícara de chá, você está tão cansado!". Nansen entrou e preparou uma xícara de chá.

Isso só pode acontecer com um mestre zen. Na Índia, você não pode nem imaginar Shankaracharya preparando um chá para você. Para você! E Shankaracharya preparando chá? Impossível! Ou pense em Mahavira preparando um chá para você... absurdo!

Mas com um mestre zen isso pode acontecer. Eles têm uma atitude totalmente diferente, eles amam a vida. Eles não são contra a vida, eles afirmam a vida, eles não são contra ela — e eles são pessoas comuns, e dizem que ser comum é a coisa mais extraordinária. Eles vivem uma vida muito simples. Quando eu digo uma vida *realmente* simples eu não me refiro a uma simplicidade imposta. Na Índia, você pode encontrar em todo lugar esses impostores — a simplicidade é imposta. Eles podem viver nus, completamente nus, mas eles não são simples, sua nudez é muito complexa. Sua nudez não é a nudez de uma criança, eles a cultivaram, e como uma coisa cultivada pode ser simples? Eles se disciplinaram para ela e como uma coisa disciplinada pode ser simples? Ela é muito complexa.

Suas roupas não são tão complexas quanto a nudez de um monge jainista Digambara. Ele lutou por isso durante muitos anos. Eles têm cinco etapas — você tem que cumprir cada etapa aos poucos, e então você atinge a nudez. É uma conquista, e como pode uma conquista ser simples? Se você trabalha por ela há muitos anos, se você faz todos os esforços para alcançá-la, como ela pode ser simples? Uma coisa simples pode ser alcançada aqui e agora, de imediato, não há necessidade de trabalhar por ela.

A nudez quando é simples é um fenômeno imponente, você simplesmente abandona as roupas. Aconteceu com Mahavira — foi simples. Quando ele saiu de casa ele tinha roupas, então passou por uma roseira, seu xale ficou preso nos espinhos, então ele pensou: É noite e a roseira está indo dormir, vou perturbá-la se removê-lo. Então, ele rasgou metade do xale que ficou preso nos espinhos e deixou o pedaço lá. Era noite e o gesto foi lindo.

Não foi pela nudez que ele fez isso, foi pela roseira. E no dia seguinte, na parte da manhã, com meio xale, seminu, um mendigo pediu-lhe alguma coisa e ele não tinha mais nada para dar. Como dizer não quando você ainda tem alguma coisa para dar — esse meio xale? Então ele o deu para o mendigo. Essa nudez é algo magnífico, simples, comum, mas aconteceu, não foi praticada. Mas o monge jainista pratica.

Os monges zen são pessoas muito simples. Eles vivem uma vida normal como todo mundo. Eles não fazem diferença, pois todas as diferenças são basicamente egoístas. E esse jogo você pode jogar de várias maneiras, mas o jogo continua o mesmo: maior do que você. O jogo continua o mesmo: eu tenho mais dinheiro, eu sou maior do que você, eu tenho mais educação, eu sou maior do que você, eu sou mais piedoso, eu sou maior do que você, eu sou mais religioso, eu sou maior do que você, eu renunciei a mais, eu sou maior do que você.

Nansen entrou, preparou o chá, saiu, deu a xícara na mão do professor, serviu o chá de sua chaleira. A xícara estava cheia. Até aquele momento o professor esperou porque até aquele momento tudo era racional: um homem cansado chega e você sente compaixão por ele e você prepara um chá. Claro que é assim que deve ser. Em seguida, você enche a xícara — isso também está certo. Mas então algo irracional aconteceu.

Nansen continuou a despejar, a xícara já estava transbordando. Então o professor ficou um pouco surpreso: O que é que este homem está fazendo? Ele é louco? Mas ainda assim ele esperou — ele era um homem bem disciplinado, ele poderia tolerar pequenas coisas como essa. Talvez um pouco louco... mas então o pires também ficou completamente cheio, e Nansen continuou a derramar.

Agora era demais. Agora, algo tinha que ser feito e dito, e o professor gritou: "Pare!" — porque agora o chá estava transbordando para o chão.

"O que você está fazendo? Agora esta xícara não pode conter mais chá. Você não vê uma coisa simples como essa? Você é louco?"

Nansen começou a rir e disse: "Isso é o que eu também estava pensando: você é louco? Porque você pode ver que a xícara está cheia e não vai conter nem uma única gota a mais, mas você não pode ver que sua cabeça está cheia e não pode conter mais uma única gota de verdade. Sua xícara está cheia até a boca, o seu pires está cheio e tudo está fluindo para o chão — olhe! Sua filosofia está por toda a minha cabana e você não pode ver? Mas você é um homem razoável, pelo menos você pôde ver o chá. Agora veja a outra coisa".

Esse Nansen ajudou muitas pessoas de diferentes maneiras a despertar, criou muitos tipos de situação para as pessoas despertarem.

> Um monge perguntou a Nansen: "Existe um ensinamento que nenhum mestre jamais pregou antes?".
> Nansen disse: "Sim, existe". "Qual?", perguntou o monge.
> Nansen respondeu: "Não é a mente, não é Buda, não são as coisas".

Agora, se nenhum mestre jamais disse isso, como Nansen podia dizer? O questionador é tolo, fez uma pergunta idiota. Se ninguém disse, como Nansen podia dizer? Se os budas mantêm silêncio sobre isso, se os budas não pronunciam uma única palavra, não podem proferir, então como Nansen poderia? Mas Nansen gostaria de ajudar até mesmo esse homem tolo.

E só existem homens tolos por toda parte, porque a menos que você se torne iluminado, você continua sendo tolo. Assim, a tolice não é uma condenação, é apenas um estado, um fato. Um homem que não é iluminado permanecerá tolo — não há outra forma. E se ele se sente sábio, então ele é mais tolo ainda. Se ele sente que é tolo, então a sabedoria começou — então ele começou a despertar. Se você sente que é ignorante, então você não é tolo; se você sente que sabe então você é um tolo perfeito — e não apenas tolo, mas tão fundamentado nessa tolice que parece que não há nenhuma possibilidade de você sair dela.

Nansen gostaria de ajudar esse homem tolo, porque não existem outros para ajudar; é por isso que ele fala, ele responde. Mas ele tem que usar todas as negativas; ele não diz nada de positivo. Ele usa três negativas. Ele diz: *"Não é a mente, não é Buda, não são as coisas"*.

Você não pode dizer a verdade, mas você pode dizer o que ela não é. Você não pode dizer o que ela é, mas você pode indicá-la negativamente. Pela via negativa: dizer o que ela não é. Isso é tudo o que mestres fizeram. Se você insistir em dizer alguma coisa, eles vão dizer algo negativo. Se você pode entender o seu silêncio, você compreende a afirmativa. Se você não consegue entender o seu silêncio, mas insiste em palavras, eles vão dizer algo negativo.

Entenda isto: as palavras podem fazer um trabalho negativo, o silêncio pode fazer um trabalho positivo. O silêncio é a coisa mais positiva e a linguagem é a mais negativa. Quando você fala, você está se movendo no mundo negativo; quando você permanece em silêncio você está se movendo para o lado positivo. Qual é a verdade? Pergunte aos Upanishads, pergunte ao Alcorão, à Bíblia, ao

Gita, todos eles dizem o que ela não é. O que é Deus? Eles todos dizem o que ele não é.

Três coisas ele nega: uma — não são as coisas, o mundo; não é aquilo que você vê, não é o que está ao seu redor. Não é o que pode ser visto pela mente, o que a mente pode compreender — não são os objetos. E em segundo lugar: não é a mente, não é o assunto; nem este mundo ao seu redor nem esta mente dentro de você. Não, essas duas coisas não são o ensinamento, não são a verdade.

Mas a terceira coisa só os budas negaram, apenas os mestres muito perfeitos negaram, e essa terceira coisa é: ...*não é Buda*.

E o que é Buda?

O mundo das coisas é o primeiro limite em torno de você, então o mundo da mente, dos pensamentos: as coisas são o primeiro limite, os pensamentos são o segundo limite — claro que mais perto, mais perto de você. Você pode desenhar três círculos concêntricos: o primeiro círculo, o mundo das coisas; o segundo círculo, o mundo dos pensamentos; e em seguida vem o terceiro — e Buda negou isso também — o eu, o testemunho, a alma, a consciência, o Buda. Apenas Buda nega isso.

Todos os outros sabem disso: Jesus sabe disso, Krishna sabe disso, mas eles não negam, porque isso seria demais para você entender. Então eles dizem duas coisas: eles dizem que este mundo é ilusório, e a mente que olha para este mundo também é ilusória. Mente e mundo são um só fenômeno, dois lados da mesma moeda. A mente cria o sonho, o sonho é ilusório, e a mente, a fonte, também é ilusória. Mas eles dizem que o terceiro — o testemunho, você na sua consciência profunda, onde você é apenas uma testemunha, não um pensador, onde o pensamento não existe, nenhuma coisa existe, só você existe — eles não negam isso. Buda negou isso também.

Ele diz: *"Não é a mente, não é Buda, não são as coisas"*. Esse é o mais elevado dos ensinamentos, porque, se as coisas não existem, como podem existir os pensamentos? Se os pensamentos não existem, como pode você testemunhá-los? Se o mundo é ilusório, então a mente que olha para o mundo não pode ser real. A mente é ilusória. Em seguida, a testemunha que olha para a mente — como pode ser real? Buda vai para o núcleo mais profundo da existência. Ele diz: Tudo o que você é... é irreal; suas coisas, seus pensamentos e você — tudo é irreal.

Mas são três negativas. O caminho de Buda é o caminho negativo, as afirmações dele são negativas. É por isso que os hindus o chamavam de *nastika*, eles o chamavam de ateu, um niilista absoluto. Mas ele não é. Quando todas essas três coisas são negadas, o que permanece é a verdade. Quando as coisas desaparecem, os pensamentos desaparecem e o testemunho desaparece — essas três coisas que você conhece — quando todas essas três desaparecem, o que permanece é a verdade. E aquilo que permanece liberta, o que permanece é o nirvana, é a iluminação.

Buda é muito, muito profundo; ninguém foi mais profundo do que isso em palavras. Muitas pessoas atingiram essa perfeição no ser, mas Buda tentou ser perfeito nas palavras também. Ele nunca afirma um único positivo. Se você perguntar sobre qualquer positivo ele simplesmente se cala. Ele nunca diz que Deus existe, ele nunca diz que a alma existe; na verdade ele nunca usa a palavra *existe*. Você pergunta e ele vai usar a palavra *não*. Não é a resposta dele para tudo. E, se você puder entender, se você puder sentir uma sintonia, você vai ver que ele está certo.

Quando você nega tudo, isso não significa que você destruiu tudo. Isso só significa que você destruiu o mundo que havia criado. O real permanece porque o real não pode ser negado. Mas não se pode afirmar isso. Você pode saber, mas não pode afirmar. Quando você nega todos esses três, quando você transcender todos esses três, você se torna um buda. Você está iluminado.

Buda diz que você é despertado somente quando esses três sonos são interrompidos. Um sono é o sono com as coisas: muitas pessoas estão dormindo esse sono, que é o sono mais grosseiro. Milhões de pessoas, noventa e oito por cento das pessoas estão dormindo esse sono — o primeiro e o mais grosseiro dos sonos, o sono com as coisas. A pessoa vive pensando no seu saldo bancário, continua pensando na sua casa, nas suas roupas, nisso e naquilo — e ela vive isso. Há pessoas que só estudam catálogos para coisas...

Eu ouvi uma história...

Um homem religioso estava passando uma noite na casa de uma família. Na manhã seguinte, como era seu hábito, ele queria a Bíblia para ler um pouco e rezar um pouco. A criancinha da casa estava passando pela sala, então ele pediu ao garoto, ele disse: "Traga aquele livro", porque ele achava que a criança podia não entender o que a Bíblia era, então ele disse: "Traga aquele livro que sua mãe lê todos os dias". O menino trouxe o *Whole Earth Catalog*, um catálogo dos produtos que estavam na moda, porque era o livro que a mãe lia todos os dias.

Noventa e oito por cento das pessoas estão dormindo nas coisas. Tente descobrir onde você está dormindo, porque o trabalho tem que começar por aí. Se você está dormindo com as coisas, então você tem que começar a partir daí. Abandone o sono com as coisas.

Por que as pessoas continuam pensando nas coisas? Eu costumava ficar numa casa em Calcutá. A mulher devia ter pelo menos uns mil saris e todo dia era um problema... Quando eu estava lá seu marido e eu ficávamos sentados no carro e o marido ficava buzinando e ela dizia: "Já estou indo", e era difícil para ela decidir qual sari vestir. Então, eu perguntei: "Por que isso é um problema todos os dias?".

Então ela me levou e me mostrou, e ela disse: "Você também ficaria confuso. Tenho mil saris e é difícil decidir qual escolher, qual combina mais com cada ocasião".

Você já viu as pessoas?... Desde manhã cedo elas começam a limpar os seus carros, como se eles fossem a sua Bíblia e o seu Deus. "Coisas" é o primeiro sono, o mais grosseiro. Se você está apegado demais às coisas e vive continuamente pensando nas coisas, você está dormindo aí. Você tem que sair disso. Você tem que olhar para o tipo de apego que tem, onde você se apega, e para quê. O que você vai conseguir com isso?

Você pode aumentar suas coisas, você pode arrebanhar um vasto império, mas, quando você morrer, você vai ficar sem as coisas. A morte vai tirá-lo do seu sono. Antes de a morte tirá-lo de lá, é melhor você sair; então não haverá nenhuma dor na morte. A morte é tão dolorosa porque esse primeiro sono tem que ser interrompido; você está sendo arrancado das coisas.

Depois, há o segundo sono, o sono da mente. Há pessoas que não estão preocupadas com as coisas — apenas um por cento das pessoas —, que não se preocupam com as coisas, mas que estão preocupadas com a mente. Elas não se preocupam com o tipo de roupa que usam — artistas, escritores, poetas, pintores; elas não estão preocupadas com as coisas em geral, elas vivem na mente.

Elas podem passar fome, podem viver nuas, podem viver numa favela, mas continuam a trabalhar na mente. O romance que o escritor está escrevendo... e ele vai pensar, eu não posso ser imortal, mas o romance que eu vou escrever vai ser imortal; a pintura que estou fazendo vai ser imortal, diz o pintor. Mas, se você não pode ser imortal, como pode sua pintura ser imortal? Quando você estiver perecendo, quando você estiver morrendo, tudo o que você criar vai morrer, porque como é possível que da morte algo imortal possa nascer?

Então, há pessoas que continuam pensando em filosofia, pensamentos, alheios às coisas, sem se preocupar muito com elas. Aconteceu uma vez: Immanuel Kant estava chegando à sua aula. Ele era extremamente pontual, nunca perdeu um único compromisso, nunca chegava atrasado; exatamente no momento certo ele entrava. E nunca se importou com as suas roupas, sua casa ou comida, ou qualquer outra coisa — nunca se preocupava com isso, nunca se casou; apenas um servo já estava bom, porque isso não era problema e o servo podia fazer a comida e cuidar da casa. Ele nunca precisou de uma esposa ou de alguém que fosse íntimo, um amigo — não, um servo era suficiente no que se tratava do mundo das coisas. O servo na verdade era o patrão, porque ele ia comprar tudo, cuidava do dinheiro e da casa e de tudo mais.

Immanuel Kant viveu como um estranho naquela casa. Dizem que ele nunca olhou para a casa, ele nem sabia quantos quartos a casa tinha, que tipo de mobiliário havia ali, mesmo se você lhe mostrasse algo que tinha ficado no quarto dele durante trinta anos ele não seria capaz de reconhecer o objeto. Mas ele estava muito preocupado com pensamentos — ele vivia no mundo dos pensamentos, e muitas histórias são contadas, histórias bonitas, porque um homem que vive no mundo dos pensamentos é sempre distraído no mundo das coisas, porque você não pode viver em dois mundos.

Ele estava indo para a sua aula, a rua estava enlameada e um de seus sapatos ficou atolado, então ele o deixou lá, foi para a aula com um sapato só. Alguém perguntou: "Onde está o seu outro sapato?".

Ele disse, "Ficou preso no caminho. Está chovendo e ele ficou atolado". Mas o homem que havia perguntado, disse, "Então, você poderia ter pegado o sapato de volta".

Immanuel Kant disse: "Havia uma série de pensamentos na minha mente e eu não gosto de interferir nisso. Se eu tivesse me preocupado com o sapato, o raciocínio teria escapado, e eram pensamentos tão belos... então quem se importa se você vem para a aula com um sapato ou dois!". A faculdade inteira riu, mas ele não estava interessado.

Uma vez isto aconteceu: ele voltou depois do seu passeio à noite... Ele costumava usar uma bengala, e estava tão absorto em seus pensamentos que ele fez tudo que fazia todos os dias, mas esqueceu algo. Ele estava tão distraído que colocou a bengala em cima da cama onde ele costumava deitar, e ele mesmo ficou no canto da sala, onde ele costumava colocar a bengala... Ele ficou um pouco confuso!

Depois de duas horas, o servo percebeu que a luz estava acesa — então qual era o problema? Ele olhou pela janela, e Immanuel Kant estava em pé com os olhos fechados no canto e a bengala estava dormindo no travesseiro. Um homem que está dormindo muito na mente será distraído no mundo. Filósofos, poetas, homens de letras, pintores, músicos — eles estão todos dormindo ali.

E depois há um terceiro sono: monges, aqueles que renunciaram ao mundo, e não só ao mundo, mas também à mente, que vivem meditando há muitos anos e pararam o processo de pensamento. Agora nenhum pensamento se move no seu céu interior, agora não há mais coisas lá, pois eles não estão preocupados com as coisas, não estão preocupados com os pensamentos. Mas um ego sutil, o "eu" — agora eles chamam de Atman, a alma, o eu, o eu com um "E" maiúsculo — é o seu sono, eles estão dormindo lá.

Buda diz que o sono tem que ser interrompido nessas três camadas, e quando todos esses sonos são interrompidos, ninguém está acordado, apenas o despertar está lá; ninguém está iluminado, apenas a iluminação está lá — apenas o fenômeno da consciência, sem qualquer centro...

Uma pessoa iluminada não pode dizer "eu", mesmo se ela tiver que usar essa palavra, ela nunca diz, mesmo que ela tenha que usá-la, ela não pode estar se referindo a isso. É apenas uma coisa verbal, tem que ser seguido por causa da sociedade e do jogo da linguagem. É apenas uma regra da linguagem; do contrário, ela não tem nenhum sentimento de "eu".

O mundo das coisas desaparece – então o que acontece? Quando o mundo das coisas desaparece, o seu apego às coisas acaba, sua obsessão com as coisas acaba. As coisas não desaparecem; pelo contrário, as coisas pela primeira vez aparecem como elas são. Então você não está apegado, obcecado; então você não as está colorindo com seus próprios desejos, com suas próprias esperanças e frustrações – não. Então, o mundo não é uma tela para seus desejos se projetarem nele. Quando o seu desejo não existe mais, o mundo está lá, mas é um mundo totalmente novo. É tão doce, é tão colorido, é tão lindo! Mas a mente ligada às coisas não pode vê-lo porque os olhos estão fechados pelo apego. Um mundo totalmente novo surge.

Quando a mente desaparece, os pensamentos desaparecem. Não é que você se torna alguém sem mente; pelo contrário, você se torna consciente. Buda usa essas palavras "Atenção plena correta" milhões de vezes. Quando a mente desaparece e os pensamentos desaparecem, você se torna consciente. Você faz coisas – você se move, você trabalha, você come, você dorme, mas você está sempre atento. A mente não está lá, mas a atenção está lá. O que é consciência plena? É consciência. É consciência perfeita.

E quando o eu desaparece, o ego, o Atman, o que acontece? Não é que você esteja perdido, e nada mais. Não! Pelo contrário, pela primeira vez você é. Mas agora você não está separado da existência. Agora você não é mais uma ilha; você se tornou todo o continente, você é uno com a existência.

Mas essas são as coisas positivas – elas não podem ser ditas. Assim, Nansen disse, "Sim, há um ensinamento que nenhum mestre jamais pregou, porque não pode ser pregado, e esse ensinamento é:

"Não é a mente, não é Buda, não são as coisas".

Esse ensinamento é vazio, esse ensinamento é o nada absoluto. E quando você não está, de repente toda a existência começa a florescer em você. Todo o êxtase da existência converge para você – quando você não está.

Quando você não está, toda a existência se sente em êxtase e celebra, flores se derramam sobre você. Elas não se derramaram ainda porque você é, e elas não vão se derramar enquanto você não se dissolver. Quando você estiver vazio, não existir mais, quando você for um nada, *shunyata*, de repente elas vão começar a se derramar. Elas se derramaram em Buda, em Subhuti, em Nansen, elas podem se derramar em você — elas estão esperando. Elas estão batendo na porta. Elas estão prontas. No exato instante em que você se torna vazio, elas começam a se derramar sobre você.

Apenas lembre-se: a libertação final não é a *sua* libertação, a libertação final *parte de você*. A iluminação não é sua, não pode ser. Quando você não está, ela está. Abandone-se em sua totalidade: o mundo das coisas, o mundo dos pensamentos, o mundo do eu, todas as três camadas, abandone. Largue essa trindade; abandone esse *trimurti*, abandone esses três rostos, porque, se você está lá, então o um não pode estar. Se você são três, como o um pode estar?

Deixe que os três desapareçam — Deus, o Espírito Santo e o Filho; Brahma, Vishnu, Mahesh — todos os três, abandone-os! Deixe-os desaparecer. Nenhum permanece — e, então, está tudo lá.

Quando nada acontece, o todo acontece.

Você não é nada... o todo começa a se derramar sobre você.

Basta por hoje.

Sobre OSHO

Osho desafia categorizações. Suas milhares de palestras abrangem desde a busca individual por significado até os problemas sociais e políticos mais urgentes que a sociedade enfrenta hoje. Seus livros não são escritos, mas transcrições de gravações em áudio e vídeo de palestras proferidas de improviso a plateias de várias partes do mundo. Em suas próprias palavras, "Lembrem-se: nada do que eu digo é só para você... Falo também para as gerações futuras".

Osho foi descrito pelo *Sunday Times*, de Londres, como um dos "mil criadores do século XX", e pelo autor americano Tom Robbins como "o homem mais perigoso desde Jesus Cristo". O jornal *Sunday Mid-Day*, da Índia, elegeu Osho — ao lado de Buda, Gandhi e o primeiro-ministro Nehru — como uma das dez pessoas que mudaram o destino da Índia.

Sobre sua própria obra, Osho afirmou que está ajudando a criar as condições para o nascimento de um novo tipo de ser humano. Muitas vezes, ele caracterizou esse novo ser humano como "Zorba, o Buda" — capaz tanto de desfrutar os prazeres da terra, como Zorba, o Grego, como de desfrutar a silenciosa serenidade, como Gautama, o Buda.

Como um fio de ligação percorrendo todos os aspectos das palestras e meditações de Osho, há uma visão que engloba tanto a sabedoria perene de todas as eras passadas quanto o enorme potencial da ciência e da tecnologia de hoje (e de amanhã).

Osho é conhecido pela sua revolucionária contribuição à ciência da transformação interior, com uma abordagem de meditação que leva em conta o ritmo acelerado da vida contemporânea. Suas singulares meditações ativas **OSHO** têm por objetivo, antes de tudo, aliviar as tensões acumuladas no corpo e na mente, o que facilita a experiência da serenidade e do relaxamento, livre de pensamentos, na vida diária.

Dois trabalhos autobiográficos do autor estão disponíveis:

Autobiografia de um Místico Espiritualmente Incorreto, publicado por esta mesma Editora.

Glimpses of a Golden Childhood (Vislumbres de uma Infância Dourada).

OSHO *International Meditation Resort*

Localização

Localizado a cerca de 160 quilômetros a sudeste de Mumbai, na florescente e moderna cidade de Puna, Índia, o **OSHO** International Meditation Resort é um destino de férias diferente. Estende-se por 28 acres de jardins espetaculares numa bela área residencial cercada de árvores.

OSHO *Meditações*

Uma agenda completa de meditações diárias para todo tipo de pessoa, segundo métodos tanto tradicionais quanto revolucionários, particularmente as Meditações Ativas **OSHO**®. As meditações acontecem no Auditório **OSHO**, sem dúvida o maior espaço de meditação do mundo.

OSHO *Multiversity*

Sessões individuais, cursos e *workshops* que abrangem desde artes criativas até tratamentos holísticos de saúde, transformação pessoal, relacionamentos e mudança de vida, meditação transformadora do cotidiano e do trabalho, ciências esotéricas e abordagem "Zen" aos esportes e à recreação. O segredo do sucesso da **OSHO** Multiversity reside no fato de que todos os seus programas se combinam com a meditação, amparando o conceito de que nós, como seres humanos, somos muito mais que a soma de nossas partes.

OSHO *Basho Spa*

O luxuoso Basho Spa oferece, para o lazer, piscina ao ar livre rodeada de árvores e plantas tropicais. Jacuzzi elegante e espaçosa, saunas, academia, quadras de tênis... tudo isso enriquecido por uma paisagem maravilhosa.

Cozinha

Vários restaurantes com deliciosos pratos ocidentais, asiáticos e indianos (vegetarianos) — a maioria com itens orgânicos produzidos especialmente para o Resort **OSHO** de Meditação. Pães e bolos são assados na própria padaria do centro.

Vida noturna

Há inúmeros eventos à escolha — com a dança no topo da lista! Outras atividades: meditação ao luar, sob as estrelas, shows variados, música ao vivo e meditações para a vida diária. Você pode também frequentar o Plaza Café ou gozar a tranquilidade da noite passeando pelos jardins desse ambiente de contos de fadas.

Lojas

Você pode adquirir seus produtos de primeira necessidade e toalete na Galeria. A **OSHO** Multimedia Gallery vende uma ampla variedade de produtos de mídia **OSHO**. Há também um banco, uma agência de viagens e um Cyber Café no *campus*. Para quem gosta de compras, Puna atende a todos os gostos, desde produtos tradicionais e étnicos da Índia até redes de lojas internacionais.

Acomodações

Você pode se hospedar nos quartos elegantes da **OSHO** Guesthouse ou, para estadias mais longas, no próprio *campus*, escolhendo um dos pacotes do programa **OSHO** Living-in. Há além disso, nas imediações, inúmeros hotéis e *flats*.

http://www.osho.com/meditationresort
http://www.osho.com/guesthouse
http://www.osho.com/livingin

Para maiores informações: **http://www.OSHO.com**

Um *site* abrangente, disponível em vários idiomas, que disponibiliza uma revista, os livros de Osho, palestras em áudio e vídeo, **OSHO** biblioteca *on-line* e informações extensivas sobre o **OSHO** Meditação. Você também encontrará o calendário de programas da **OSHO** Multiversity e informações sobre o **OSHO** International Meditation Resort.

Websites:
http://**OSHO**.com/AllAbout**OSHO**
http://**OSHO**.com/Resort
http://**OSHO**.com/Shop
http://www.youtube.com/**OSHO**international
http://www.Twitter.com/**OSHO**
http://www.facebook.com/pages/**OSHO**.International

Para entrar em contato com a **OSHO International Foundation**:
http://www.osho.com/oshointernational
E-mail: oshointernational@oshointernational.com